本书系“北京高等学校青年英才计划项目”
（Beijing Higher Education Young Elite Teacher Project）的阶段性成果

工伤保险判例教程

宋艳慧 著

知识产权出版社
全国百佳图书出版单位

图书在版编目（CIP）数据

工伤保险判例教程 / 宋艳慧著 . —北京：知识产权出版社，2017. 7

ISBN 978 - 7 - 5130 - 5018 - 0

Ⅰ. ①工… Ⅱ. ①宋… Ⅲ. ①工伤保险—法规—判例—中国—教材 Ⅳ. ①D922. 555

中国版本图书馆 CIP 数据核字（2017）第 166079 号

责任编辑： 雷春丽　　**责任出版：** 刘译文

封面设计： SUN 工作室　韩建文

工伤保险判例教程

宋艳慧　著

出版发行： 知识产权出版社有限责任公司　　**网　址：** http://www. ipph. cn

社　址： 北京市海淀区气象路 50 号院　　**邮　编：** 100081

责编电话： 010 - 82000860 转 8004　　**责编邮箱：** leichunli@ cnipr. com

发行电话： 010 - 82000860 转 8101/8102　　**发行传真：** 010 - 82000893/82005070/82000270

印　刷： 北京科信印刷有限公司　　**经　销：** 各大网上书店、新华书店及相关专业书店

开　本： 720mm × 1000mm　1/16　　**印　张：** 16. 25

版　次： 2017 年 7 月第 1 版　　**印　次：** 2017 年 7 月第 1 次印刷

字　数： 247 千字　　**定　价：** 50. 00 元

ISBN 978 - 7 - 5130 - 5018 - 0

目　录
CONTENTS

第一章　工伤保险法概述

一、工伤保险的概念和特征

工伤保险是劳动者因在生产、工作过程中由于意外事故造成的负伤、致残、死亡或者罹患职业病造成本人及家庭收入中断时，从工伤保险基金中获得医疗费、康复费、生活费、经济补偿等必要费用的保险制度。工伤保险是工业社会发展的产物，在各项社会保险中是最为悠久，实施范围最为广泛的社会保险制度。工伤保险的发展经历了从雇主责任到工伤保险的转变。通过工伤保险的建立，设立工伤保险基金，既可以使发生工伤的劳动者获得及时、必要的医疗救助和补偿，同时也能够有效地分散企业的风险，保证企业不至于在发生多人、多次工伤的情况下因面临巨额的赔偿而影响正常经营。

工伤保险具有以下四个特征。

（一）强制性

这是工伤保险与其他社会保险共同具有的一项特征，即要求用人单位必须为劳动者参加工伤保险，并按时足额缴纳工伤保险费，这是用人单位的法定义务。如果用人单位没有按照法律的规定为其办理工伤保险入险手续并按时足额缴纳工伤保险费，则用人单位需要承担包括劳动者发生工伤后向其支付相当于工伤保险待遇的金额等相应的法律责任。关于法律责任的详细内容在后面的章节中会专门涉及，所以在此不作赘述。总之，作为用人单位的一项法定义务，用人单位需要按照法律的规定在劳动者入职后的一定时间范围内为其办理工伤保险入险手续并每月按时足额缴纳保险费。实践中，有些用人单位与劳动者之间的不缴纳工伤保险费的约定违反了工伤保险的强制性，应当属于无效的约定。因此，工伤保险无论对于用人单位来说还是对于劳动者来说都是一种强制性制度，不能因包括劳动者本人在内的任何人的意志而排除。

案例 1

◎ 基本案情

王某某于 2008 年 12 月进入常州常安冶金设备检修工程有限公司（以下简称常安公司）从事安装辅助工作。常安公司未为王某某缴纳社保。2009 年 4 月 17 日，王某某在上班施工时不慎从高处坠落。2010 年 7 月 5 日，常州市人力资源和社会保障局认定该次伤害为工伤。王某某向常州市新北区劳动争议仲裁委员会申请仲裁，该委员会于 2011 年 11 月 28 日作出常新劳仲案字〔2011〕第 428 号仲裁裁决书。常安公司不服，向法院起诉。常州市新北区人民法院于 2012 年 6 月 20 日作出〔2012〕新民初字第 0567 号判决，判决："一、确认双方劳动关系解除，时间为 2011 年 6 月 16 日；二、常安公司支付王某某伤残补助、医疗补助等各项费用合计177 213元。"常安公司不服判决，提起上诉，后撤回上诉。〔2012〕新民初字第 0567 号判决现已生效，但常安公司至今未履行支付义务。王某某于 2013 年 6 月 17 日向市医保中心提出申请，要求先行支付工伤保险待遇。常州市医保中心于 2013 年 6 月 20 日作出答复，认为不符合先行支付条件。王某某收到答复后不服，向原审法院提起行政诉讼，请求判令常州市医保中心先行支付工伤保险待遇。

◎ 争议问题

在用人单位不为劳动者办理工伤保险手续并缴纳工伤保险费的情况下，劳动者发生工伤保险事故后其待遇如何实现？

◎ 相关法条

《中华人民共和国社会保险法》

第四十一条第一款　职工所在用人单位未依法缴纳工伤保险费，发生工伤事故的，由用人单位支付工伤保险待遇……

中华人民共和国人力资源和社会保障部令第13号《实施〈中华人民共和国社会保险法〉若干规定》

第二十九条 2011年7月1日后对用人单位未按时足额缴纳社会保险费的处理，按照社会保险法和本规定执行；对2011年7月1日前发生的用人单位未按时足额缴纳社会保险费的行为，按照国家和地方人民政府的有关规定执行。

《工伤保险条例》

第六十二条 用人单位依照本条例规定应当参加工伤保险而未参加的，由社会保险行政部门责令限期参加，补缴应当缴纳的工伤保险费，并自欠缴之日起，按日加收万分之五的滞纳金；逾期仍不缴纳的，处欠缴数额1倍以上3倍以下的罚款。

依照本条例规定应当参加工伤保险而未参加工伤保险的用人单位职工发生工伤的，由该用人单位按照本条例规定的工伤保险待遇项目和标准支付费用。

用人单位参加工伤保险并补缴应当缴纳的工伤保险费、滞纳金后，由工伤保险基金和用人单位依照本条例的规定支付新发生的费用。

◎ 结论和评析

工伤保险属社会保险范畴，具有强制性特征，即用人单位负有为劳动者办理工伤保险手续并缴纳工伤保险费的法定义务。那么，如果用人单位未为劳动者办理手续或未按时足额缴纳工伤保险费时，工伤保险的强制性将在发生工伤保险事故的劳动者身上发生怎样的效果呢？也就是说，在这种情况下工伤保险的强制性如何体现？2016年《工伤保险条例》第62条第1~2款规定："用人单位依照本条例规定应当参加工伤保险而未参加的，由社会保险行政部门责令限期参加，补缴应当缴纳的工伤保险费，并自欠缴之日起，按日加收万分之五的滞纳金；逾期仍不缴纳的，处欠缴数额1倍以上3倍以下的罚款。依照本条例规定应当参加工伤保险而未参加工伤保险的用人单位职工发生工伤的，由该用人单位按照本条例规定的工伤保险待遇项目和标准支付费用。”对于由用人单位支付工伤保险待遇的内容在《中华人民共和国社会保险法》（以下简称《社会保险法》）中也有类似的规定，该法第41条第1款规定，“职工所在用人单位未依法缴纳工伤保险费，发生工伤事故的，由用人单位支付工伤保险待遇……”即用人单位对于自己不为员工缴纳工伤保险费的行为要付出代价，既要承担补缴工伤保险费的责任，同时在劳动者出现工伤情形时用人单位需要向其提供相应待遇。

（二）劳动者视角的无偿性

工伤保险费缴纳的义务主体只是用人单位，劳动者一方不需要缴纳工伤保险费。从这个角度上讲，对于劳动者来说享受工伤保险待遇是无偿的。这一制度设计的机理是工伤保险的重要功能之一，即为用人单位分散工业风险，使其不至于因为劳动者的工伤赔付而陷入经营危机。另外，劳动者遭受工伤时已经在身心上受到了极大的伤害和打击，再没有让其承担经济风险的理由。因此，工伤保险在设计时采用了用人单位单方缴费的方式，从而实现了一种普遍的社会公平。

（三）互助共济性

互助共济是整个社会保险制度设计的基本理念之一，工伤保险作为最早的社会保险形式当然也是从这一理念出发展开制度设计的。工伤保险想要分散的社会风险与其他社会保险不同，其主要针对工业生产过程中的伤害风险展开。工业革命带来了生产率的极大提高，同时也使产业工人们面临着机器伤害的风险，这种风险是社会发展进步需要承担的社会成本，是无法完全避免的一种伤害。当具体伤害发生时，个别的劳动者经历着身心创伤，而与其相对应的用人单位需要承担相应的经济补偿赔偿责任，这种责任的承担使用人单位可能陷入经营危机，尤其是在出现多个劳动者受伤需要赔偿的情况下。因此，通过互助共济的工伤保险制度，将各用人单位的小额的、分散的工伤保险费聚集起来形成大额的工伤保险基金，在有劳动者受伤时通过工伤保险基金向其支付工伤保险待遇而不再由用人单位单独承担，这体现了经营主体之间的互助共济，同时也为劳动者在遭受工伤时能够及时、足额获得工伤保险待遇提供了制度保障。因此，该制度体现出了对于劳动者的共济性。

（四）待遇的多元性

相较于其他社会保险而言，工伤保险中遭受工伤事故的劳动者受到的伤害更具个别性，对其造成的伤害可能产生以后都无法再从事工作的后果，甚至有些伤害直接导致劳动者丧失生命。因此，工伤保险待遇分别针对工伤损害的不同程度设计了多元的工伤保险待遇内容。例如，在工伤保险待遇中不仅包括经济性的补偿，还包括医疗救助和职业康复等非经济性的补偿；不仅包括一次性的经济补偿，还包括定期的经济补偿，例如，按月支付的伤残津贴、遗属抚恤金。

二、工伤保险的功能

工伤保险作为人类社会历史上出现的第一种社会保险形式，是为应对工业化大生产的经济形态及风起云涌的工人运动而设计出来的一种保障制度，至今已有一百多年的历史。这一制度的设计发挥了很好的社会功能，具体来讲主要包括以下几个方面。

（一）对于受伤的劳动者而言能够获得更为及时、足额的救济

在工伤保险制度建立以前，如果劳动者在工作过程中遭受伤害，那么负有赔偿责任的是雇主。但是最初雇主赔偿适用的是过错责任，即只有雇主在工伤事故中存在过错才需要承担赔偿责任。而对于雇主存在过错的证明责任则由劳动者承担，这种归责原则和举证责任分配制度使得在实践中劳动者很少能够获得赔偿。随着工人运动的进一步兴起，在制度演进的过程中逐渐转变为无过错责任，即承认雇主既使没有过错仍然需要向受到工伤的劳动者支付相应的赔偿，但面临的实际问题是：其一，有些雇主没有相应的支付能力，无法向劳动者进行给付；其二，有能力的雇主不愿及时向劳动者支付赔偿款项。工伤保险制度的设计和运行对于以上问题作出了回应，设立了专门的保险基金，其好处在于：第一，保证了给付资源的充足性；第二，作为以向工伤劳动者支付保险待遇为其存在价值和目的的工伤保险基金管理运营组织可以更好地避免用人单位的利己的狭隘思想，从而及时向工伤劳动者给付相应的待遇。因此，工伤保险制度的建立对于劳动者

而言能够更为及时且足额地兑现其工伤保险待遇。

案例 2

◎ 基本案情

王某某于2008年12月进入常州常安冶金设备检修工程有限公司（以下简称常安公司）从事安装辅助工作。常安公司未为王某某缴纳社保。2009年4月17日，王某某在上班施工时不慎从高处坠落。2010年7月5日，常州市人力资源和社会保障局认定该次伤害为工伤。王某某向常州市新北区劳动争议仲裁委员会申请仲裁，该委于2011年11月28日作出常新劳仲案字〔2011〕第428号仲裁裁决书。常安公司不服，向法院起诉。常州市新北区人民法院于2012年6月20日作出〔2012〕新民初字第0567号判决，判决："一、确认双方劳动关系解除，时间为2011年6月16日；二、常安公司支付王某某伤残补助、医疗补助等各项费用合计177 213元。"常安公司不服判决，提起上诉，后撤回上诉。虽然〔2012〕新民初字第0567号判决现已生效，但常安公司至今未履行支付义务。王某某于2013年6月17日向常州市医保中心提出申请，要求先行支付工伤保险待遇。常州市医保中心于2013年6月20日作出答复，认为不符合先行支付条件。王某某收到答复后不服，向原审法院提起行政诉讼，请求判令常州市医保中心先行支付工伤保险待遇。

◎ 争议问题

在用人单位没给劳动者缴纳工伤保险，同时又无能力向劳动者支付相应工伤保险待遇，或者用人单位不肯向劳动者支付工伤保险待遇时，劳动者的工伤保险待遇如何保障?

◎ 相关法条

《中华人民共和国社会保险法》

第四十一条　职工所在用人单位未依法缴纳工伤保险费，发生工伤事故的，由用人单位支付工伤保险待遇。用人单位不支付的，从工伤保险基金中先行支付。

从工伤保险基金中先行支付的工伤保险待遇应当由用人单位偿还……

◎ 结论和评析

在用人单位已为其劳动者缴纳工伤保险费的情况下，如果劳动者构成工伤则工伤保险基金负有及时足额向劳动者支付工伤保险待遇的义务。这种制度设计解决了用人单位主观利己主义可能带来的劳动者工伤赔偿无法实现的历史问题。同时，工伤保险制度还关注到如果用人单位没有为劳动者缴纳工伤保险费时劳动者工伤保险待遇如何实现的问题。根据《社会保险法》第41条的规定，职工所在用人单位未依法缴纳工伤保险费，发生工伤事故的，由用人单位支付工伤保险待遇。用人单位不支付的，从工伤保险基金中先行支付。即在用人单位未履行工伤保险费缴纳义务，又不向劳动者给付相应工伤保险待遇时，则由工伤保险基金向劳动者进行先行支付，从而保证劳动者在此种情况下亦可先行及时实现其权益。关于先行支付的具体细节会在待遇支付一章中作详细说明，此处不作赘述。

回到该案，劳动者王某某在用人单位不及时向其给付工伤保险待遇时便向工伤保险管埋中心申请先行支付，只是在该案中涉及法律的时间效力，即先行支付是于2011年7月1日生效的《社会保险法》中规定的制度，在此之前并无先行支付的制度设计，那么该法对于发生于其前的案件是否具有溯及力，根据“法不溯及既往”的原则，该制度应该不能适用于其生效以前的案件，因此，该案中的劳动者提出的先行支付的请求并不能获得支持。但是，这一制度本身体现出了对劳动者权益保护的及时性已经能够让观者们体会到。

综上所述，通过工伤保险制度的设计保障了劳动者及时、足额实现其工伤保险待遇的权益。

（二）对于用人单位而言能够分散经营风险

工作伤害即在工作过程中受到的身体伤害，随着工业革命的出现被人们所普遍认知，可以说这种伤害在现代企业的运营过程中是无法完全避免的。

因此，工作伤害逐渐被人们认为是与市场风险一样的，属于经营风险的一种，应当由用人单位对劳动者进行工伤赔偿。这也是前述工伤出现后用人单位承担无过错责任的一种重要理论基础。无过错责任似乎是解决了工伤的经济责任由用人单位来承担的问题，但用人单位的承担能力及其在承担相应责任时是否还能正常运营等问题又摆在人们面前。工伤保险制度设计同时对前述问题作出了回应，该制度通过公共工伤保险基金支付的方式将工伤风险分散于用人单位之间，每一用人单位只付出相对少的工伤保险费，在其劳动者出现工伤时则可以申请由工伤保险基金向劳动者支付工伤保险赔偿金等保险待遇，从而为用人单位的经营保驾护航。也就是说，工伤保险制度通过在全社会范围内筹集资金向工伤劳动者支付待遇，有效地使工伤风险从单个企业转移至全社会共同承担，避免巨额债务导致的生产困难的情况的发生。

（三）对于整个社会而言能够减少社会矛盾、促进经济发展

工伤事故发生后，人们面临的最直接的问题就是谁来支付工伤医疗费，如何对劳动者的工伤损害进行赔偿。在面临具体的经济支付时，劳动者和用人单位之间的矛盾被凸显出来，用人单位从利己角度作出的种种对工伤保险赔偿的推诿、规避行为都使得劳资矛盾在这一微观环境下被推向极致。历史上，德国人最早设计的工伤保险制度亦是在德国工人运动蓬勃发展期间，为缓和阶级矛盾而进行的制度设计。可以说，这一制度的设计初衷便离不开对缓和社会矛盾的追求。这一制度在建立和运行之后确实对整个社会的发展起到了较好的促进作用。因此，继德国之后，世界上很多国家都建立了工伤保险制度，用以减少社会矛盾，进而促进经济的发展。

三、工伤保险法的基本原则

（1）实行“无责任补偿”原则。该原则是指，在工伤发生时，无论事故的责任主体是雇主、雇员还是第三人，受伤害的雇员都可以获得法定的补偿。并且，在计发受伤害雇员的补偿时，即使雇员对工伤的发生有过错，也不能因此而减少对雇员的补偿，即不适用民事赔偿领域的过错相抵原则。

（2）保险费由雇主独自承担，雇员不需要缴纳。从各国的社会保险实践来看，绝大多数国家的工伤保险采用了雇主单独缴费原则，这主要考虑了雇主是劳动行为的主要获益者，因此，这符合公平原则的追求目标。

（3）按照所受损害进行补偿。工伤保险待遇的高低按照雇员所受损害的程度而确定，一般法律会根据损害程度的不同规定相应的补偿标准。通常，工伤保险补偿标准会高于因病或非因工伤害的补偿标准。

（4）补偿、预防和康复相结合。这体现了工伤保险制度的全方位设计理念。通过工伤保险预防制度的建立，有效预防了工伤事故的发生；通过对受伤害者的康复治疗，使其恢复为“完整人”，实现了生产力的保全；通过对伤残者及伤亡者遗属的补偿，体现了社会的公平、合理以及人文关怀。①

四、工伤保险法的适用范围

《工伤保险条例》第2条明确规定了工伤保险的适用范围：中华人民共和国境内的企业、事业单位、社会团体、民办非企业单位、基金会、律师事务所、会计师事务所等组织和有雇工的个体工商户（以下称用人单位）应当依照本条例规定参加工伤保险，为本单位全部职工或雇工（以下称职工）缴纳工伤保险费。中华人民共和国境内的企业、事业单位、社会团体、民办非企业单位、基金会、律师事务所、会计师事务所等组织的职工和个体工商户的雇工，均有依照法律规定享受工伤保险待遇的权利。也就是说，条例中确认了工伤保险的适用范围是：（1）企业。包括在中国境内的所有形式的企业，按照所有制划分包括国有企业、集体所有制企业、私营企业、外资企业；按照组织形式划分包括公司、合伙、个人独资企业等。（2）事业单位。根据《事业单位登记管理暂行条例》的有关规定，事业单位是指在机构编制管理机关登记为事业单位，且没有改为由工商行政管理部门登记为企业的事业单位。需要注意的是，事业单位中具有公共事务管理职能的组织，由于这些单位一般拥有行政执法的职能，工作人员参照《中华人民共和国公务员法》（以下简称《公务员法》）管理，这类事业单位在工伤保险方面参照公务员的

① 林嘉：《社会保障法的理念、实践与创新》，中国人民大学出版社2002年版，第234页。

做法；参照《公务员法》管理之外的事业单位，主要包括基础科研、教育、文化、卫生、广播电视等领域的单位，条例明确规定这些单位的工作人员应当纳入工伤保险的适用范围。（3）民办非企业。根据1998年10月25日国务院公布实施的《民办非企业单位登记管理暂行条例》的规定，在民政部门登记为民办非企业单位，由企业事业单位、社会团体和其他社会力量以及公民个人利用非国有资产举办的，从事非营利性社会服务活动的社会组织。（4）社会团体。根据1998年10月25日国务院公布的《社会团体登记管理条例》的规定，在民政部门登记为社会团体，由中国公民自愿组成，为了实现会员共同意愿，按照章程开展活动的非营利性社会组织。不参照《公务员法》管理的社会团体的工作人员适用工伤保险的规定。（5）个体工商户。指雇用2~7名学徒或帮工，在工商行政管理部门进行登记的自然人。

第二章　工伤保险基金

一、工伤保险基金的概念和构成

（一）工伤保险基金的概念

工伤保险基金是为了保障工伤保险对象的工伤保险待遇，按照国家法律、法规，由缴费单位按照缴费基数的一定比例缴纳，以及通过其他合法方式筹集的专项资金。

工伤保险基金属于社会保险基金的一种，主要具有以下特征：（1）强制性。工伤保险费的缴纳必须按照国家法律、法规的规定开展。具有缴费义务的用人单位必须按照法律规定履行其缴费义务，否则用人单位将构成违法，承担相应的法律责任。（2）共济性。用人单位按照法律规定缴纳工伤保险费，无论单位职工是否发生工伤，发生多大程度和范围的工伤，均按照法律规定由工伤保险基金支付相应的工伤保险待遇。缴费单位不能因没有发生工伤而要求返还缴纳的工伤保险费，同时工伤保险基金也不能因某单位职工的工伤多、需要支付的工伤保险待遇数额大而要求用人单位补缴工伤保险费，因此，工伤保险基金具有非常明显的共济性。（3）专用性。工伤保险基金的使用要求专款专用，任何人不得挪用。

（二）工伤保险基金的构成

工伤保险基金由用人单位缴纳的工伤保险费、工伤保险基金的利息和依法纳入工伤保险基金的其他资金构成。其中工伤保险费的缴纳是工伤保险基金的主要来源。因此，凡是纳入工伤保险范围的用人单位均应当按照法律规定及时、足额缴纳工伤保险费，从而保证基金的支付能力，切实保障工伤职工及时、足额获得相应的工伤保险待遇。工伤保险基金按照规定存入银行或购买国债，取得利息并入工伤保险基金总额。其他资金主要指按规定征收的滞纳金、社会捐赠等。

二、工伤保险费的确定和缴纳

（一）工伤保险费的确定原则与标准

1. 以支定收、收支平衡的原则

工伤保险费根据以支定收、收支平衡的原则确定费率。工伤保险实行现收现付制，也就是当期征缴的工伤保险费用于支付当期的工伤保险待遇及其他合法支出。因此，工伤保险费费率的确定应当保证各项工伤保险待遇及各项合法项目的支出，同时又不能使基金有过多的积累。因此，以支定收、收支平衡便成了工伤保险费确定的原则，即以一个周期内的工伤保险基金的支付额度为标准，确定征缴工伤保险费的额度，使工伤保险基金在一个周期内的收与支基本保持平衡。

2. 行业差别费率

工伤保险费费率的确定方式与养老、医疗、失业、生育保险不同。工伤保险费费率的确定，与所属行业和单位工伤发生率等情况挂钩。由于各行业在生产结构、生产类型、生产技术条件、管理水平等方面存在着差异，表现出不同的职业伤害风险，为了体现保险费用公平负担，促使事故多发的行业改进生产条件、提高生产技术、搞好安全生产，许多国家都是依据不同行业的工伤保险程度确定行业差别费率。《工伤保险条例》第 8 条第 2 款、第 3 款规定“国家根据不同行业的工伤风险程度确定行业的差别费率，并根据工伤保险费使用、工伤发生率等情况在每个行业内确定若干费率档次。行业差别费率及行业内费率档次由国务院社会保险行政部门制定，报国务院批准后公布施行。统筹地区经办机构根据用人单位工伤保险费使用、工伤发生率等情况，适用所属行业内相应的费率档次确定单位缴费费率”。《工伤保险条例》第 9 条规定“国务院社会保险行政部门应当定期了解全国各统筹地区工伤保险基金收支情况，及时提出调整行业差别费率及行业内费率档次的方案，报

国务院批准后公布施行”。因此，在我国，行业差别费率的确定按照以下程序进行：一是国务院社会保险行政部门对全国范围内的工伤保险基金收支情况进行调查摸底，掌握工伤保险基金支出情况及一般规律，了解全国及各统筹地区的基金现状。二是在摸清底数的情况下，根据以支定收、收支平衡的原则，按照不同行业的工伤风险程度确定不同行业的差别费率，也就是确定一个基准费率。三是在确定的基准费率的基础上，再根据不同行业各用人单位的工伤保险费使用、工伤发生率情况在每个行业内确定若干费率档次。

（二）工伤保险费的缴费主体及费基

1. 工伤保险费的缴费主体

《工伤保险条例》第10条规定：“用人单位应当按时缴纳工伤保险费。职工个人不缴纳工伤保险费。用人单位缴纳工伤保险费的数额为本单位职工工资总额乘以单位缴费费率之积。对难以按照工资总额缴纳工伤保险费的行业，其缴纳工伤保险费的具体方式，由国务院社会保险行政部门规定。”按照前述规定，由用人单位按照本单位职工工资总额乘以单位缴费率之积缴纳工伤保险费。即在缴费主体上我国工伤保险制度执行的是雇主缴费方式。那么结合相关法律规定，在中华人民共和国境内的企业、非参公管理的事业单位和社会团体，民办非企业单位、律师事务所、会计师事务所、基金会、有雇工的个体工商户均应当按照工伤保险费征收机构规定的缴费时间及时缴纳工伤保险费。职工不需要缴纳工伤保险费。

2. 工伤保险费的费基、费率

用人单位缴纳工伤保险费的费基为本单位职工的工资总额。本单位职工工资总额指的是单位在一定时期内直接支付给本单位全部职工的劳动报酬的总和，包括计时工资、计件工资、奖金、津贴和补贴、加班加点工资以及特殊情况下支付的工资。费率是按照行业差别费率及行业内的费率档次确定的每一个单位应当缴纳的实际费率。目前，全国工伤保险费的费率幅度为工资总额的0.2%～1.9%，平均为1%。

三、工伤保险基金的统筹层次

工伤保险基金逐步实行省级统筹。目前，工伤保险基金的统筹层次分为以下两种情况：一是四个直辖市实行全市统筹；二是各省、自治区实行设区的市级统筹。因此，《工伤保险条例》第11条规定，工伤保险基金逐步实行省级统筹。此外，该条还规定跨地区、生产流动性较大的行业，可以采取相对集中的方式异地参加统筹地区的工伤保险。具体办法由国务院社会保险行政部门会同有关行业的主管部门制定。也就是说，铁路、远洋运输、石油、煤炭、建筑等一般跨区域、生产流动性较大的行业可以采取相对集中的方式异地参加统筹地区的工伤保险。因为如果将这些单位分散到不同的地区参加工伤保险，从管理能力到待遇水平都将出现差异问题，这将不利于工伤预防机制的建立。因此，对于这些行业可以采取相对灵活的方式，集中参加层次相对较高的工伤保险社会统筹的管理。

四、工伤保险基金的管理和用途

（一）工伤保险基金的管理

工伤保险基金的管理是工伤保险制度良好运行并最终保障工伤职工及时足额获得工伤保险待遇的重要条件，可以说如果不能合理、有效地管理和运用工伤保险基金，则很难实现工伤保险制度的初衷。因此，工伤保险基金作为专项基金须存入统筹地区银行的财政专户，专款专用，实行收支两条线管理。对该项的具体规定是《工伤保险条例》第12条“工伤保险基金存入社会保障基金财政专户……”在实践中，负责社会保险征缴的机构、财政部门和社会保险经办机构在国有商业银行分别开设“社会保险基金收入户”“社会保险基金财政专户”“工伤保险基金支出户”。其中收入户用于暂存收缴的各项基金收入，除按规定向社会保障基金财政专户划拨资金外，一般只收不支；支出户主要用于支付基金开支项目，除按规定接受从财政专户拨入的资金外，一般只支不收；财政专户用于存储基金，其作用是接受从收入户划入的资金，并向支出户拨付资金。工伤保险基金的各项支出必须从支出户中拨付。工伤保险基金的财政专户及收支两条线管理模式，最大限度地保障基金的完整与安全。

（二）工伤保险基金的使用

与工伤保险基金的管理一样，《工伤保险条例》亦对工伤保险基金的使用作出了严格的限制，条例的第12条规定“工伤保险基金存入社会保障基金财政专户，用于本条例规定的工伤保险待遇，劳动能力鉴定，工伤预防的宣传、培训等费用，以及法律、法规规定的用于工伤保险的其他费用的支付……”因此，工伤保险基金的用途主要有以下几种。

1. 工伤保险待遇的支付

按照《工伤保险条例》第五章的规定，工伤保险待遇主要包括医疗康复待遇、伤残待遇和死亡待遇。其中医疗康复待遇又包括诊疗费、药费、住院费及规定的医疗期内的工资待遇等。具体内容将在第五章中进行详述。

2. 劳动能力鉴定费用

劳动能力鉴定费用是申请劳动能力鉴定所需要支付的费用。劳动能力鉴定在很多工伤案件中是确定工伤保险待遇等级的先决性问题。即必须进行劳动能力鉴定方可确定职工能够享受的工伤保险待遇的水平。因此，工伤保险制度中将劳动能力鉴定费用作为工伤保险基金的用途之一。

3. 工伤预防支出

在工伤保险制度设计时，目前国际上比较通行的一种做法是工伤预防、工伤补偿、工伤康复三位一体的制度架构，并且强调“预防优先”。正是基于这种考虑，《工伤保险条例》中将工伤预防的宣传、培训等费用也纳入工伤保险基金的支出项。并规定工伤预防费用的提取比例、使用和管理的具体办法，由国务院社会保险行政部门会同国务院财政、卫生行政、安全生产监督管理等部门规定。

4. 法律、法规规定的用于工伤保险的其他费用

这是前述具体列举后的兜底性条款，即除前述用途外，法律、行政法规、地方性法规可以设定其他用途，除此之外的规范性文件没有设定用途的权限。

同时规定，任何单位或者个人不得将工伤保险基金用于投资运营、兴建或者改建办公场所、发放奖金，或者挪作其他用途。

此外，为保障工伤保险基金的支付安全性，《工伤保险条例》规定，工伤保险基金应当留有一定比例的储备金，用于统筹地区重大事故的工伤保险待遇支付；储备金不足支付的，由统筹地区的人民政府垫付。储备金占基金总额的具体比例和储备金的使用办法，由省、自治区、直辖市人民政府规定。

第三章　工伤保险认定

第一节　工伤认定中的用人单位与劳动者

一、工伤认定中的用人单位

用人单位的概念是劳动和社会保障法领域中重要的基本概念，是该领域实践及理论研究都不可能回避的问题。《中华人民共和国劳动法》（以下简称《劳动法》）第 2 条规定：“在中华人民共和国境内的企业、个体经济组织（以下统称用人单位）和与之形成劳动关系的劳动者，适用本法。国家机关、事业组织、社会团体和与之建立劳动合同关系的劳动者，依照本法执行。”也就是说，在中华人民共和国境内与劳动者形成劳动关系的单位都应当属于“用人单位”范畴，其中既包括各企业、个体经济组织，也包括在建立劳动关系情况下的国家机关、事业单位、社会团体等。为了进一步明确所谓企业、个体经济组织的范围，为实践中进行工伤认定扫清障碍，2011 年 1 月 1 日起实施的修改后的《工伤保险条例》第 2 条规定：“中华人民共和国境内的企业、事业单位、社会团体、民办非企业单位、基金会、律师事务所、会计师事务所等组织和有雇工的个体工商户（以下称用人单位）应当依照本条例规定参加工伤保险，为本单位全部职工或者雇工（以下称职工）缴纳工伤保险费。”

需要注意的是，前述法条中所列举的用人单位范围中所明示的各单位均有一个隐含的前提，即各单位是符合相应法律规定的拥有经营主体资格的组织。那么问题是，如果单位不具备相应的经营主体资格，但在运营过程中其职工发生了“工伤事故”或者“职业病”如何处理？怎样保护相关“劳动者”的合法权益？为应对这种实践中可能出现的情况，现行《工伤保险条例》第66条规定“无营业执照或者未经依法登记、备案的单位以及被依法吊销营业执照或者撤销登记、备案的单位的职工受到事故伤害或者患职业病的，由该单位向伤残职工或者死亡职工的近亲属给予一次性赔偿，赔偿标准不得低于本条例规定的工伤保险待遇……”对于该条的理解应当分以下两个层次：第一，对于不具备经营主体资格的“用人单位”的职工发生“工伤事故”或者“职业病”的是不能够被认定为工伤的，即不能够由工伤保险基金向其支付相应的工伤保险待遇。关于这一点很多省份的相关规范性文件作出了规定，比如江苏省劳动和社会保障厅《关于实施〈工伤保险条例〉若干问题的处理意见》第5条规定：“无营业执照或者未经依法登记、备案的单位以及被依法吊销营业执照或者撤销登记、备案的单位职工受到事故伤害或者被诊断、鉴定为职业病的，不作为工伤认定的对象。但劳动保障行政部门应依申请判定其是否符合《条例》第十四条、第十五条、第十六条规定的情形。”也就是说，工伤部门仍可认定劳动者符合工伤情形，只不过在相应待遇发放的主体上有区别。第二，不能因单位的主体资格不具备而让“劳动者”的权益受损，因此，在这种情况下应当由单位向劳动者支付相应的工伤保险待遇，其支付的形式是一次性赔偿，支付的标准是不低于《工伤保险条例》规定的工伤保险待遇。总而言之，单位应为其在不具备经营主体资格的情况下进行运营的行为负责。

案例3

◎ 基本案情

上诉人陈某因与被上诉人沭阳县人力资源和社会保障局（以下简称沭阳人社局）工伤认定一案，不服沭阳县人民法院〔2013〕沭行初字第0054号行政判决，向本院提起上诉。本院2014年1月6日立案受理后，依法组成合议庭，于2014年1月15日公开开庭对本案进行了审理。上诉人陈某，被上诉人沭阳人社局的委托代理人周某某、葛某某，原审第三人杨某某的委托代理人周某到庭参加了诉讼。本案现已审理终结。

一审法院经审理查明：杨某某系沭阳县春阳水泥制品厂（以下简称春阳水泥厂）工人。2012年5月13日14时30分，杨某某在春阳水泥厂操作搅拌机时，左臂不慎受伤。经医院诊断为左臂离断伤。杨某某于2012年8月15日向沭阳人社局申报工伤。2013年7月20日，沭阳人社局作出沭人社工认字〔2013〕第138号工伤认定的决定，认定杨某某所受伤害，符合国务院《工伤保险条例》第14条第（1）项规定的相关情形。原告不服，提起行政诉讼。一审另查明，春阳水泥厂系陈某个人投资设立的个人独资企业，经营范围及方式为：非承重性水泥制品加工、销售。从业人数为7人。经陈某申请，宿迁市沭阳工商行政管理局（以下简称沭阳工商局）于2013年1月28日通知陈某，春阳水泥厂已经核准注销。

一审法院认为：根据《工伤保险条例》第5条第2款的规定，沭阳人社局具有认定职工是否构成工伤的法定职权。杨某某为春阳水泥厂工人，在该厂操作搅拌机时左臂不慎受伤，被诊断为左臂离断伤，属于职工在工作时间和工作场所内，因工作原因受到事故伤害的情形。春阳水泥厂为陈某个人投资设立的个人独资企业，并经陈某申请，被沭阳工商局于2013年1月28日核准注销。沭阳人社局根据原江苏省劳动和社会保障厅《关于实施〈工伤保险条例〉若干问题的处理意见》第5条的规定，认定杨某某所受伤害，符合国务院《工伤保险条例》第14条第（1）项之规定的相关情形。该具体行政行为事实清楚，适用法律正确。沭阳人社局在作出工伤认定的过程中进行了调查取证，并根据事实作出认定，其具体行政行为程序亦符合法律规定。陈某关于杨某某与其之间无法成立劳动关系，沭阳人社局认定其与杨某某之间存在工伤关系无基础法律关系及要求撤销工伤认定的主张不能成立。一审法院依照《行政诉讼法》第54条第（1）项的规定，判决维持沭阳县人力资源和社会保障局作出的沭人社工认字〔2013〕第138号工伤认定书。案件受理费50元，由陈某负担。

上诉人陈某上诉称，原审第三人并没有为春阳水泥厂提供劳动，其是在受雇于他人工作期间受伤，即便构成工伤，也与上诉人无关；上诉人是个人，不属于用人单位，其与原审第三人之间也无法形成劳动关系，不符合认定工伤的前提条件。被上诉人所作工伤认定书认定事实不清，适用法律错误，一审判决不当，请求撤销一审判决及工伤认定书。

被上诉人沭阳人社局答辩称，生效的〔2013〕宿中民终字第0191号及〔2012〕沭民初字第3354号民事判决书均确认原审第三人与春阳水泥厂之间自2012年2月起存在事实劳动关系。原审第三人于2012年5月13日在春阳水泥厂工作中受伤，故其符合认定工伤法定情形。春阳水泥厂系上诉人开办的个人独资企业，该企业虽在〔2013〕宿中民终字第0191号民事案件二审期间，经陈某申请，已被沭阳工商局注销。但根据苏劳社医〔2005〕6号《关于实施〈工伤保险条例〉若干问题的处理意见》第5条的规定，该企业注销行为并不影响对原审第三人工伤的认定。故其所作的工伤认定书事实清楚，适用法律正确，程序合法，一审判决正确，请求驳回上诉，维持原判。

◎ 争议问题

1. 杨某某和春阳水泥厂之间是否存在劳动关系？

2. 沭阳人力资源和社会保障局在春阳水泥厂已被注销的情况下认定杨某某符合工伤法定情形是否正确？

◎ 相关法条

《工伤保险条例》

第六十六条 无营业执照或者未经依法登记、备案的单位以及被依法吊销营业执照或者撤销登记、备案的单位的职工受到事故伤害或者患职业病的，由该单位向伤残职工或者死亡职工的近亲属给予一次性赔偿，赔偿标准不得低于本条例规定的工伤保险待遇……

江苏省劳动和社会保障厅《关于实施〈工伤保险条例〉若干问题的处理意见》

第五条 无营业执照或者未经依法登记、备案的单位以及被依法吊销营业执照或者撤销登记、备案的单位职工受到事故伤害或者被诊断、鉴定为职业病的，不作为工伤认定的对象。但劳动保障行政部门应依申请判定其是否符合《条例》第十四条、第十五条、第十六条规定的情形。

《工伤保险条例》

第十四条　职工有下列情形之一的，应当认定为工伤：（一）在工作时间和工作场所内，因工作原因受到事故伤害的……

◎ 结论和评析

1. 杨某某和春阳水泥厂之间是否存在劳动关系

生效的〔2013〕宿中民终字第0191号民事判决及沭阳县人民法院〔2012〕沭民初字第3354号民事判决均已认定春阳水泥厂与杨某某之间存在事实劳动关系。同时，沭阳人力资源和社会保障局提供的与陈某某、刘某某等人的调查询问笔录能够证明杨某某系在春阳水泥厂操作搅拌机过程中受伤的事实。上诉人在一审中提供了刘某某于2013年11月13日出具的书面证明，但该书面证明的内容与沭阳人力资源和社会保障局提供的证明内容并无冲突之处，不足以证明其诉讼主张，故陈某关于杨某某和春阳水泥厂之间不存在劳动关系及杨某某并非在春阳水泥厂工作期间受伤的主张缺乏事实根据，该主张不能成立。

2. 沭阳人力资源和社会保障局在春阳水泥厂已被注销的情况下认定杨某某符合工伤法定情形是否正确

《工伤保险条例》第66条规定："无营业执照或者未经依法登记、备案的单位以及被依法吊销营业执照或者撤销登记、备案的单位的职工受到事故伤害或者患职业病的，由该单位向伤残职工或者死亡职工的近亲属给予一次性赔偿，赔偿标准不得低于本条例规定的工伤保险待遇……"江苏省劳动和社会保障厅《关于实施〈工伤保险条例〉若干问题的处理意见》（苏劳社医〔2005〕6号）又进一步作出了规定，其中第5条规定："无营业执照或者未经登记、备案的单位以及被依法吊销营业执照或者撤销登记、备案的单位职工受到事故伤害或被诊断、鉴定为职业病的，不作为工伤认定的对象。但劳动保障行政部门应依申请判定其是否符合《工伤保险条例》第十四条、第十五条、第十六条规定的情形。"结合《工伤保险条例》第14条第（1）项的规定："职工在工作时间和工作场所内，因工作原因受到事故伤害的……"杨某某与春阳水泥厂之间存在事实劳动关系，杨某某系在春阳水泥厂工作期间受伤，符合在工作时间和工作场所内因工作原因受到事故伤害的工伤认定条件。个人独资企业春阳水泥厂后虽被工商部门核准注销，但根据上述规定，沭阳人力资源和社会保障局有权对杨某某所受伤害是否符合《工伤保险条例》第14条第（1）项规定的工伤认定情形作出判定。陈某关于其是个人，并非用人单位，其和杨某某之间不符合认定工伤前提条件的主张缺乏法律依据。

综上所述，沭阳人社局所作工伤认定书事实清楚，适用法律正确，程序合法。

工伤保险认定中的用人单位的确定问题在实践中还有很多复杂情形出现，针对实践中判决所面临的这些困难问题，最高人民法院在2014年发布了《关于审理工伤保险行政案件若干问题的规定》，其中对双重劳动关系、劳动派遣、指派劳动、转包、挂靠等常见的特殊问题进行了专门的规定，其中第3条规定："社会保险行政部门认定下列单位为承担工伤保险责任单位的，人民法院应予支持：（一）职工与两个或两个以上单位建立劳动关系，工伤事故发生时，职工为之工作的单位为承担工伤保险责任的单位；（二）劳务派遣单位派遣的职工在用工单位工作期间因工伤亡的，派遣单位为承担工伤保险责任的单位；（三）单位指派到其他单位工作的职工因工伤亡的，指派单位为承担工伤保险责任的单位；（四）用工单位违反法律、法规规定将承包业务转包给不具备用工主体资格的组织或者自然人，该组织或者自然人聘用的职工从事承包业务时因工伤亡的，用工单位为承担工伤保险责任的单位；（五）个人挂靠其他单位对外经营，其聘用的人员因工伤亡的，被挂靠单位为承担工伤保险责任的单位。前款第（四）、（五）项明确的承担工伤保险责任的单位承担赔偿责任或者社会保险经办机构从工伤保险基金支付工伤保险待遇后，有权向相关组织、单位和个人追偿。"后续内容即对该条中所列的各项判断标准作详细地说明。

二、双（多）重劳动关系工伤认定中用人单位的确定

劳动关系是用人单位与劳动者之间在劳动过程中的权利和义务关系。一般情况下，一个劳动者在同一时期内只与一个用人单位之间形成劳动关系，即一重劳动关系是劳动关系领域的常态。但这是否意味着一个劳动者不能够

与两个甚至两个以上的单位成立劳动关系？关于这一问题，社会生活的实践给了我们肯定的答案。这主要发生于国有企业改革的过程中，有很多职工停薪留职、内退、下岗待岗等，在这种情况下，职工为了维持其生活与其他单位建立劳动关系，如果在制度上不承认后者的劳动关系地位则对于劳动者的保护非常不利。为此，最高人民法院在2010年颁布的《关于审理劳动争议案件适用法律若干问题的解释（三）》（法释〔2010〕12号）第8条中规定："企业停薪留职人员、未达到法定退休年龄的内退人员、下岗待岗人员以及企业经营性停产放长假人员，因与新的用人单位发生用工争议，依法向人民法院提起诉讼的，人民法院应当按劳动关系处理。"即意味着承认双重或者多重劳动关系的法律地位。实际上，为了解决实践中的工伤认定的难题，早在2004年原劳动和社会保障部发布的《关于实施〈工伤保险条件〉若干问题的意见》第1条中就规定："职工在两个或两个以上用人单位同时就业的，各用人单位应当分别为职工缴纳工伤保险费。职工发生工伤，由职工受到伤害时其工作的单位依法承担工伤保险责任。"正是在综合了前述文件主旨及遵循立法宗旨连续性的基础上，2014年最高人民法院发布的《关于审理工伤保险行政案件若干问题的规定》第3条第（1）项作出如下规定："社会保险行政部门认定下列单位为承担工伤保险责任单位的，人民法院应予支持：（一）职工与两个或两个以上单位建立劳动关系，工伤事故发生时，职工为之工作的单位为承担工伤保险责任的单位……"

双（多）重劳动关系是一个很复杂的问题，前述的规范性文件解决了在双（多）重劳动关系的情况下如果发生工伤该如何确定承担责任的用人单位的问题，即由发生工伤时职工为其工作的单位作为承担工伤保险责任的用人单位。

案例4

◎ 基本案情

高某某与北京金网络物业管理有限公司（以下简称金网络公司）存在劳动关系，系该公司长远大地大厦物业管理处的电工。2009年12月23日，高某某在长远天地项目B1座12B04号业主处维修灯具时从梯子上摔下，金网络公司将其送往医院救治后，诊断结果为外伤后腰部软组织挫伤，急性尿潴留。高某某向北京市怀柔区人力资源和社会保障局（以下简称怀柔区人保局）申请了工伤认定。经调查核实，怀柔区人保局于2011年12月16日作出京怀人社工伤认2270T0209171号《工伤认定结论通知书》，认定高某某于2009年12月23日发生了外伤后腰部软组织损伤、急性尿潴留的伤害，符合工伤认定范围，认定为工伤。

金网络公司对此不服，于2012年3月15日诉至北京市怀柔区人民法院，诉称，高某某与金网络公司、新中物业管理（中国）有限公司（以下简称新中物业公司）同时存在劳动关系，且新中物业公司一直为高某某缴纳着社保金，金网络公司不应承担工伤责任，请求法院依法撤销该《工伤认定结论通知书》，并责令怀柔区人保局重新作出不是工伤的认定。

◎ 争议问题

1. 高某某与两家公司同时存在劳动关系，其中金网络公司之外的另一家物业公司一直在为高某某缴纳着工伤保险，这种情况下是否会影响工伤认定结论？

2. 由哪一单位承担工伤保险责任？

3. 承担何种形式的责任？

◎ 相关法条

最高人民法院《关于审理劳动争议案件适用法律若干问题的解释（三）》（法释〔2010〕12号）

第八条 企业停薪留职人员、未达到法定退休年龄的内退人员、下岗待岗人员以及企业经营性停产放长假人员，因与新的用人单位发生用工争议，依法向人民法院提起诉讼的，人民法院应当按劳动关系处理。

最高人民法院《关于审理工伤保险行政案件若干问题的规定》

第三条第（一）项 社会保险行政部门认定下列单位为承担工伤保险责任单位的，人民法院应予支持：（一）职工与两个或两个以上单位建立劳动关系，工伤事故发生时，职工为之工作的单位为承担工伤保险责任的单位。

2004年原劳动和社会保障部发布的《关于实施〈工伤保险条件〉若干问题的意见》

第一条　职工在两个或两个以上用人单位同时就业的，各用人单位应当分别为职工缴纳工伤保险费。职工发生工伤，由职工受到伤害时其工作的单位依法承担工伤保险责任。

《工伤保险条例》

第十四条　职工有下列情形之一的，应当认定为工伤：（一）在工作时间和工作场所内，因工作原因受到事故伤害的……

◎ 结论和评析

北京市怀柔区人民法院于2012年6月1日作出〔2012〕怀行初字第12号行政判决：维持被告北京市怀柔区人力资源和社会保障局作出的京怀人社工伤认2270T0209171号《工伤认定结论通知书》。宣判后，金网络公司不服一审判决，向北京市第二中级人民法院提起上诉。北京市第二中级人民法院于2012年8月20日作出〔2012〕二中行终字第568号行政判决：驳回上诉，维持一审判决。

在该案工伤事故发生、工伤认定及提起行政诉讼时，针对双重劳动关系这一现象的专门工伤认定标准——最高人民法院《关于审理工伤保险行政案件若干问题的规定》还未出台，因此，谈不上根据该规定进行审判的问题。但根据2004年原劳动和社会保障部发布的《关于实施〈工伤保险条例〉若干问题的意见》第1条的规定，以及2010年最高人民法院《关于审理劳动争议案件适用法律若干问题的解释（三）》第8条的规定应当将该案中高某某与金网络公司之间关系按劳动关系处理，并应由其承担工伤保险责任。有了这一前提，又根据《工伤保险条例》第14条的规定确认高某某在工作时间、工作场所、由工作原因所受到的身体伤害符合工伤认定范围，怀柔区人保局作出工伤认定符合相关法律规定的判决。金网络公司的相关诉讼请求，没有相关法律依据，不予支持。

1. 高某某与两家公司同时存在劳动关系，其中金网络公司之外的另一家物业公司一直在为高某某缴纳着工伤保险，这种情况下是否会影响工伤认定结论

实践中，有观点认为，不应认定双重劳动关系，如果存在双重劳动关系，应只认定一重劳动关系。但是，正如前述内容所阐明的，现实生活中的确有诸多双重或多重事实劳动关系的存在，如果断然认定这些劳动关系无效，必然影响正常的用工秩序，同时，也不利于充分发挥劳动者的劳动潜质，阻碍其为社会提供更多的劳动，影响人力资源的效率。因此，在存在双重或多重劳动关系时，应当承认其法律地位，并且各用人单位都应当为劳动者缴纳工伤保险。这一内容已被2004年原劳动和社会保障部发布的《关于实施〈工伤保险条件〉若干问题的意见》第1条的规定所认可，其内容为："职工在两个或两个以上用人单位同时就业的，各用人单位应当分别为职工缴纳工伤保险费。职工发生工伤，由职工受到伤害时其工作的单位依法承担工伤保险责任。"最高人民法院后续的司法解释中又多次重申了这一主张。即在双（多）重劳动关系存在的情况下，各单位都不能免除其各自的工伤保险义务，都应为劳动者缴纳社会保险费，因此，在该案例中，金网络公司以物业公司与高某某存在劳动关系并已为其缴纳工伤保险费为由欲否定工伤认定结论的主张不能被支持。

2. 由哪一单位承担工伤保险责任

由于双（多）重劳动关系中存在两个或者两个以上的用人单位，那么在工伤认定中应由哪一单位具体承担工伤保险责任的问题就成了一个核心问题。从逻辑上讲，劳动者所受伤害一定是由一个具体的时间、地点及具体的原因所导致，因此这些要素便可作为作出判断的考量因素，而这些因素的结合恰好是判断劳动者在发生工伤事故时是在完成与哪一单位的劳动关系的过程，即为哪一单位工作时发生的工伤事故。因此才有了前述劳动和社会保障部的意见及最高人民法院的相关司法解释和规定，其内容主旨均是"职工发生工伤，由职工受到伤害时其工作的单位依法承担工伤保险责任"。该案中现有证据可以证实，高某某于2009年12月23日所受伤害系在金网络公司的工作时间、工作地点，因该公司的工作原因所致，符合工伤认定范围，怀柔区人

保局作出工伤认定符合相关法律规定。

3. 承担何种形式的责任

该案中，金网络公司在高某某工作期间内没有为其办理工伤及其他社会保险。高某某同时任职的新中物业公司已为其办理了社会保险。那么，高某某在完成金网络公司工作内容时受到的伤害，是否可以衔接使用另一家公司为其办理的工伤保险呢？答案是否定的。前已述及，在双（多）重劳动关系存在的过程中，各用人单位均有为劳动者缴纳工伤保险的义务。为劳动者办理社会保险是用人单位不可推卸的强制性义务，一旦违反，人力资源及社会保障部门有权予以查处惩戒。而且，工伤保险的本质仍是一种保险，即投保人依约付费以规避将来可能实现的风险。为员工办理工伤保险的用人单位是在同时保护劳动者以及自身的权益，而不是为其他用人单位作嫁衣。由于已认定高某某是在金网络公司发生的工伤，工伤责任应当由该公司负担，自然也就不会启动其他用人单位为高某某办理的工伤保险，不会产生工伤保险衔接使用问题。

那么，在金网络公司没有为劳动者缴纳社会保险的情况下，被认定为工伤的劳动者的工伤待遇问题在后续的内容中会作为一专题来进行详细地探讨，在这里只是给出结论，即应当由工伤保险基金支付部分由用人单位进行支付。由用人单位为其不缴纳社会保险的违法行为承担责任。

三、劳务派遣用工工伤认定中用人单位的确定

劳动者遭遇工伤事故后由派遣单位还是用工单位承担工伤保险责任在实践中成了一个争议问题。关于这个问题最高人民法院《关于审理工伤保险行政案件若干问题的规定》第 3 条第 1 款第（2）项已作出了确定性的规定，内容为劳务派遣单位派遣的职工在用工单位工作期间因工伤亡的，派遣单位为承担工伤保险责任的单位。考查这一规定的制度前提是 2012 年 12 月 28 日通过的第十一届全国人民代表大会常务委员会第三十次会议关于修改《中华人民共和国劳动合同法》的决定，修改后的第 57 条规定："经营劳务派遣业务应当具备下列条件：（一）注册资本不得少于人民币二百万元；（二）有与开展业务相适应的固定的经营场所和设施；（三）有符合法律、行政法规

定的劳务派遣管理制度；（四）法律、行政法规规定的其他条件。经营劳务派遣业务，应当向劳动行政部门依法申请行政许可；经许可的，依法办理相应的公司登记。未经许可，任何单位和个人不得经营劳务派遣业务。”2007年《劳动合同法》第92条规定：“违反本法规定，未经许可，擅自经营劳务派遣业务的，由劳动行政部门责令停止违法行为，没收违法所得，并处违法所得一倍以上五倍以下的罚款；没有违法所得的，可以处五万元以下的罚款。劳务派遣单位、用工单位违反本法有关劳务派遣规定的，由劳动行政部门责令限期改正；逾期不改正的，以每人五千元以上一万元以下的标准处以罚款，对劳务派遣单位，吊销其劳务派遣业务经营许可证。用工单位给被派遣劳动者造成损害的，劳务派遣单位与用工单位承担连带赔偿责任。”2012年的这次修改对劳务派遣单位提出了更为严格的要求，既体现在对注册资本的要求上，也增加了需要经过行政许可这一条件。在这一系列的要求下，保证劳务派遣单位具有一定的规模和资质，进而在发生工伤保险事故后有能力负担相应的工伤保险责任。这也是最高人民法院《关于审理工伤保险行政案件若干问题的规定》在由劳务派遣单位、用人单位还是两个单位共同承担工伤保险责任的问题时确定由劳务派遣单位承担相应的工伤保险责任的理由。

案例5

◎ 基本案情

闵行区人力资源和社会保障局（以下简称闵行区人保局）于2013年2月23日作出〔2012〕闵人社认字第5905号《认定工伤决定书》行政行为（以下简称被诉工伤认定行政行为），主要内容为：申请人李某某，用人单位斐诗公司；经审核查明，李某某在斐诗公司工作期间，于2012年2月13日在装车时右眼被滑落的纸箱砸伤，后前往上海市普陀区利群医院就诊。2012年3月26日，经复旦大学附属眼耳鼻喉科医院诊断为：“1. 右眼巩膜葡萄肿；2. 右眼晶体切除＋玻璃体切除术后；3. 右眼巩膜破裂伤修补术后”；依照《工伤保险条例》第14条第（1）项的规定，认定李某某于2012年2月13日所受伤害属于工伤。斐诗公司对被诉工伤认定行政行为不服，向上海市人

力资源和社会保障局（以下简称市人保局）申请行政复议，市人保局于2013年5月28日作出沪人社复决字〔2013〕第59号行政复议决定，决定维持闵行区人保局作出的被诉工伤认定行政行为。斐诗公司仍不服，诉至法院。

斐诗公司原审诉称，其系为联邦快递（中国）有限公司上海分公司（以下简称联邦快递公司）等物流企业提供劳务中介的企业。李某某系2011年4月1日经斐诗公司介绍进入联邦快递公司处工作的人员。李某某入职后的工作时间及内容均由联邦快递公司安排，与斐诗公司无关。2012年2月13日早上5点，李某某称在联邦快递公司装车时右眼被滑落的纸箱砸伤，后于2012年12月19日向闵行区人保局提出工伤认定请求，闵行区人保局于2013年2月23日作出被诉工伤认定行政行为，认定李某某系工伤。斐诗公司申请行政复议，市人保局维持了被诉工伤认定行政行为。斐诗公司认为，李某某的受伤时间是早上5点，并非上班或法定工作时间，李某某自称受伤地点是在联邦快递公司内，但无相关证据证明，故李某某的受伤时间与受伤地点均无法证明其所受伤害属于工伤，仅能认定为一般的人身损害，应当由联邦快递公司承担责任。综上所述，斐诗公司诉至法院，要求依法撤销闵行区人保局作出的被诉工伤认定行政行为。

闵行区人保局原审辩称，根据《工伤保险条例》第5条第2款的规定，其具有作出工伤认定的行政职权；闵行区人保局在工伤认定过程中进行了调查，收集了相关证据，后依据《工伤保险条例》第14条第（1）项的规定，认定李某某所受伤害属于工伤；斐诗公司认为李某某所受伤害不是在工作时间与工作场所内缺乏依据。综上所述，闵行区人保局作出的被诉工伤认定行政行为事实依据和法律依据充分，要求驳回斐诗公司的诉讼请求。

李某某述称，李某某与斐诗公司存在劳动关系，其是在工作场所、工作时间内因工作原因受到事故伤害，符合认定为工伤的情形，要求驳回斐诗公司的诉讼请求。

◎ 争议问题

1. 李某某与斐诗公司之间是否构成劳动关系？
2. 李某某的情况是否构成工伤？

3. 工伤保险责任应由哪一主体承担？

◎ 相关法条

最高人民法院《关于审理工伤保险行政案件若干问题的规定》

第三条第（二）项 社会保险行政部门认定下列单位为承担工伤保险责任单位的，人民法院应予支持：……（二）劳务派遣单位派遣的职工在用工单位工作期间因工伤亡的，派遣单位为承担工伤保险责任的单位。

《工伤保险条例》

第十四条第（一）项 职工有下列情形之一的，应当认定为工伤：（一）在工作时间和工作场所内，因工作原因受到事故伤害的……

第十九条 社会保险行政部门受理工伤认定申请后，根据审核需要可以对事故伤害进行调查核实，用人单位、职工、工会组织、医疗机构以及有关部门应当予以协助。职业病诊断和诊断争议的鉴定，依照职业病防治法的有关规定执行。对依法取得职业病诊断证明书或者职业病诊断鉴定书的，社会保险行政部门不再进行调查核实。

职工或者其近亲属认为是工伤，用人单位不认为是工伤的，由用人单位承担举证责任。

◎ 结论和评析

一审法院判决维持闵行区人保局于2013年2月23日作出的被诉工伤认定行政行为有效。判决后，斐诗公司不服，上诉至二审法院。二审法院经审理认为上诉人的上诉请求，缺乏事实根据和法律依据，不予支持。原审判决维持被诉工伤认定行政行为并无不当，应予维持。据此，依照《行政诉讼法》第61条第（1）项之规定，判决如下：驳回上诉，维持原判。

1. 李某某与斐诗公司之间是否构成劳动关系

斐诗公司在与联邦快递公司签订的《人力装卸服务协议》中已明确约定，由斐诗公司向联邦快递公司提供搬运人员。搬运人员的工作岗位及工作时间的安排均由联邦快递公司决定。李某某与斐诗公司及联邦快递公司之间构成了劳务派遣关系，其中斐诗公司为劳务派遣公司，即用人单位；李某某

为被派遣员工；联邦快递公司为受派遣单位，即用工单位。这一结论在该案中也已经被劳动争议仲裁裁决书及生效的民事判决书所确定。闵行区人保局提供的仲裁裁决书、民事判决书、医院就诊记录，李某某出具的事发经过及A、B的证人证言、李某某、C、D等人的调查笔录等一系列证据相互印证，充分证明了李某某与斐诗公司间的劳动关系。

2. 李某某的情况是否构成工伤

闵行区人保局受理工伤认定申请后要求斐诗公司与李某某提供证据，同时依法进行了调查、核实，且在60日内作出工伤认定，并将认定工伤决定书送达给了斐诗公司和李某某，其执法程序合法。李某某与斐诗公司间存在劳动关系，李某某系在工作时间和工作场所内，因工作原因受到事故伤害，闵行区人保局由此根据《工伤保险条例》第14条第（1）项的规定，认定李某某所受伤害为工伤，事实清楚，适用法律正确。关于斐诗公司提出李某某所受伤害的时间不是斐诗公司的上下班时间，所受伤害的地点也不在斐诗公司，故李某某所受的伤害与斐诗公司无关，不应认定为工伤，而属一般人身损害，应由联邦快递公司承担责任的意见，对此前已述及，李某某作为被派遣到联邦快递公司的劳务派遣用工，其根据联邦快递公司的要求于2013年2月13日凌晨5时许在联邦快递公司的仓库为该公司装运货物显然应当认定为李某某是在工作时间和工作场所内，因工作原因而受到事故伤害，故应当被认定为是工伤。

3. 工伤保险责任应由哪一主体承担

根据前述两个问题的结论可以得出：第一，斐诗公司为劳务派遣单位，即其为用人单位；第二，李某某的情况符合《工伤保险条例》第14条第（1）项的规定，应当被认定为工伤。那么，在认定为工伤时由哪一主体来承担工伤保险责任便是逻辑演绎出的下一个需要解决的问题，即在劳务派遣用工中由哪一主体来承担工伤保险责任。关于这一点最高人民法院《关于审理工伤保险行政案件若干问题的规定》第3条第（2）项规定：社会保险行政部门认定下列单位为承担工伤保险责任单位的，人民法院应予支持：劳务派遣单位派遣的职工在用工单位工作期间因工伤亡的，派遣单位为承担工伤保险责任的单位。斐诗公司虽否认其系用人单位，但相关劳动仲裁裁决及民事

判决书已确认斐诗公司与李某某间存在劳动关系。此外，《工伤保险条例》第19条规定，职工或者其近亲属认为是工伤，用人单位不认为是工伤的，由用人单位承担举证责任。斐诗公司在工伤认定程序中并未提供充分有效的能够证明不应当认定为工伤的证据。斐诗公司就其诉讼主张在本案一审、二审审理中亦未提供任何充分有效的证据予以证实，故斐诗公司的上诉请求，缺乏事实根据和法律依据，不予支持。

案例6

◎ 基本案情

2013年10月22日，碧透保洁公司与上海现代家有购物商务有限公司（以下简称家有公司）签订《保洁服务协议》，双方约定由碧透保洁公司派遣保洁人员为家有公司从事保洁服务，所派出的保洁人员与家有公司不构成劳动关系，家有公司不承担保洁人员的工资等。2013年12月15日上午，张某受碧透保洁公司指派到家有公司从事保洁工作。当日下午，因碧透保洁公司指派的另一名保洁员有事，经该公司原法定代表人徐某某默许后，由张某为其代班工作。同日20时57分左右，张某做完保洁工作，携带垃圾下楼时，不慎从二楼摔倒至一楼，致左踝受伤。随后，张某被送往中国人民解放军第四一一医院诊治，被诊断为左踝部不全离断。张某于2013年12月25日出院，出院诊断为：左踝部不全离断。（1）左踝关节开放性脱位；（2）左内踝粉碎性骨折；（3）左腓骨远端粉碎性骨折并骨质缺如；（4）左胫骨骨前肌部分断裂；（5）左胫后动脉断裂；（6）胫神经部分断裂；（7）左大隐静脉断裂。嗣后，张某与碧透保洁公司发生劳动争议，上海市杨浦区劳动人事争议仲裁委员会于2014年3月6日作出裁决：双方于2012年9月18日至2013年12月15日期间存在劳动关系。2014年4月21日，张某向崇明县人力资源和社会保障局（以下简称崇明人保局）提出工伤认定申请。崇明人保局于2014年4月30日受理了张某的申请，后查看了现场并进行了调查。2014年6月27日，崇明人保局作出崇明人社认〔2014〕字第684号认定工伤决定，认定张某受到的事故伤害符合《工伤保险条例》第14条第（1）项、《上海市工

伤保险实施办法》第14条第（1）项之规定，属于工伤认定范围，予以认定为工伤。崇明人保局将认定工伤决定书送达各方当事人后，碧透保洁公司不服，认为张某与家有公司构成事实劳动关系，应以家有公司为用人单位申请工伤认定；张某受伤的时间不是家有公司安排的工作时间，且张某违反家有公司的规定从安全通道下楼致发生事故，张某对此应承担责任，其所受事故伤害不应认定为工伤，故向法院提起行政诉讼，请求撤销崇明人保局所作认定工伤决定。

◎ 争议问题

1. 张某与碧透公司还是与家有公司之间存在劳动关系？
2. 张某的情况是否构成工伤？
3. 应当由哪一主体承担工伤保险责任？

◎ 相关法条

最高人民法院《关于审理工伤保险行政案件若干问题的规定》

第三条第（二）项 社会保险行政部门认定下列单位为承担工伤保险责任单位的，人民法院应予支持：……（二）劳务派遣单位派遣的职工在用工单位工作期间因工伤亡的，派遣单位为承担工伤保险责任的单位。

《工伤保险条例》

第十四条第（一）项 职工有下列情形之一的，应当认定为工伤：（一）在工作时间和工作场所内，因工作原因受到事故伤害的。

《上海市工伤保险实施办法》

第十四条第（一）项 从业人员有下列情形之一的，应当认定为工伤：（一）在工作时间和工作场所内，因工作原因受到事故伤害的。

◎ 结论和评析

一审法院判决驳回碧透保洁公司的诉讼请求。判决后，碧透保洁公司不服，提起上诉。二审法院认为，上诉请求和理由不能成立，原审判决驳回碧透保洁公司的诉讼请求正确，应予维持。据此，根据《行政诉讼法》第89

条第1款第（1）项之规定，判决驳回上诉，维持原判。

1. 张某与碧透公司还是与家有公司之间存在劳动关系

诉讼过程中碧透公司提出张某与家有公司构成事实劳动关系，故其不应承担用人单位的工伤保险责任。本案中碧透公司与家有公司签订《保洁服务协议》，双方约定由碧透公司派遣保洁人员为家有公司从事保洁服务，所派出的保洁人员与家有公司不构成劳动关系，家有公司不承担保洁人员的工资等。2013年12月15日上午，张某受碧透公司指派到家有公司从事保洁工作。可以看出张某与碧透公司及家有公司之间构成劳务派遣关系，其中碧透公司为派遣单位，即用人单位，家有公司为用工单位，而张某为被派遣劳动者。本案中，劳动争议仲裁机构作出的生效裁决已确认碧透公司与张某之间存在劳动关系，人保局认定碧透公司为用人单位事实清楚，碧透公司称张某与家有公司构成事实劳动关系，缺乏事实证据，不应予以采纳。

2. 张某的情况是否构成工伤

诉讼中碧透公司提出张某受伤的时间不是家有公司安排的工作时间，且张某违反家有公司的规定从安全通道下楼致发生事故，张某对此应承担责任，其所受事故伤害不应认定为工伤。对此主张，根据社保局对张某、碧透公司原法定代表人徐某某所作的工伤认定调查记录、家有公司出具的说明以及保洁服务协议等证据，能够证明上诉人与家有公司约定保洁人员周日工作时间至21点、事发当日张某经徐某某同意在家有公司从事保洁工作以及在工作中不慎摔倒受伤的事实。因此，碧透公司称张某受伤的时间不是家有公司安排的工作时间，该主张与上述证据证明的事实不符，不应予以采信。综上所述，张某的受伤情形属于在工作时间和工作场所内，因工作原因受到事故伤害，人保局依据《工伤保险条例》第14条第（1）项、《上海市工伤保险实施办法》第14条第（1）项之规定作出认定为工伤的决定，认定事实清楚、适用法律正确。

3. 应当由哪一主体承担工伤保险责任

基于前述两问题的结论及最高人民法院《关于审理工伤保险行政案件若干问题的规定》第3条第（2）项“社会保险行政部门认定下列单位为承担工伤保险责任单位的，人民法院应予支持：……（二）劳务派遣单位派遣的职工在用工单位工作期间因工伤亡的，派遣单位为承担工伤保险责任的单位”的规定。碧透公司作为劳务派遣用工关系中的用人单位，在员工张某发生工伤事故时应当由其承担工伤保险责任。

四、挂靠关系中的用人单位确定

所谓“挂靠”最早出现在改革开放初期，当时我国企业的性质主要是国家所有或者集体所有，为了创立私人企业，有些人将私人企业挂靠到国有企业或者集体企业的名下进行经营。实践中工伤保险因挂靠导致的工伤保险纠纷主要发生于车辆挂靠领域。在我国，从事道路运输（包括客运和货运）应当持道路运输经营许可证依法向工商行政管理机关办理有关登记手续后方可从事经营活动。个人在购买车辆后不能满足许可条件的情况下，车辆的实际所有人便选择将车辆挂靠到具有运输经营资质的其他单位，从而在双方之间形成挂靠经营关系。因此，在车辆挂靠领域的挂靠经营是指挂靠车辆的车主（个体运输户、自然人）依附于挂靠单位，为了交通营运过程中的便利，将车辆登记为某具有运输经营资质的单位名下，对外以挂靠单位的名义从事经营活动，向被挂靠单位支付一定的管理费用，并以该单位的名义缴纳各种税费的运营模式。根据挂靠车辆与被挂靠单位之间的紧密程度可以将挂靠经营分为紧密型挂靠经营与松散型挂靠经营。在紧密型挂靠经营关系中，顾名思议一般被挂靠的单位会为挂靠车辆的车主提供一系列的服务，主要包括：代办代缴各种税费、协调进站发车、协助处理与外市县有关运营事宜、代办经营线路审验、车辆审验、驾驶员年审、车辆报停、协助结算票款、协助处理行车安全事故并办理车辆保险、协助处理行车中的治安案件等。而在松散型的挂靠经营关系中，被挂靠单位不为挂靠车辆的车主提供任何服务和管理。这种挂靠关系在道路货物运输行业中比较普遍。

从前述挂靠关系的描述中可以看出如果挂靠车辆雇用司乘人员，一旦发生因工伤亡，应当是由挂靠车辆的车主还是被挂靠单位来承担工伤责任则成了一个棘手的问题，这一问题在实践中也是争议较大的问题点。目前的制度中针对这一问题已有较为明确的规定，最高人民法院《关于审理工伤保险行政案件若干问题的规定》第 3 条第 1 款第（5）项规定：个人挂靠其他单位对外经营，其聘用的人员因工伤亡的，被挂靠单位为承担工伤保险责任的单位。司法解释的这一规定已将前述问题进行了明确的回答。此外，最高人民法院行政审判庭于2007年12月3日作出的《关于车辆挂靠其他单位经营车辆实际所有人聘用的司机工作中伤亡能否认定为工伤问题的答复》（〔2006〕行他字第17号）（以下简称《答复》）中指出“个人购买的车辆挂靠其他单位且以挂靠单位的名义对外经营的，其聘用的司机与挂靠单位之间形成了事实劳动关系，在车辆运营中伤亡的，应当适用《劳动法》和《工伤保险条例》的有关规定认定是否构成工伤”。需要注意的是，这一《答复》针对的案例是安徽省高级人民法院在审理吴某某诉黄山市劳动和社会保障局工伤认定决定案中提出的请示。该案的基本事实是：2003年5月1日，凌某某与个体工商户黄山市屯溪永达车队（以下简称车队）签订挂靠协议，将其个人购买的货车一辆（车号为皖J02117）挂靠车队经营。双方约定该车产权为凌某某所有，凌某某每年向车队支付挂靠费500元，挂靠期间发生事故或其他原因造成的一切损失均由凌某某自负，车队概不承担。皖J02117货车登记的车主和营运证载明的营运人均为车队，车辆保险的投保人和经营中对外开具的运输发票载明的承运人为“车队”（凌某某）。2004年4月13日，凌某某雇用的驾驶员吴某某驾驶该车运输途中发生交通事故，造成吴某某5级伤残，交通部门认定吴某某在这起事故中负全部责任。后吴某某申请工伤认定，2005年4月5日，黄山市劳动和社会保障局作出黄劳社工险〔2005〕4号工伤认定决定，认为吴某某与车队存在事实劳动关系，根据《工伤保险条例》第14条第（5）项的规定，认定吴某某属于工伤。车队不服，向黄山市人民政府申请行政复议。黄山市人民政府于2005年6月28日作出行政复议决定，维持黄山市劳动和社会保障局的工伤认定结论。车队仍然不服遂向人民法院提起行政诉讼。需要注意的是，安徽省高级人民法院审判委员会在讨论该案时事实上形成了两种意见：第一种意见认为，吴某某与车队之间形成了事实劳动关系，应认定为工伤。其理由是：凌某某将自己购买的货车挂靠在车队，并雇用吴某某驾驶，其与吴某某之间就形成了直接的雇用关系。由于该车登记的所有人为车队，凌某某对外亦以车队的名义从事货运服务，车队按车定期收取挂靠费，实质上也从吴某某的劳动中受益，凌某某虽以个人名义雇用吴某某为司机，但其行为的后果应当由车队承担。车队是吴某某法律上的雇主，双方已经形成事实上的劳动关系。因此，吴某某在驾驶该车运输途中发生交通事故至伤，如果没有《工伤保险条例》规定的蓄意违章、自杀或者自残等排除认定工伤的情形，就应依法认定为工伤。第二种意见则认为，吴某某与车队之间未形成事实劳动关系，不应当认定为工伤。其理由是：劳动和社会保障部劳社部发〔2005〕12号《关于确立劳动关系有关事项的通知》第1条规定："用人单位招用劳动者未订立书面劳动合同，但同时具备下列情形的，劳动关系成立：（一）用人单位和劳动者符合法律、法规规定的主体资格；（二）用人单位依法制定的各项劳动制度适用于劳动者，劳动者受用人单位的劳动管理，从事用人单位安排的有报酬的劳动；劳动者提供的劳动是用人单位业务组成部分。"本案中凌某某与车队签订挂靠协议约定挂靠服务费500元，挂靠期间发生事故或者其他原因造成的一切损失均由凌某某自负，车队概不承担。协议中并未约定凌某某所雇司机须遵守车队制定的规章制度并服从其监督管理，亦未约定车队有权参与或者干涉凌某某车辆的营运。因此，不管车辆赢利与亏损，有无运营收入，凌某某仍应按每年500元标准交纳挂靠费。也就是说，不管凌某某有没有雇用司机，或雇用的司机技术如何、是否提供劳动、劳动质量效率如何、报酬高低，均不影响车队的收益，因此实际上吴某某的劳动并未成为车队业务的组成部分。吴某某与车队之间更不存在管理与被管理、指挥与被指挥、监督与被监督的关系。吴某某驾驶的车辆实际所有人是凌某某，凌某某与车队仅是挂靠关系，吴某某是凌某某雇用的司机，两者之间属于雇用关系，雇用吴某某只是凌某某的个人行为。吴某某的劳动报酬也是由凌某某支付的，吴某某劳动中需要服从凌某某管理和安排，其劳动质量和效率只会影响凌某某的收益而不会影响车队。因此，车队与凌某某所雇司机吴某某之间并没有直接关系，因而不属于《劳动法》和《工伤保险条例》的调整范围，不能认定为工伤。事实上，安徽省高级人民法院审判委员会倾向于第二种意见。因此类问题在实践中比较普遍，司法审查中应如何适用法律，各地掌握的标准和做法不统一，为此该院审判委员会讨论决定，就如下问题请示最高人民法院：个人购买车辆挂靠其他单位且以挂靠单位的名义对外经营的，车辆实际所有人聘用的司机与挂靠单位是否形成劳动关系，司机在工作中伤亡能否适用《劳动法》和《工伤保险条例》的有关规定认定为工伤？针对安徽省高级人民法院的这一请示，最高人民法院行政审判庭作出了前述《答复》，确认了个人购买的车辆挂靠其他单位且以挂靠单位的名义对外经营的，其聘用的司机与挂靠单位之间形成事实劳动关系，在车辆运营中伤亡的，应当适用《劳动法》和《工伤保险条例》的有关规定认定是否构成工伤。

从《答复》到最高人民法院《关于审理工伤保险行政案件若干问题的规定》第3条第1款第（5）项规定的内容可以看到，最高人民法院在挂靠的问题上明确地确定了挂靠关系中被挂靠单位的工伤保险责任。最高人民法院如此确定的原因：第一，也是最为重要的理由，考虑到由被挂靠单位承担工伤保险责任更有助于保障受工伤的劳动者的利益，因为一般被挂靠的单位应当比挂靠于单位的个人更具有支付能力；第二，在挂靠关系存续期间被挂靠单位均将收取一定的费用，如果其只收取费用却不承担任何责任也将是不公平的，而且被挂靠单位与挂靠人之间的免责约定不能够对抗第三人；第三，挂靠形式本身是人们为了规避法律制度的相关规定而采取的权宜之策，故不是法律所明确认可和倡导的形式，使被挂靠人承担相应的责任亦有引导人们采取合法形式开展经营活动的作用。

案例7

◎ 基本案情

杜某某与许某某系夫妻关系，许某某系袁某某聘请的驾驶员，袁某某购买的车牌号为渝BE9038的罐车于2011年11月2日挂靠在龙园万盛分公司名下从事经营活动。2012年6月2日5时20分许，许某某驾驶该车运货从重庆市南岸区黄桷湾往茶园方向行驶，行驶至南岸区长生镇凉风村三棵树路段时，该车驶出道路翻于左侧坎下，造成许某某当场死亡，乘车人袁某某受伤。同年7月20日，经重庆市公安局南岸区分局交通巡逻警察支队渝公交认字〔2012〕第00114号《道路交通事故认定书》认定，车牌号为渝BE9038重型罐式货车登记所有人为龙园万盛分公司，驾驶员许某某驾驶载物超过核载重

量的货车上路行驶，车辆机械部件的安全性能和操作均受到影响，此行为是导致该事故发生的直接原因。许某某承担此事故的全部责任，袁某某不承担事故的责任。杜某某于同年7月25日向万盛经开区人力资源和社会保障局（以下简称人社局）申请许某某的工伤认定，万盛经开区人社局经审查后即向杜某某送达了工伤认定补正材料通知书，要求其提供许某某与龙园万盛分公司存在劳动关系的证明材料。由于其超过工伤认定补正材料延长期限仍未提供，万盛经开区人社局于2012年10月24日作出了万盛经开人社伤险认不受字〔2012〕1号《工伤认定申请不予受理决定书》。嗣后，杜某某又于2013年2月25日重新提出申请并补正了相关证据。经调查审核后，万盛经开区人社局认定袁某某购买的车牌号为渝BE9038的罐车挂靠在龙园万盛分公司名下，许某某系袁某某聘请的驾驶员，其于2012年6月2日驾驶该车运货途中发生交通事故死亡，聘用驾驶员许某某与挂靠单位之间形成事实劳动关系。万盛经开区人社局依据《工伤保险条例》第14条第（1）项的规定，于2013年3月25日作出万盛经开人社伤险认决字〔2013〕第160号《工伤认定决定书》，认定许某某颅脑损伤死亡，属于工伤。龙园万盛分公司不服，便向重庆市人力资源和社会保障局申请行政复议，2013年6月21日该局以渝人社复决字〔2013〕97号《行政复议决定书》，决定维持万盛经开人社伤险认决字〔2013〕第160号《工伤认定决定书》。龙园万盛分公司不服，认为袁某某购买的车辆挂靠于本公司，但挂靠合同中明确约定其个人雇请的驾驶员不属本单位员工，与本单位不存在劳动关系；且挂靠车辆并未以本单位名义对外经营，也不受本单位管理，不在本单位处领取报酬；另外，人保局在工伤认定申请人未提交死者与本单位存在事实劳动关系的证据的情况下，即受理申请并作出工伤认定决定，程序不合法，故以前述事实和理由起诉到法院。请求判决撤销万盛经开区人社局作出的该具体行政行为。

◎ 争议问题

1. 许某某是否与龙园万盛分公司存在事实劳动关系？
2. 龙园万盛分公司是否应承担工伤保险责任？

◎ 相关法条

最高人民法院《关于审理工伤保险行政案件若干问题的规定》

第三条第一款第（五）项　个人挂靠其他单位对外经营，其聘用的人员因工伤亡的，被挂靠单位为承担工伤保险责任的单位。

《工伤保险条例》

第十九条第二款　职工或者其近亲属认为是工伤，用人单位不认为是工伤的，由用人单位承担举证责任。

《中华人民共和国劳动合同法实施条例》

第四条　劳动合同法规定的用人单位设立的分支机构，依法取得营业执照或者登记证书的，可以作为用人单位与劳动者订立劳动合同；未依法取得营业执照或者登记证书的，受用人单位委托可以与劳动者订立劳动合同。

◎ 结论和评析

一审法院判决维持万盛经开区人社局 2013 年 3 月 25 日作出的万盛经开人社伤险认决字〔2013〕第 160 号《工伤认定决定书》。案件受理费 50 元由龙园万盛分公司负担。龙园万盛分公司不服上诉至二审法院，二审法院经审理认为万盛经开区人社局作出的万盛经开人社伤险认决字〔2013〕第 160 号《工伤认定决定书》认定事实清楚，适用法律正确，程序合法。一审法院判决维持并无不当。上诉人的上诉理由不能成立，其上诉请求不予支持。依照《行政诉讼法》第 61 条第（1）项之规定，判决驳回上诉，维持原判。

1. 许某某是否与龙园万盛分公司存在事实劳动关系

这一问题是本案的争议焦点，也是龙园万盛分公司起诉的主要理由。龙园万盛分公司认为其与许某某之间不存在事实劳动关系，其理由是龙园万盛分公司与袁某某签订的挂靠合同中明确约定其个人雇请的驾驶员不属龙园万盛分公司员工，与龙园万盛分公司不存在劳动关系；且挂靠车辆并未以龙园万盛分公司名义对外经营，也不受公司管理，更不在公司处领取报酬。但在法院审理中万盛经开区人社局提供的证据能够反映袁某某将其购买的渝 BE9038 号重型罐式货车挂靠在龙园万盛分公司营运，道路运输证、机动车行

驶证均显示车辆属龙园万盛分公司所有，袁某某实际上是以龙园万盛分公司的名义在进行货运业务；许某某虽是袁某某聘请的驾驶员，但龙园万盛分公司按车收取挂靠费，实质也从许某某的劳动中受益，其劳动用工责任应当由龙园万盛分公司承担。龙园万盛分公司是许某某法律意义上的雇主，双方已经形成事实劳动关系。《车辆挂靠合同》约定的内容只能对车辆挂靠双方的民事权利义务产生约束力，并不能以此对抗挂靠单位所应承担的用工主体责任，龙园万盛分公司以挂靠合同约定袁某某雇用的驾驶员不属于其单位员工，许某某与其不存在事实劳动关系的辩解理由不能成立。另外，根据《劳动合同法实施条例》第 4 条规定，“劳动合同法规定的用人单位设立的分支机构，依法取得营业执照或者登记证书的，可以作为用人单位与劳动者订立劳动合同；未依法取得营业执照或者登记证书的，受用人单位委托可以与劳动者订立劳动合同”，龙园万盛分公司是依法取得营业执照的企业分支机构，具备用工主体资格。综上所述，许某某与龙园万盛分公司之间存在劳动关系。

2. 龙园万盛分公司是否应承担工伤保险责任

如前所述龙园万盛分公司是许某某法律上的雇主，双方已经形成事实上的劳动关系。因此，应当适用《劳动法》和《工伤保险条例》的相关规定，来确认其驾驶该车在运输途中发生交通事故死亡的性质。根据《工伤保险条例》第 19 条第 2 款规定，“职工或者其近亲属认为是工伤，用人单位不认为是工伤的，由用人单位承担举证责任”。本案中，龙园万盛分公司收到万盛经开区人社局发出的举证通知后，未提供双方不存在劳动关系以及许某某不是工伤的证据。许某某在驾驶渝 BE9038 重型罐式货车运输水泥时，发生交通事故死亡，其死亡情形符合《工伤保险条例》第 14 条第（1）项的规定。根据《工伤保险条例》第 14 条之规定，职工有下列情形之一的，应当认定为工伤；其中第（1）项规定，即在工作时间和工作场所内，因工作原因受到事故伤害的，应当认定为工伤。故万盛经开区人社局于 2013 年 3 月 25 日作出万盛经开人社伤险认决字〔2013〕第 160 号《工伤认定决定书》，认定许某某在 2012 年 6 月 2 日交通事故中死亡属于工伤的行政行为正确。又根据最高人民法院《关于审理工伤保险行政案件若干问题的规定》第 3 条第 1 款第（5）项“个人挂靠其他单位对外经营，其聘用的人员因工伤亡的，被挂

靠单位为承担工伤保险责任的单位”的规定，本案中应当由龙园万盛分公司承担工伤保险责任。

讨论案例

◎ 基本案情

陈某某系沧州鑫跃化工贸易有限公司的职工，双方存在劳动关系。2011年12月6日8时左右，陈某某在送货途中与半挂车追尾导致左腿受伤，后送汾阳市人民医院治疗，诊断为：左股骨干粉碎性骨折；左髌骨粉碎性骨折；头面部皮肤多处挫裂伤。2012年11月8日，陈某某向沧州市人力资源和社会保障局申请工伤认定，因缺乏相关证据材料，沧州市人力资源和社会保障局向其送达了《工伤认定申请补正材料通知书》要求补充相关材料。2013年8月30日，陈某某补充证据材料后被告该案正式受理，并依法向沧州鑫跃化工贸易有限公司送达了工伤认定申请表、受理通知书、举证通知书。沧州鑫跃化工贸易有限公司认为陈某某的受伤不属工伤，其理由有以下几点：(1) 沧州鑫跃化工贸易有限公司与陈某某不存在劳动关系。2011年12月6日，陈某某驾驶冀JF2517冀JHA20号重型半挂货车在青银高速行驶的过程中发生交通事故，该事故致陈某某受伤。事故车辆的所有权人为佟某某个人，为经营方便挂靠在东光县英华汽车销售有限公司。沧州鑫跃化工贸易有限公司未指派陈某某驾驶事故车辆从事运输，陈某某驾驶事故车辆运输的行为与沧州鑫跃化工贸易有限公司无任何事实和法律上的关系。(2) 东光县劳动仲裁裁决书确定沧州鑫跃化工贸易有限公司与陈某某之间存在劳动关系依据不足。沧州市人力资源和社会保障局经审查双方提供的证据材料，于2013年10月8日依法作出人社伤险认决字〔2013〕2871号认定工伤决定书，依照《工伤保险条例》第14条第(5)项之规定认定陈某某受到的事故伤害属于工伤。

◎ 争议问题

认定陈某某受到的伤害属于工伤是否正确，为什么？

五、违法发包、转包情况下的用人单位确定

实践中违法发包、转包从而引起的工伤保险纠纷多发生于建筑和矿山等领域。其中建筑行业是比较容易引发伤亡事故的领域，也是实践中工伤认定案件比较多发的领域。又由于建筑行业对施工者有着特殊的资质要求，且这一领域中有着层层分包、转包的传统和习惯，往往在事故发生后会出现劳动者究竟与哪一主体之间存在劳动关系，由哪一主体承担工伤保险责任的争议？关于工程转包后建筑或矿山企业的职工发生工伤事故后，应当由哪一主体承担工伤保险责任的问题，主要有三种意见：第一，认为应当由不具有用工主体资格的组织和个人承担工伤保险责任。因为组织和个人有向发包方负责，组织建筑生产的义务。这种义务包括给建筑工人提供安全的工作环境，对建筑行为进行监督管理的职责。由其承担责任，可以有效地改善劳动保护条件。第二，认为如果经过多次转包，最终承担工程的主体具有用工资格，则由其承担责任，发包方、转包方承担连带责任。如果没有资格，则由发包方、转包方承担责任。第三，认为具备用工资格的用人单位将工程发包给不具备用工资格的组织和个人，该组织和个人聘用的雇工受到事故伤害或者患职业病的，如果有法定资格的发包人、分包人与雇工之间不具备劳动关系成立要件，应告知雇工依照最高人民法院《关于审理人身损害赔偿案件适用法律若干问题的解释》第 11 条第 2 款的规定要求赔偿。但另一方面，如果有法定资质的企业与雇主之间具备成立劳动关系的基本要件，比如该企业直接发放工资，对职工进行考勤管理等，则可以参照劳动和社会保障部《关于确立劳动关系有关事项的通知》第 4 条的规定，由具备用工主体资格的发包方承担用工主体责任。人力资源社会保障部《关于执行〈工伤保险条例〉若干问题的意见》（人社部发〔2013〕34 号）第 7 条规定，具备用工主体资格的承包单位违反法律、法规规定，将承包业务转包、分包给不具备用工主体资格的组织或者自然人，该组织或者自然人招用的劳动者从事承包业务时因工伤亡的，由该具备用工主体资格的承包单位承担用人单位依法应承担的工伤保险责任。最高人民法院《关于审理工伤保险行政案件若干问题的规定》第 3 条第 1 款第（4）项规定，用工单位违反法律、法规规定将承包业务转包给不具备用

工主体资格的组织或者自然人，该组织或自然人聘用的职工从事承包业务时因工伤亡的，用工单位为承担工伤保险责任的单位。显然，人力资源和社会保障部的意见和最高人民法院的规定中均采用了前述第二种观点。

以前述内容为基础展开进一步讨论，会发现理解违法发包、转包情况下工伤保险责任承担主体的问题需要从以下三个问题展开：（1）从事相关行业的企业和个人需要具备相应的从业资质；（2）工程不得发包、转包给不具备资质的企业或个人；（3）将工程发包、转包、分包给不具备资质的企业或个人应承担工伤保险责任。对于前述三个问题的梳理，事实上在《建筑法》的相关条文中已经可以找到依据，以下分别详述之。

（一）从事建筑行业的企业和个人需要具备相应的从业资质

为了保证建设工程的质量和安全，国家对从事建筑行业的企业和个人进行了严格的从业资格要求，主要包括：第一，建筑企业需要具备法定条件。《建筑法》第12条规定，从事建筑活动的建筑施工企业、勘察单位、设计单位和工程监理单位，应当具备下列条件：有符合国家规定的注册资本；有与从事的建筑活动相适应的具有法定执业资格的专业技术人员；有从事相关建筑活动所应有的技术装备；法律、法规规定的其他条件。第二，建筑企业应当具备相应的资质。《建筑法》第13条规定，从事建筑活动的建筑施工企业、勘察单位、设计单位和工程监理单位，按照其拥有的注册资本、专业技术人员、技术装备和已完成的建筑工程业绩等资质条件，划分为不同的资质等级，经资质审查合格，取得相应等级的资质证书后，方可在其资质等级许可的范围内从事建筑活动。《建筑法》第26条规定，承包建筑工程的单位应当持有依法取得的资质证书，并在其资质等级许可的业务范围内承揽工程。禁止建筑施工企业超越本企业资质等级许可的业务范围或者以任何形式用其他建筑施工企业的名义承揽工程。禁止建筑施工企业以任何形式允许其他单位或者个人使用本企业的资质证书、营业执照，以本企业的名义承揽工程。第三，从事建筑活动的专业技术人员应当具备相应的资质。《建筑法》第14条规定，从事建筑活动的专业技术人员，应当依法取得相应的执业资格证书，并在执业资格证书许可的范围内从事建筑活动。以上《建筑法》中的相关条

文明确地告诉我们，从事建筑活动时，无论是建筑企业还是个人都需要具备一定的条件和资质。

（二）工程不得发包、转包给不具备资质的企业或个人

既然要求从事建筑行业的企业和个人都需要具备一定的资质，那么建筑企业在将工程进行发包、转包的时候应当发包、转包给具有相应资质的企业或者个人是当然的逻辑结果。此外，法律还对发包、转包、分包问题进行了相关的规定。其中，《建筑法》第22条规定，建筑工程实行招标发包的，发包单位应当将建筑工程发包给依法中标的承包单位。建筑工程实行直接发包的，发包单位应当将建筑工程发包给具有相应资质条件的承包单位。《建筑法》第29条规定，建筑工程总承包单位可以将承包工程中的部分工程发包给具有相应资质条件的分包单位；但是，除总承包合同中约定的分包外，必须经建设单位认可。施工总承包的，建筑工程主体结构的施工必须由总承包单位自行完成。建筑工程总承包单位按照总承包合同的约定对建设单位负责；分包单位按照分包合同的约定对总承包单位负责。总承包单位和分包单位就分包工程对建设单位承担连带责任。禁止总承包单位将工程分包给不具备相应资质条件的单位。禁止分包单位将其承包的工程再分包。但是，我国建筑行业运行的实践却与法律制度的相关规定有所违背，实践中违法发包、转包、分包的情况大量存在，从而引发了很多纠纷。

（三）将工程发包、转包、分包给不具备资质的企业或个人应承担工伤保险责任

实践中将建筑工程进行发包、转包、分包是非常常见的做法。如果建筑单位将工程依法发包、转包、分包给具备资质条件的单位，则形成以下关系：一种是发包单位与承包单位之间形成的承包合同关系，受民法调整；另一种是作为实际用人单位的承包单位与劳动者之间形成的劳动合同关系。也就是说，当承包单位是具有相应资质的主体时，其自然具备用人单位主体资格，其雇用的劳动者与其形成的自然是劳动合同关系，当劳动者在工作中发生工伤事故时自然由承包单位承担相应工伤保险责任。但在实践中发生的大量的建筑工程工伤保险纠纷是建筑单位违法将其工程发包、转包、分包给不具备

资质条件的单位或个人，在这种情况下一旦发生工伤事故，则由该发包、转包、分包的建筑单位承担工伤保险责任。最高人民法院《关于审理工伤保险行政案件若干问题的规定》第3条第1款第（4）项即是对这种情况下如何确定工伤保险责任承担主体的问题进行的针对性规定，其内容是：用工单位违反法律、法规规定将承包业务转包给不具备用工主体资格的组织或者自然人，该组织或自然人聘用的职工从事承包业务时因工伤亡的，用工单位为承担工伤保险责任的单位。

案例8

◎ 基本案情

2012年8月25日，江苏建兴建工集团有限公司将其承建的中粮集团东台公司人才公寓工程中的变更图纸内墙体工程发包给不具备用工主体资格的自然人李某某，李某某招用常某某从事拆墙工作。同年9月1日9时许，常某某在江苏建兴建工集团有限公司承建的中粮集团东台公司人才公寓施工中，在协助拆除墙体时，因违章操作，墙体突然倒塌，砸在其身上受伤。事发当日，常某某即被送至东台市人民医院住院治疗，诊断为骨盆骨折。2013年1月5日，常某某以江苏建兴建工集团有限公司为用人单位向东台市人力资源和社会保障局提出工伤认定申请，东台市人力资源和社会保障局于同年3月12日依法受理，同年3月15日向江苏建兴建工集团有限公司发出东人社工证字〔2013〕第183号《工伤认定举证通知书》，江苏建兴建工集团有限公司在规定的时间内进行了举证。东台市人力资源和社会保障局根据双方提交的证据材料，经调查核实后，认为常某某于2012年9月1日所受伤害符合在工作时间和工作场所内，因工作原因受到事故伤害，属于工伤认定范围，遂根据《工伤保险条例》第14条第（1）项之规定，于同年4月15日作出《认定工伤决定书》，认定常某某受伤为工伤，并分别于同年4月16日、4月17日向常某某及江苏建兴建工集团有限公司送达了该工伤决定书。江苏建兴建工集团有限公司不服该工伤认定决定，向法院提起行政诉讼。

◎ 争议问题

是否应当由江苏建兴建工集团有限公司承担工伤保险责任?

◎ 相关法条

最高人民法院《关于审理工伤保险行政案件若干问题的规定》

第三条第一款第（四）项　用工单位违反法律、法规规定将承包业务转包给不具备用工主体资格的组织或者自然人，该组织或自然人聘用的职工从事承包业务时因工伤亡的，用工单位为承担工伤保险责任的单位。

人力资源社会保障部《关于执行〈工伤保险条例〉若干问题的意见》

第七条　具备用工主体资格的承包单位违反法律、法规规定，将承包业务转包、分包给不具备用工主体资格的组织或者自然人，该组织或者自然人招用的劳动者从事承包业务时因工伤亡的，由该具备用工主体资格的承包单位承担用人单位依法应承担的工伤保险责任。

劳动和社会保障部《关于确立劳动关系有关事项的通知》

第四条　建筑施工、矿山企业等用人单位将工程（业务）或经营权发包给不具备用工主体资格的组织或自然人，对该组织或自然人招用的劳动者，由具备用工主体资格的发包方承担用工主体责任。

◎ 结论和评析

一审法院判决驳回原告江苏建兴建工集团有限公司要求撤销被告东台市人力资源和社会保障局作出的东人社工认字〔2013〕第183号《认定工伤决定书》并责令被告重新作出第三人常某某所受伤情不属于工伤认定的诉讼请求。江苏建兴建工集团有限公司不服一审判决并向二审法院提出上诉，二审法院经审理认为上诉人江苏建兴建工集团有限公司的主要上诉理由不能成立，不予支持。依照《行政诉讼法》第61条第（1）项之规定，判决驳回上诉，维持原判。

本案中原告起诉的主要理由是常某某是李某某雇用的人，并未与其形成劳动关系，也不应当由其承担工伤保险责任。这是一起典型的违法转包发生工伤而引起纠纷的案件。在该案的处理中，首先应当厘清的是在承包人李某某不具备相应资质的情况下其所雇用的常某某究竟与哪一主体之间形成劳动关系？为最大限度上保障劳动者的合法权益，早在2005年原劳动和社会保障部发布的《关于确立劳动关系有关事项的通知》中便对这一问题进行了关注，其中第4条规定：建筑施工、矿山企业等用人单位将工程（业务）或经营权发包给不具备用工主体资格的组织或自然人，对该组织或自然人招用的劳动者，由具备用工主体资格的发包方承担用工主体责任。即在本案的情况下，由于江苏建兴建工集团有限责任公司将工程承包给了不具有主体资格的李某某，因此应当由江苏建兴建工集团有限责任公司承担用工主体的责任。另外，最高人民法院2014年发布的《关于审理工伤保险行政案件若干问题的规定》中专门针对违法转包给不具备用工主体资格的主体时的责任承担问题进行了规定，其中第3条第1款第（4）项的内容是：用工单位违反法律、法规规定将承包业务转包给不具备用工主体资格的组织或者自然人，该组织或自然人聘用的职工从事承包业务时因工伤亡的，用工单位为承担工伤保险责任的单位。因此，由江苏建兴建工集体有限责任公司承担工伤保险责任是正确的。

案例9

◎ 基本案情

广东省电白建筑工程总公司承揽施工的是广州中森食博汇工程项目，该工程通过内部承包方式交由潘某某组织和雇请人员进行施工。薛某某受潘某某雇请，于2012年11月至2012年12月到广州碧桂园的工地做事。薛某某白天到广州碧桂园做事，晚上回涉案工地住。涉案工地忙的时候，潘某某就会安排薛某某在涉案工地做些临时性、辅助性、不需要技术含量的杂工，按天计算劳务费给薛某某。薛某某在广东省电白建筑工程总公司承包工地内，受工程承包人潘某某安排从事工作过程中，站在脚手架上进行施工。由于脚手架不牢固，薛某某摔下来导致右脚受伤。薛某某受伤后被送往广州市正骨医院和玉林市骨科医院治疗，诊断为：右跟骨粉碎性骨折。广州市天河区人力资源和社会保障局依法、依程序告知了广东省电白建筑工程总公司关于薛某某工伤认定一案于2013年4月1日10时前提交相关证据材料，不同意为工伤的提交相关的反证材料。广州市天河区人力资源和社会保障局依法进行了调查取证，于2013年4月17日作出工伤认定决定书并于2013年4月23日和2013年4月22日分别送达给薛某某本人和广东省电白建筑工程总公司。广东省电白建筑工程总公司不服，向广州市人力资源和社会保障局申请行政复议。广州市人力资源和社会保障局于2013年6月8日作出穗人社复案字〔2013〕47号行政复议决定，维持广州市天河区人力资源和社会保障局工伤认定决定。广东省电白建筑工程总公司仍不服，遂向法院提起行政诉讼。

◎ 争议问题

广东省电白建筑工程总公司是否应当承担薛某某事故的工伤保险责任？

◎ 相关法条

最高人民法院《关于审理工伤保险行政案件若干问题的规定》

第三条第一款第（四）项　用工单位违反法律、法规规定将承包业务转包给不具备用工主体资格的组织或者自然人，该组织或自然人聘用的职工从事承包业务时因工伤亡的，用工单位为承担工伤保险责任的单位。

人力资源社会保障部《关于执行〈工伤保险条例〉若干问题的意见》

第七条　具备用工主体资格的承包单位违反法律、法规规定，将承包业务转包、分包给不具备用工主体资格的组织或者自然人，该组织或者自然人招用的劳动者从事承包业务时因工伤亡的，由该具备用工主体资格的承包单位承担用人单位依法应承担的工伤保险责任。

劳动和社会保障部《关于确立劳动关系有关事项的通知》

第四条　建筑施工、矿山企业等用人单位将工程（业务）或经营权发包给不具备用工主体资格的组织或自然人，对该组织或自然人招用的劳动者，由具备用工主体资格的发包方承担用工主体责任。

◎ 结论和评析

一审法院判决驳回广东省电白建筑工程总公司的诉讼请求。广东省电白建筑工程总公司不服提出上诉，二审法院经审理认为广东省电白建筑工程总公司请求撤销涉案工伤认定决定没有依据，不予支持。依照《行政诉讼法》第61条第（1）项的规定，判决驳回上诉，维持原判。

本案又是一起比较典型也比较常见的建筑工程领域的工伤保险纠纷。本案中的工程发包方为具有用工主体资格的广东省电白建筑工程总公司，但其将其工程承包给了一个不具有用工主体资格的自然人潘某某，薛某某为潘某某雇用的人员，且薛某某在工作期间、工作场所、因工作原因受伤，即其情形符合工伤认定的标准，只是在哪一主体应当承担工伤保险责任的问题上发生了争议。根据劳动和社会保障部《关于确立劳动关系有关事项的通知》第4条的规定，建筑施工、矿山企业等用人单位将工程（业务）或经营权发包给不具备用工主体资格的组织或自然人，对该组织或自然人招用的劳动者，由具备用工主体资格的发包方承担用工主体责任。人力资源社会保障部《关于执行〈工伤保险条例〉若干问题的意见》（人社部发〔2013〕34号）第7条规定，具备用工主体资格的承包单位违反法律、法规规定，将承包业务转包、分包给不具备用工主体资格的组织或者自然人，该组织或者自然人招用的劳动者从事承包业务时因工伤亡的，由该具备用工主体资格的承包单位承担用人单位依法应承担的工伤保险责任。最高人民法院《关于审理工伤保险行政案件若干问题的规定》第3条第1款第（4）项规定，用工单位违反法律、法规规定将承包业务转包给不具备用工主体资格的组织或者自然人，该组织或自然人聘用的职工从事承包业务时因工伤亡的，用工单位为承担工伤保险责任的单位。综上所述，本案应当由具有用工主体资格的广东省电白建筑工程总公司承担工伤保险责任。

六、承包经营关系中的用人单位确定

从我国经济发展的实践来看，承包经营关系是企业在改革过程中出现的一种经营方式，是在坚持企业所有制不变的基础上，按照所有权与经营权相分离的原则，经承包经营合同的形式，确定所有者与企业的权利义务关系，促使企业做到自主经营、自负盈亏的经营管理制度。在当前的经济形式下，承包（租赁）经营关系主要指企业全部或部分经营权的承包，如工厂、学校、企事业单位等内部食堂承包给某主体，企业将工作任务分解后将一部分工作承包给其他企业或个人。在实践中很多企业出于节约管理成本的目的，将其运营中的很多流程发包给其他主体。这种运营现状中一旦劳动者发生工伤则将产生由哪一主体承担工伤保险责任的问题及争议。根据国务院 1988 年 2 月 27 日发布的《全民所有制工业企业承包经营责任制暂行条例》和农业部 1990 年 4 月 13 日发布的《乡镇企业承包经营责任制规定》，实行承包经营应当采取公开招标办法通过竞争确定企业经营者或经营集团，投标者可以是企业内部职工（俗称内包），也可以是外部个人、经营集团或者企业法人（俗称外包），经营集团或者企业法人中标后，应当确定企业经营者，承包方有权确定企业内部机构的设置和人员配备，依法招聘、辞退职工。因此，当时已基本确定企业的内部承包与外部承包产生的劳动关系状况是有区别的。针对企业内部承包问题，1992 年 10 月 7 日原劳动部《关于企业内容个人承包中保险待遇问题给四川省劳动厅的复函》指出，企业与职工个人签订承包合同，是企业内部经营管理的一种方式，企业经营机制的转变，并未改变企业与职工劳动关系，也未改变承包者的职工身份，因此企业应按照国家现行政策保障职工的社会保险权益。即在内部承包的情况下，承包者与企业之间仍然是按照劳动关系处理。针对一些企业在招工登记表中注明“工伤概不负责”的问题，1988 年最高人民法院的批复中指出：“这种行为既不符合宪法和有关的法律规定，也严重违反社会主义职业道德，应当属于无效的民事行为。”综上所述，企业与员工间签订内部承包合同，当员工发生工伤事故时应当由企业承担工伤保险责任。《工伤保险条例》吸收前述各文件的主旨对这一问题进行了更为清晰的规定，其中《工伤保险条例》第 43 条第 2 款规定，用人单位实行承包经营的，工伤保险责任由职工劳动关系所在单位承担。依据该条的内容，可以解读出用人单位实行内部承包的，劳动关系应当在用人单位，而单位实行外部承包经营的，则职工的劳动关系可能是与外部承包经营者之间形成。而在外包的情况下是与单位之间形成劳动关系，还是与外包的承包主体之间形成劳动关系即是一个难点问题，亦是实践中容易出现争议的问题。在承包者依法取得营业执照的情况下，其便具有了合法的用工主体资格，其与所雇用的劳动者之间便可形成劳动关系。即在此情况下处于发包方的单位不需要承担相应的用人单位义务。实践中经常发生的情况是，一些承包者没有领取营业执照，即其没有获得合法的用工主体资格，在这种情况下，一旦劳动者发生了工伤事故应由哪一主体承担工伤保险责任呢？关于这一问题有两种意见：一种意见认为，应当由承包主承担工伤保险责任；另一种意见则更有说服力的，即认为如果承包人是具有用工主体资格的主体，则劳动者与承包方成立劳动关系，由承包方承担工伤保险责任，而如果承包方不具备用工主体资格则由发包方承担工伤保险责任。这一选择的原因至少包括以下几个：其一，从更好地保障劳动者的权益出发，让具备用工主体资格的主体承担工伤保险责任无疑对于劳动者的工伤保险待遇的实现是更为有利的；其二，让将工作承包给不具备用工主体资格的发包方承担相应责任也是督促发包方将工作进行外包时慎重选择合作方，从源头上避免可以损害劳动者权益的情形出现，从而引导劳动关系的和谐稳定。当然，发包方在承担责任后有权利向承包方进行追偿。

案例 10

◎ 基本案情

雷某某系济钢铁山河铁矿职工，任采矿车间副主任。2008 年 11 月 1 日，济钢铁山河铁矿与雷某某签订了采矿管理协议，约定：雷某某在从事采矿作业活动中必须服从济钢铁山河铁矿的安全生产管理；雷某某生产开挖出的矿产品必须按规定运送到济钢铁山河铁矿的原矿料场；济钢铁山河铁矿按上级公司核定的最终产品价格及参照市场价格确定原矿价格及探矿掘进补贴价格的提升或降低；济钢铁山河铁矿向雷某某有偿提供民爆器材、相关生产资料等，无偿向雷某某提供采矿技术指导、安全生产管理；雷某某的人员在采矿作业过程中造成人身伤害的，将根据事故责任划分，按照济钢铁山河铁矿安全事故处理办法，双方各自承担相应的费用，等等。协议签订后，济钢铁山河铁矿将其500矿洞交由雷某某承包经营。2012年10月26日，500矿洞发生事故，致人一死一伤。事故发生时，雷某某在其老家登封。事故发生后，济钢铁山河铁矿通知了雷某某。雷某某闻讯后，当天下午从登封赶到济源，住在河南济源钢铁（集团）有限公司铁山河宾馆503房间。事故发生后，济钢铁山河铁矿成立了事故处理小组，负责处理死者的赔偿问题，处理地点在五三一医院附近的一个小宾馆。2012年10月28日，济钢铁山河铁矿与死者家属在济源市王屋镇铁山河村村委领导的调解下达成了赔偿协议，由济钢铁山河铁矿赔偿死者家属45万元。虽然雷某某不是济钢铁山河铁矿成立的事故处理小组成员，但来济源后参与了济钢铁山河铁矿对死者赔偿问题的处理。雷某某从2012年10月26日来到济源后一直住在河南济源钢铁（集团）有限公司铁山河宾馆503房间里。2012年11月4日早9时许，宾馆服务人员打扫卫生时，发现雷某某已死在房间内。2012年12月28日，济源市公安局物证鉴定所出具了（济）公（法医）鉴（尸）字〔2012〕167号法医学尸体检验鉴定书，鉴定意见为雷某某因心脑疾病死亡可能性大。2013年4月9日，徐某某因其丈夫雷某某死亡之事向济源市人力资源和社会保障局申请工伤认定。2013年5月6日，济源市人力资源和社会保障局作出编号为201301的不予认定工伤决定书，决定不予认定雷某某为工伤。徐某某不服，提起行政诉讼。

◎ 争议问题

1. 雷某某从老家登封来到济源参与对死者赔偿问题的处理是否是在为单位进行工作？

2. 雷某某入住河南济源钢铁（集团）有限公司铁山河宾馆直到被发现死亡时是否是在工作时间和工作岗位？

◎ 相关法条

《工伤保险条例》

第四十三条第二款 用人单位实行承包经营的，工伤保险责任由职工劳动关系所在单位承担。

第十五条第一款 在工作时间和工作岗位，突发疾病死亡或者在48小时之内经抢救无效死亡的，视同工伤。

第十九条第二款 职工或者其直系亲属认为是工伤，用人单位不认为是工伤的，由用人单位承担举证责任。

◎ 结论和评析

一审法院审理后撤销了济源市人力资源和社会保障局于2013年9月26日作出的编号为201301的不予认定工伤决定书，并且判决济源市人力资源和社会保障局在判决生效后60日内对原告徐某某申请的工伤认定事项重新作出具体行政行为。案件受理费50元，由被告济源市人力资源和社会保障局负担。济源市人力资源和社会保障局不服一审判决提起上诉，二审法院经审理判决驳回上诉、维持原判。

1. 雷某某从老家登封来到济源参与对死者赔偿问题的处理是否是在为单位进行工作

济源市人力资源和社会保障局认为，雷某某到济源是为了处理其所承包采矿点事故，而不是为了履行其作为采矿车间副主任的职责。正是在这一思想指导下，认为雷某某受到的伤害不符合《工伤保险条例》第14条、第15条认定工伤或视同工伤的情形，决定不予认定为工伤。但是，对雷某某与济钢铁山河铁矿之间的关系进行分析后可以发现，济钢铁山河铁矿与雷某某签订的采矿管理协议是济钢铁山河铁矿的一种内部管理方式，雷某某承包矿洞的行为是一种内部承包行为，故此，雷某某的承包行为对济钢铁山河铁矿来讲也是一种工作，也就是说，雷某某系济钢铁山河铁矿采矿车间副主任，又承包了该矿的500矿洞，承包只是企业内部的一种管理模式，雷某某与济钢铁山河铁矿的劳动关系并未因此而改变。简言之，雷某某承包经营、管理洞矿的行为都是在为济钢铁山河铁矿进行工作。基于此，雷某某在其承包的矿洞发生事故后处理事故善后事宜的行为也是在为济钢铁山河铁矿进行工作。而雷某某承包的矿洞发生致人死伤事故时，雷某某在老家登封，是济钢铁山河铁矿通知雷某某来济源的，虽然雷某某没有被济钢铁山河铁矿作为事故处理小组成员，但雷某某来济源的目的是处理事故，也实际参与了济钢铁山河铁矿对死者赔偿问题的处理，故雷某某参与处理事故赔偿问题的行为就是在为济钢铁山河进行工作。尽管根据采矿管理协议的约定，雷某某对所承包的矿洞发生的事故要承担相应的费用，雷某某参与对事故赔偿问题的处理有其对自己应承担的费用负责的因素，但这不能否认雷某某是在为济钢铁山河铁矿进行工作的性质。

2. 雷某某入住河南济源钢铁（集团）有限公司铁山河宾馆直到被发现死亡时是否是在工作时间和工作岗位

济源市人力资源和社会保障局认为不属工伤的理由还包括其认为雷某某是在单位之外参与事故处理，其行为是在外地工作期间，入住宾馆休息应视为在工作时间和在工作岗位；雷某某在事故处理结束后仍在宾馆居住的行为，属于个人行为，其因自身疾病导致死亡，不符合工伤保险条例的规定。但经过分析可以看到，一个单位的职工到外地工作不同于在单位内工作，其到外地工作的期间应当界定为从离开单位或居住地时起至回到单位或居住地时止，在此期间，除了从事与工作无关的活动外的任何时间和任何场所都应视为在工作时间和在工作岗位，也就是说，一个单位的职工到外地办事期间为工作而乘坐交通工具、入住宾馆休息都应视为在工作时间和在工作岗位。本案中，由于济钢铁山河铁矿所处理的事故赔偿问题不是在单位内进行，而是在单位外进行，而雷某某在参与处理事故赔偿问题期间不宜在老家登封或单位内居住，只能在外住宿，故雷某某 2012 年 10 月 26 日从老家登封来到济源后入住河南济源钢铁（集团）有限公司铁山河宾馆期间的行为应当视为是在工作时间和在工作岗位。此外，雷某某入住宾馆期间被发现死亡，经公安机关调查，本案有效证据能够证明发现雷某某尸体的时间和地点，但不能证明雷某某死亡的具体时间、原因，法医学尸体检验鉴定书结论仅为“雷某某心脑疾病死亡可能性大”。根据现有证据，虽然不能认定雷某某的死亡与其处理事故必然有因果关系，但也不能排除两者之间的因果关系。《工伤保险条例》第 19 条第 2 款规定，“职工或者其直系亲属认为是工伤，用人单位不认为是工伤的，由用人单位承担举证责任”。在用人单位济钢铁山河铁矿举证不能的情况下，应作出有利于职工的认定。因此，可以推定雷某某的死亡系由于工作原因，雷某某的死亡符合《工伤保险条例》第 14 条第（5）项“因工外出期间，由于工作原因受到伤害或者发生事故下落不明的”情形，济源市人力资源和社会保障局作出的不予认定工伤决定书，认定事实不清，适用法律错误，应予撤销。

七、企业分立、合并、转让及分支机构等情况下用人单位的确定

企业分立、合并、转让是企业在经营过程中很常见的情况，《民法通则》《公司法》《合同法》等法律制度中对几种情况下发生民法上的权利义务关系的变化及承继关系作出了相应的规定，即规定了企业法人或者非法人的企业组织在分立、合并、转让时，原企业的权利义务由发生分立、合并、转让后的企业享有和承担。在劳动关系的问题上，《劳动合同法》第 34 条规定，用人单位发生合并或者分立等情况，原劳动合同继续有效，劳动合同由承继其权利和义务的用人单位继续履行。最高人民法院《关于审理劳动争议案件适用法律若干问题的解释（一）》第 10 条也规定，用人单位与其他单位合并的，合并前发生的劳动争议，由合并后的单位为当事人；用人单位分立为若干单位的，其分立前发生的劳动争议，由分立后的实际用人单位为当事人。前述劳动法领域的法律及司法解释已经明确企业在合并、分立等情况下的劳动关系承继问题与民商法制度中确定的民事权利义务的承继情况相同，均是由合并、分立、转让后的企业来享有权利和承担义务。那么，在工伤保险问题上是否有专门的规定？答案是肯定的，《工伤保险条例》第 43 条规定，用人单位分立、合并、转让的，承继单位应当承担原用人单位的工伤保险责任；原用人单位已经参加工伤保险的，承继单位应当到当地经办机构办理工伤保险变更登记。可以说，从民商法上的确立的民事权利义务的承继，到劳动法律制度确立的劳动关系的承继，再到工伤保险制度中确立的工伤保险责任承担的承继之间是一脉相承的，遵循的是一个共同的原则，即在通过分立、合并、转让等手段获得原企业经营权的新的企业应当将与原企业相关的权利义务，当然包括劳动法、社会保障法的权利义务进行一并承继，限定于工伤保险责任时即分立、合并、转让后的企业为工伤保险责任的承担主体。

除前述企业合并、分立、转让外还有一个问题困扰着实践，即企业法人的分支机构能否承担工伤保险责任。实践中，企业法人的分支机构在全国数

量很大、分布也较广泛，进而其从业人员的数量也不可小觑。按照民商法上确立的企业法人分支机构的性质，其为不能独立承担权利义务的非法人型主体，即一般情况下其为不具备独立民事主体资格的组织，那么其自然不具有用人单位的主体资格，即不能承担工伤保险责任。但在实践中也有一些分支机构具备了独立的主体资格，在这种情况下则其应当承担相应的工伤保险责任。比如，外国公司在我国成立的分支机构，现有制度已确认其在法律上和财产上均具有独立性，因此能够成为用人单位，并在相应情况下承担工伤保险责任。另外的一类是银行、保险公司等法人的分支机构亦有相关法律确认了其拥有独立主体资格，同样其即可作为劳动关系中的用人单位，并承担相应的工伤保险责任。而不具备独立人格的法人分支机构目前的制度还无法支持其承担工伤保险责任。

讨论案例

◎ 基本案情

杜某某于1989年从庆阳师专生物系毕业，被分配到甘肃医药集团西峰制药厂工作。2006年5月，杜某某被调整到化验室，从事新产品妇可靖胶囊质量标准修订试验，前后几次接触正己烷液体试剂，2007年2月结束。2007年9月1日，庆阳市企业改革领导小组以庆阳市企改办发〔2007〕3号文件批复，对原企业国有资产由市国资委一次性协议转让受让方。组建企业重组领导小组，制定公司章程，进行募股并确保85%以上的现职工实现再就业。在此期间，杜某某与原国有企业甘肃医药集团西峰制药厂签订解除劳动关系协议书，一次性买断工龄，在庆阳市工信委领取了工龄款。2011年7月，杜某某因健康原因，到庆阳市人民医院做职业性健康检查，初步诊断杜某某病情符合职业性慢性正己烷中毒标准，并建议赴省级有职业病资质医院进一步检查确诊。2011年12月16日，杜某某前往甘肃省疾病预防控制中心接受职业病检查，其结果为：职业性慢性正己烷重度中毒，建议临床治疗。2012年1月13日，甘肃省疾病预防控制中心向杜某某邮寄送达了职业病诊断证明书。2012年2月9日，杜某某申请庆阳市人力资源和社会保障局做工伤认定。

2012年6月5日，庆阳市人力资源和社会保障局以工伤认字〔2012〕80号《工伤认定决定书》，认定杜某某为工伤。2012年6月18日，庆阳市人力资源和社会保障局向甘肃省西峰制药有限责任公司送达后，该公司以杜某某在原国有企业改制中一次性买断工龄，并未在现民营企业上班，不属该公司员工为由，于2012年8月10日提起行政诉讼。

◎ 争议问题

杜某某的情况是否构成工伤，为什么？

八、居委会、村委会等自治组织的用人单位确定

居委会、村委会等群众性自治组织的工作人员是否享有工伤保险待遇，即该组织是否承担工伤保险责任的问题在实践中也发生了一些争议。有些人认为，应当将居委会、村委会等自治组织比照民间非营利性组织处理，将其工作人员纳入工伤保险的保障范围，这样既可以更好地保障相关人员的权益又有利于促进自治组织的发展。但是，占据主流地位的观点是否定了自治组织工作人员的工伤保险待遇权利。其理由是：其一，《劳动法》第2条规定："在中华人民共和国境内的企业、个体经济组织（以下统称用人单位）和与之形成劳动关系的劳动者，适用本法。国家机关、社会团体和与之建立劳动合同关系的劳动者，依照本法执行。"原劳动部关于印发《关于贯彻执行〈中华人民共和国劳动法〉若干问题的意见》的通知第4条规定："公务员和比照实行公务员制度的事业组织的社会团体的工作人员，以及农村劳动者（乡镇企业职工和进城务工、经商的农民除外）、现役军人和家庭保姆等不适用劳动法。"显然前述规定中不包括居委会、村委会等自治组织。其二，《工伤保险条例》第2条第1款规定："中华人民共和国境内的企业、事业单位、社会团体、民办非企业单位、基金会、律师事务所、会计师事务所等组织和有雇工的个体工商户（以下称用人单位）应当依照本条例规定参加工伤保险，为本单位全部职工或者雇工（以下称职工）缴纳工伤保险费。中华人民共和国境内的企业、事业单位、社会团体、民办非企业单位、基金会、律师事务所、会计师事务所等组织的职工和个体工商户的雇工，均有依照本条例

的规定享受工伤保险待遇的权利。”其中亦未规定居委会、村委会等自治组织。其三，2005年12月29日，劳动和社会保障部、人事部、民政部、财政部联合印发的《关于事业单位、民间非营利组织工作人员的工伤有关问题的通知》第1条规定：“事业单位、民间非营利组织工作人员因工作遭受事故伤害或者患职业病的，其工伤范围、工伤认定、劳动能力鉴定、待遇标准等按照《工伤保险条例》的有关规定执行。”为明确民间非营利组织的范围，该通知的第6条规定：“本通知所称民间非营利组织是指社会团体、基金会和民办非企业单位。”因此，人们认为其中并未包括居委会、村委会等群众自治组织。现有制度并不支持将居委会、村委会等自治组织的工作人员享有工伤保险待遇，相应的自治组织自然也不需要承担工伤保险责任。虽然主流观点，包括司法实践中已经生效的案例基本都主张自治组织不需要承担工伤保险责任，但这一观点确实也是值得商榷的。如果我们将居委会、村委会等自治组织排除在民间非营利组织的范围之外是因为相关规定中没有明确将其列举进去，但规定中以“等”字表示了明确列举外还可能存在其他组织的可能，且我们又以怎样的理由将自治组织的工作人员排除在工伤保险待遇的保障范围之外？这的确是个问题。

案例11

◎ 基本案情

韩某某系唐河县龙潭镇史桥村党支部书记、村委会主任。韩某某于2010年1月22日向被告提出工伤认定申请。南阳市人力资源和社会保障局受理后，经审查，认为不符合受理条件，决定不予受理，于2010年1月22日作出豫（宛）工伤退字〔2010〕001号河南省工伤认定申请不予受理通知书，并于当日送达申请人。韩某某不服，遂提起行政诉讼。

◎ 争议问题

韩某某作为村党支部书记、村委会主任是否适用《工伤保险条例》的规定？

◎ 相关法条

《工伤保险条例》

第二条 中华人民共和国境内的各类企业、有雇工的个体工商户（以下称用人单位）应当依照本条例规定参加工伤保险，为本单位全部职工或者雇工（以下称职工）缴纳工伤保险费。中华人民共和国境内的各类企业的职工和个体工商户的雇工，均有依照本条例的规定享受工伤保险待遇的权利。

《关于事业单位、民间非营利组织工作人员的工伤有关问题的通知》

第一条 事业单位、民间非营利组织工作人员因工作遭受事故伤害或者患职业病的，其工伤范围、工伤认定、劳动能力鉴定、待遇标准等按照《工伤保险条例》的有关规定执行。

第六条 本通知所称民间非营利组织是指社会团体、基金会和民办非企业单位。

《中华人民共和国村民委员会自治法》

第二条 村民委员会是村民自我管理、自我教育、自我服务的基层群众性自治组织，实行民主选举、民主决策、民主管理、民主监督。村民委员会办理本村的公共事务和公益事业，调解民间纠纷，协助维护社会治安，向人民政府反映村民的意见、要求和提出建议。

第四条 乡、民族乡、镇的人民政府对村民委员会的工作给予指导、支持和帮助，但是不得干预依法属于村民自治范围内的事项。村民委员会协助乡、民族乡、镇的人民政府开展工作。

◎ 结论和评析

一审法院审理后认为，依照规定村民委员会不适用《工伤保险条例》和《河南省工伤保险条例》的有关规定。被告南阳市人力资源和社会保障局在处理韩某某的工伤认定申请一案中，适用法律、法规正确，程序合法。原告请求撤销豫（宛）工伤退字〔2010〕001号河南省工伤认定申请不予受理通知书的理由不能成立，法院不予支持；原告其他请求缺乏事实根据和法律依据。故依照最高人民法院《关于执行若干问题的解释》第56条第（1）项、

第（4）项的规定，判决驳回原告韩某某的诉讼请求。本案受理费50元，由原告承担。韩某某不服一审判决提起上诉，二审法院经审理认为被上诉人南阳市人力资源和社会保障局依据相关的法律法规的规定作出不予受理的通知并无不妥，一审法院判决适当，依法应予维持。上诉人上诉理由不能成立，不予支持。故根据《行政诉讼法》第61条第（1）项之规定，判决如下：驳回上诉，维持原判。二审诉讼费50元由上诉人韩某某负担。

本案例的焦点问题在于村委会是否属于劳动法上的用人单位，村委会的工作人员是否适用工伤？韩某某认为根据《村民委员会组织法》第2条规定，村民委员会应属于民间非营利组织。其为该村委员主任，应为民间非营利组织工作人员。因工作而受伤，理应认定为工伤。但人力资源和社会保障局认为根据《村民委员会自治法》第2条的规定："村民委员会是村民自我管理、自我教育、自我服务的基层群众性自治组织，实行民主选举、民主决策、民主管理、民主监督。村民委员会办理本村的公共事务和公益事业，调解民间纠纷，协助维护社会治安，向人民政府反映村民的意见、要求和提出建议。"第4条规定："乡、民族乡、镇的人民政府对村民委员会的工作给予指导、支持和帮助，但是不得干预依法属于村民自治范围内的事项。村民委员会协助乡、民族乡、镇的人民政府开展工作。"村民委员会不属于国务院《工伤保险条例》《河南省工伤保险条例》的适用范围，因此其行为合法。这一观点是目前理论与实务界的普遍观点，即将村民委员会、居民委员会排除在《工伤保险条例》的适用范围之外，认为其不属于劳动法上的用人单位的范围。

九、国家机关、事业单位、社会团体等组织的用人单位确定

因为国家机关、事业单位及社会团体等组织一直以来采用了与企业不同的管理方式，从而形成了不同的劳动关系形态，也因此才有了一旦在其单位从事劳动的人员因工作遭受事故伤害或者患职业病后将如何承担相关责任的问题。针对国家机关、事业单位、社会团体等组织从事劳动的人员的工伤赔偿问题，《工伤保险条例》第65条规定："公务员和参照公务员法管理的事业单位、社会团体的工作人员因工作遭受事故伤害或者患职业病的，由所在

单位支付费用。具体办法由国务院社会保险行政部门会同国务院财政部门规定。”单看这一条似乎是在国家机关、事业单位、社会团体工作的人员不适用《工伤保险条例》而是由相关主体另行规定。但是，我们在认识这一问题时有以下两个层面的问题需要注意：第一，原劳动部《关于贯彻执行〈中华人民共和国劳动法〉若干问题的意见》（劳部发〔1995〕309号）第3条规定：“国家机关、事业组织、社会团体实行劳动合同制度的以及按规定应实行劳动合同制度的工勤人员；实行企业化管理的事业组织的人员；其他通过劳动合同与国家机关、事业组织、社会团体建立劳动关系的劳动者，适用劳动法。”第5条规定：“中国境内的企业、个体经济组织在劳动法中被称为用人单位。国家机关、事业组织、社会团体和与之建立劳动合同关系的劳动者依照劳动法执行。根据劳动法的这一规定，国家机关、事业组织、社会团体应当视为用人单位。”也就是说，应当将国家机关、事业单位、社会团体中的工作人员进行分类，那些通过签订劳动合同与单位建立劳动关系的劳动者适用劳动法律制度的相关规定，当然也应当适用《工伤保险条例》，即一旦发生工伤事故由单位按照《工伤保险条例》的相关规定承担工伤保险责任。第二，在国家机关、事业单位、社会团体中不适用劳动法律的从事劳动的人员，在法条中习惯上将这部分人称为“国家机关、事业单位、社会团体的工作人员”，即通常“工作人员”特指不适用劳动法的人员。比如前述《工伤保险条例》第65条规定：“公务员和参照公务员法管理的事业单位、社会团体的工作人员因工作遭受事故伤害或者患职业病的，由所在单位支付费用。具体办法由国务院社会保险行政部门会同国务院财政部门规定。”这部分人员的因公伤害补偿问题目前我国执行伤残抚恤办法，即参照《军人抚恤优待条例》的规定由所在单位支付。一般被称为“公伤”，即因执行公务造成的伤害、因公致残、因公死亡的简称。但对比工伤保险制度与公务员因公伤残抚恤制度的内容可以发现：（1）工伤保险制度渊源的层次较高，亦更为完善；（2）工伤保险的认定范围较宽，且认定的情形较多，即工伤保险的保护范围更大；（3）因工死亡的一次性待遇标准更高：工伤保险中一次性死亡待遇包括丧葬补助金为6个月的统筹地区上年度职工月平均工资及一次性工亡补助金为上一年度全国城镇居民人均可支配收入的20倍；但是因公伤残抚恤金在一次性死亡中支付的待遇标准是烈士，80 个月本人工资；因公牺牲，40 个月本人工资；病故，20 个月本人工资。（4）工伤保险的统筹机制，既能使用人单位的风险得以分散，又能保障职工的权益及时得到保障和相关待遇及时获得兑付，而且还有利于社会资源的互助共享和劳动力的自由流动。因此，随着机关、事业单位改革的不断推进，应当将国家机关、事业单位、社会团体等组织中的人员最终纳入现行的工伤保险制度的范畴。实践中，诸如公安、城管、监狱管理、交通执法等执行公务过程中较易发生事故的领域的工作人员提出尽快出台公务员参加工伤保险制度政策的希望。事实上，很多地方的制度中已将公务员纳入工伤保险制度的规制范畴。比如，北京市劳动和社会保障局与北京市人事局于 2005 年 1 月 9 日联合下发《关于北京市机关、事业单位工作人员工伤认定的通知》（京劳社工发〔2005〕6 号）。该通知规定："在北京市机关、事业单位、社会团体、民办非企业单位工作的人员发生工伤，在国家未出台新的政策之前，其工伤认定暂按照《工伤保险条例》的规定执行。自本通知下发之日起，各区县劳动保障行政部门按照《工伤保险条例》和《北京市实施〈工伤保险条例〉办法》的规定受理工伤认定申请"。可见，该通知中已将国家机关、事业单位、社会团体的工作人员的工伤认定纳入《工伤保险条例》的管辖范围，即其工作人员适用工伤保险制度。

讨论案例

◎ 基本案情

沈某原系崇明堡镇市容环境协管服务社市容协管员，2013 年 11 月成立上海市堡镇社会协管综合服务社（以下简称堡镇服务社）后，崇明堡镇市容环境协管服务社的市容协管员统一调整到堡镇服务社，沈某亦成为该服务社的市容协管员。沈某在其家崇明县堡镇解放街×××号×××室附近的北堡菜场及周边地区从事市容协管工作，上班时间：上午 8:00～11:30，下午 13:30～16:30，在特殊情况或季节转换另行通知。2013 年 7 月 3 日 13 时 30 分左右，沈某驾驶电动自行车从家中出发，前往中国邮政储蓄银行堡镇中路支行取款人民币 1500 元，准备用于送人情。当日 14 时许，沈某取好钱返回途中，途

遇等待遇种类。一些地方立法中采用了此种观点，比如，
〈工伤保险条例〉办法》（宁政发〔2012〕115 号）第
位聘用的退休人员以及在校实习学生，不适用本办法。"
险条例〉办法》（甘肃省人民政府令第 88 号）第 22 条
或依法享受基本养老保险待遇的人员被用人单位聘用
断、鉴定为职业病，其工伤认定申请社会保险行政部
工伤保险实施办法》（渝府发〔2012〕22 号）第 55
休年龄或者已经依法享受基本养老保险待遇的人员，
人民政府 2003 年发布的《北京市实施〈工伤保险条
，受伤害人员是用人单位聘用的离退休人员或者超
伤认定申请不予受理。但《工伤保险条例》修改后北
12 月发布的《北京市实施〈工伤保险条例〉若干规
的规定。当然，这一观点是最为狭隘地将只要达到
除在工伤保险保护之外的观点，但是制度的"一刀
性时便显示出它的力不从心，因此最高人民法院、
布的一些文件中对这一观点进行了校正，相关内容

退休年龄可能产生的只是是否享受养老保险待遇或
发生工伤且享有工伤保险待遇无关，因此无论是否
职工仍在工作便应与其他劳动者一样享有相应的工
前述第一种观点完全相反的一种主张。这种观点
休制度与工伤保险制度解决的问题及保障的权利
险待遇或者领取退休金是为了保证退出工作岗位
保障人们在因为年龄原因不再工作时还能够继续
帮助人们抵御年老的社会风险而设计的制度代际
，退休面对的是"年老"的问题。而工伤保险制
险，即分散企业在运营过程中可能面临的机器等
的风险而产生的制度，因此工伤保险面对的是
伤保险不仅保障受伤害的劳动者，还有 层很重

要的含义是分散企业的经营风险，因为没有工伤保险制度的情况下，劳动者所受到的职业伤害应当由用人单位进行赔偿，所以在考虑工伤保险的适用范围时必须对这一关键点予以关注。综上所述，既然两种制度的设计基础及其保护的权利内容不同，那么以享受养老保险待遇、退休金来否定工伤保险待遇的享有似乎是不够妥当的。当然，政策本身对于社会生活具有一定引导作用，如果对于达到法定退休年龄且已领取养老保险金或退休金的人从事工作仍然进行如其他劳动者一样的保护，则无疑具有鼓励这一群人进行劳动的作用，这也必将对劳动力市场产生影响，因此政策在制定时必然会考虑相关因素，从而在进行综合考量后作出制度选择。此外，虽然前述内容一直强调的是两种制度不同的基础和内容，但是需要注意的是这两种制度存在着保护内容方面的交叉或者说重合。比如，工伤保险待遇中的残疾津贴与养老金、退休金在功能上便存在着一定的重合，也因此才有了《工伤保险条例》第35条的规定："工伤职工达到退休年龄并办理退休手续后，停发伤残津贴，按照国家有关规定享受基本养老保险待遇。基本养老保险待遇低于伤残津贴的，由工伤保险基金补足差额……"这一点提醒我们，在对待养老、工伤问题时应当更全面地考虑两者之间的关系，作出更理性的选择。

达到法定退休年龄的人员在一定情况下适用《工伤保险条例》的规定，即有条件地享受工伤保险待遇。这一观点的基础在于认为达到法定退休年龄并不一定意味着已经领取养老保险金或退休金，而没能领取养老金、退休金的原因可能退休未启动或者未完成，还有可能是劳动者根本就不具备制度中要求的领取养老金、退休金的条件。前者可能使得劳动者在一段时间内无法享受养老待遇，而后者中劳动者终身都无法享受退休待遇，比如并未参加社会养老保险的劳动者，尤其以农民工为甚。而无论是前者还是后者仅以达到年龄而不考虑是否真正享有了相关权利，就剥夺了劳动者的工伤保险等一系列权利当然是不合理的。基于这种考量，人力资源和社会保障部及最高人民法院的诸多文件、司法解释及复函中对这一问题进行了关注，即将达到法定退休年龄的人分成已领取养老金、退休金和未领取养老金、退休金两部分。对于达到退休年龄且已领取养老金、退休金的人相关的制度至少包括以下几项内容：《劳动合同法》第44条第2项规定"劳动者开始依法享受基本养老

×××号附近时，与牌号为沪CH××××的小型轿车发生
受伤。经上海长海医院诊断为：（1）特重型开放性颅脑损
）右侧额叶、左侧额颞叶脑挫伤；（4）双侧额颞部硬膜下
叶、颞叶脑内血肿；（6）蛛网膜下腔出血；（7）弥漫性脑
底及颅骨多发骨折；（9）双侧脑脊液耳漏。2014年6月
容环境协管服务社向崇明县人力资源和社会保障局（以下
是出工伤认定申请，要求认定工伤。经审查，崇明人保局
伤害，不符合《工伤保险条例》《上海市工伤保险实施
15条认定工伤或者视同工伤的情形，并于2014年9月1
2014〕字第1121号不予认定工伤决定，对沈某不予认
某不服该决定，在法定期限内向崇明县人民政府提出行
15日，崇明县人民政府作出崇府复决〔2014〕第25
持崇明人保局所作的决定。沈某仍不服，向人民法院提
予认定工伤决定。

否应当适用工伤保险制度的内容认定其为工伤？

休年龄职工的工伤认定问题

而仍然工作在不同岗位上的职工随着人口老龄化、平
的出现，及岗位性质、个人选择等原因的综合因素的
一种用工现象。实践中关于达到法定退休年龄后发生
时常出现。关于这一问题无论是在实务界还是在理
争议中的主要观点有以下几种。
达到了法定退休年龄便与用人单位终止了劳动关系，
待遇。这种观点的依据主要是《劳动合同法实施条
到法定退休年龄劳动（合同）关系终止属于法定终
退休年龄后其与用人单位之间的劳动关系即为终止，
况下职工自然不能够再享有只有拥有劳动者身份才

保险待遇的，劳动合同终止”。最高人民法院《关于审理劳动争议案件适用法律若干问题的解释（三）》（法释〔2012〕12号）第7条规定：“用人单位与其招用的已经依法享受养老保险待遇或领取退休金的人员发生用工争议，向人民法院提起诉讼的，人民法院应当按劳务关系处理。”《中共中央办公厅国务院办公厅转发〈中央组织部、中央宣传部、中央统战部、人事部、科技部、劳动保障部、解放军总政治部、中国科协关于进一步发挥离退休作业技术人员作用的意见〉的通知》（中办发〔2005〕9号）第4条规定：“切实维护离退休专业技术人员的合法权益……离退休专业技术人员受聘工作期间，因工作发生职业伤害的，应由聘用单位参照工伤保险的相关待遇标准妥善处理；因工作发生职业伤害与聘用单位发生争议的，可通过民事诉讼处理；与聘用单位之间因履行聘用合同发生争议的，可通过人事或劳动争议渠道解决。有条件的聘用单位在符合有关规定的情况下，可为聘请的离退休专业技术人员购买聘期内的人身意外伤害保险。”但是，在最高人民法院2007年的一个复函中作出与前述内容并不一致的答复：“《最高人民法院行政审判庭关于离退休人员与现工作单位之间是否构成劳动关系以及工作时间内受伤是否适用〈工伤保险条例〉问题的答复》（〔2007〕行他字第6号）：根据《工伤保险条例》第2条、第61条等有关规定，离退休人员受聘于现工作单位，现工作单位已经为其缴纳了工伤保险费，其在受聘期间因工作受到事故伤害的，应当适用《工伤保险条例》的有关规定处理。”在这一答复中，显然承认了即使已达到退休年龄且已领取退休金但现工作单位为其缴纳工伤保险的情况下其仍可适用《工伤保险条例》。更重要的是，一系列文件中对已达到退休年龄但是还未领取养老保险金、退休金的人员的问题进行了规定。2010年3月17日、2012年11月25日最高人民法院的两个答复中以同样的内容确认了《工伤保险条例》的适用：《最高人民法院行政审判庭关于超过法定退休年龄的进城务工农民因工伤亡的，应否适用〈工伤保险条例〉请示的答复》：用人单位聘用的超过法定退休年龄的务工农民，在工作时间内、因工作原因伤亡的，应当适用《工伤保险条例》的有关规定进行工伤认定。

2016年3月28日，人力资源和社会保障部发布的文件在承继了前述文件的精神的基础上既承认了达到法定退休年龄但未享受养老待遇的人员的工伤保险权益，也确认了已领取养老待遇的人员的有条件的享受工伤保险待遇的权利，具体内容为：《人力资源社会保障部关于执行〈工伤保险条例〉若干问题的意见（二）》第2条规定："达到或超过法定退休年龄，但未办理退休手续或者未依法享受城镇职工基本养老保险待遇，继续在原用人单位工作期间受到事故伤害或患职业病的，用人单位依法承担工伤保险责任。用人单位招用已经达到、超过法定退休年龄或已经领取城镇职工基本养老保险待遇的人员，在用工期间因工作原因受到事故伤害或患职业病的，如招用单位已按项目参保等方式为其缴纳工伤保险费的，应适用《工伤保险条例》。"这一规定代表了我国已达到退休年龄的人员是否适用《工伤保险条例》的最新精神。

案例12

◎ 基本案情

李某某系某公司职工，工种为钻孔工。2014年4月18日下午15时左右，李某某在量零件尺寸时，因其他工友钻床铁花飞溅击伤左眼，伤口有不明显出血，李某某自行购买眼药水点滴。后因病情恶化，到医院进行治疗，诊断为：左眼球穿通伤、左眼眼内炎、左眼外伤性玻璃体积血等。李某某于2014年10月29日向重庆市璧山区人力资源和社会保障局提出工伤认定申请，璧山区人力资源和社会保障局于2014年11月10日，以李某某超过法定退休年龄为由作出璧人社伤险不受字〔2014〕34号《工伤认定申请不予受理决定书》。李某某不服，向人民法院提起行政诉讼，要求撤销被诉具体行政行为。

在诉讼过程中，璧山区人力资源和社会保障局向人民法院提交了以下证据：（1）工伤认定申请表，证明李某某于2014年10月29日向被告提出工伤认定申请；（2）李某某身份证复印件、某公司基本信息，证明李某某达到法定退休年龄，某公司具有用工主体资格；（3）社区社会保障服务所证明，证明李某某未享受基本养老保险待遇；（4）对尹某某、徐某某的调查笔录及其身份证复印件，证明李某某在某公司处工作时受到事故伤害；（5）西南医院诊断证明书、某诊所诊断证明、来凤中心卫生院病情证明书，证明李某某受到事故伤害；（6）《工伤认定申请不予受理决定书》及其送达回证，证明被诉具体行政行为程序合法。

◎ 争议问题

超过法定退休年龄的人员提出工伤认定申请，是否应当受理？

◎ 相关法条

人力资源社会保障部《关于执行〈工伤保险条例〉若干问题的意见（二）》

第二条 达到或超过法定退休年龄，但未办理退休手续或者未依法享受城镇职工基本养老保险待遇，继续在原用人单位工作期间受到事故伤害或患职业病的，用人单位依法承担工伤保险责任。用人单位招用已经达到、超过法定退休年龄或已经领取城镇职工基本养老保险待遇的人员，在用工期间因工作原因受到事故伤害或患职业病的，如招用单位已按项目参保等方式为其缴纳工伤保险费的，应适用《工伤保险条例》。

最高人民法院《关于超过法定退休年龄的进城务工农民在工作时间内因公伤亡的，能否认定工伤的答复》（2012年11月25日 〔2012〕行他字第13号）

用人单位聘用的超过法定退休年龄的务工农民，在工作时间内、因工作原因伤亡的，应当适用《工伤保险条例》的有关规定进行工伤认定。

最高人民法院行政审判庭《关于超过法定退休年龄的进城务工农民因工伤亡的，应否适用〈工伤保险条例〉请示的答复》（2010年3月17日 〔2010〕行他字第10号）

用人单位聘用的超过法定退休年龄的务工农民，在工作时间内、因工作原因伤亡的，应当适用《工伤保险条例》的有关规定进行工伤认定。

最高人民法院行政审判庭《关于离退休人员与现工作单位之间是否构成劳动关系以及工作时间内受伤是否适用〈工伤保险条例〉问题的答复》（2007年7月5日 〔2007〕行他字第6号）

根据《工伤保险条例》第二条、第六十一条等有关规定，离退休人员受聘于现工作单位，现工作单位已经为其缴纳了工伤保险费，其在受聘期间因工作受到事故伤害的，应当适用《工伤保险条例》的有关规定处理。

◎ 结论和评析

一审法院经审理后认为重庆市璧山区人力资源和社会保障局以李某某超过国家法定退休年龄为由不予受理其工伤认定申请显属不当，判决撤销被告重庆市璧山区人力资源和社会保障局2014年11月10日作出的璧人社伤险不受字〔2014〕34号《工伤认定申请不予受理决定书》。案件受理费50元，由被告负担。一审后原被告双方均未上诉。

关于超过法定退休年龄的人员提出工伤认定申请，是否应当受理的问题，也就是说超过法定退休年龄的人员是否能够被认定为工伤的问题，随着人口结构的变化近些年来并不鲜见。本案中的李某某即是超过法定退休年龄仍然从事劳动的人员。人力资源和社会保障局以原告超过法定退休年龄为由，认为原告的工伤认定申请不属于《工伤保险条例》第2条、《重庆市工伤保险实施办法》第55条规定的受理范围，决定不予受理。即认为超过法定退休年龄的人员不适用《工伤保险条例》的规定，不应被认定为工伤。值得注意的是，自2007年起最高人民法院的多项复函中认可了超过法定退休年龄的人员可以认定为工伤的观点，当然除此之外没有法律、行政法规、行政规章等规范性文件对这一问题作出明确的规定。直至2016年3月28日发布的《人力资源社会保障部关于执行〈工伤保险条例〉若干问题的意见（二）》第2条规定："达到或超过法定退休年龄，但未办理退休手续或者未依法享受城镇职工基本养老保险待遇，继续在原用人单位工作期间受到事故伤害或患职业病的，用人单位依法承担工伤保险责任。用人单位招用已经达到、超过法定退休年龄或已经领取城镇职工基本养老保险待遇的人员，在用工期间因工作原因受到事故伤害或患职业病的，如招用单位已按项目参保等方式为其缴纳工伤保险费的，应适用《工伤保险条例》。"明确肯定了超过法定退休年龄的人员有条件地适用《工伤保险条例》，即在一定条件下可被认定为工伤。

讨论案例

◎ 基本案情

方某某已过退休年龄，以桂某某的名义与颖奕公司签订了劳务协议，从事保洁工作，合同期限自2013年11月16日至2015年11月15日止。2014年3月1日，方某某在上班途中发生非其本人主要责任的交通事故，经上海市嘉定区医疗急救中心抢救无效于当日死亡。方某某之子饶某某向嘉定区人力资源和社会保障局申请对方某某进行工伤认定。2014年11月10日，嘉定区人力资源和社会保障局予以受理。2015年1月6日，嘉定区人力资源和社会保障局以不符合受理条件为由，撤销了受理决定，并于1月7日作出《工伤认定申请不予受理决定书》。饶某某对此不服，向法院提起行政诉讼，要求撤销不予受理决定。诉讼中，饶某某撤回起诉。嘉定区人力资源和社会保障局于2015年4月24日撤销了《工伤认定申请不予受理决定书》，于同日受理了工伤认定申请，并向颖奕公司发出《提供证据通知书》。经调查核实后，依据《工伤保险条例》第14条第（6）项、《上海市工伤保险实施办法》第14条第（6）项规定，嘉定人保局于2015年5月11日作出嘉定人社认〔2015〕字第1454号《认定工伤决定书》，认为方某某2014年3月1日死亡一事属于工伤认定范围，予以认定为工伤，并将认定书送达了饶某某和颖奕公司。颖奕公司对嘉定区人力资源和社会保障局作出的工伤认定行为不服，向法院提起行政诉讼，要求予以撤销。

◎ 争议问题

方某某与颖奕公司是否构成劳动关系，方某某的情况是否可以适用《工伤保险条例》的规定，能否认定为工伤？

第二节 工伤认定中的劳动关系

一、事实劳动关系的认定

事实劳动关系是与签订劳动合同的劳动关系相对的一种情况，即用人单位与劳动者没有签订劳动合同，但是劳动者为用人单位提供了劳动，那么以什么标准来衡量在用人单位与该劳动者之间是否形成了劳动关系呢？这在理论上和实践中都是一个难题。为此，2005 年 5 月 25 日劳动和社会保障部下发了《关于确立劳动关系有关的事项的通知》（劳社部发〔2005〕12 号）其中对于如何确认事实劳动关系进行了针对性的规定，在该通知中指出：“近一个时期，一些地方反映部分用人单位招用劳动者不签订劳动合同，发生劳动争议时因双方关系难以确定，致使劳动者合法权益难以维护，对劳动关系的和谐稳定带来不利影响。为规范用人单位用工行为，保护劳动者合法权益，促进社会稳定，现就用人单位与劳动者确立劳动关系的有关事项通知如下：一、用人单位招用劳动者未订立书面劳动合同，但同时具备下列情形的，劳动关系成立：（一）用人单位和劳动者符合法律、法规规定的主体资格；（二）用人单位依法制定的各项劳动规章制度适用于劳动者，劳动者受用人单位的劳动管理，从事用人单位安排的有报酬的劳动；（三）劳动者提供的劳动是用人单位业务的组成部分。二、用人单位未与劳动者签订劳动合同，认定双方存在劳动关系时可参照下列凭证：（一）工资支付凭证或记录（职工工资发放花名册）、缴纳各项社会保险费的记录；（二）用人单位向劳动者发放的‘工作证’‘服务证’等能够证明身份的证件；（三）劳动者填写的用人单位招工招聘‘登记表’‘报名表’等招用记录；（四）考勤记录；（五）其他劳动者的证言等。其中，（一）（三）（四）项的有关凭证由用人单位负举证责任。”梳理前述通知的内容能够发现，其解决了两个层面的问题：其一，在未签订劳动合同的情况下，如何理解劳动者与用人单位在事实层面上已经形成劳动关系，主要考虑的是劳动关系的实质性内容，主要指劳动者实际上向具有用工主体资格的单位提供了劳动，而提供劳动便意味着在用人单位的管理下完成其工作内容的一部分并获得报酬。通知中的项目便是将这一核心内容进行分解后的描述。它是我们认识劳动关系存在的实质性内容的精髓所在。其二，明确了操作层面的判断依据，即在司法实践中认定是否构成事实劳动关系时应以哪些证据作为依据。

在劳动和社会保障部发布《关于确立劳动关系有关的事项的通知》后，一些地方的人民法院也出台了一些文件作为司法实践中认定事实劳动关系的规范，其内容有些与通知极为相似，有些对通知的内容进行了进一步的细化。比如，天津市高级人民法院《关于审理工伤认定行政案件若干问题座谈会纪要》（津高法〔2005〕164 号）第 10 条规定："对于劳动保障行政部门认定劳动者与用人单位是否存在事实劳动关系问题，应从以下几个方面审理：1. 劳动者与用人单位之间是否存在从属关系，接受用人单位的管理、指挥和监督；2. 用人单位是根据某种分配原则，组织工资分配，职工按照一定方式领取劳动报酬；3. 劳动者提供的劳动是否为用人单位业务的组成部分；4. 劳动者是否在用人单位提供的场所、使用用人单位提供的生产工具进行工作。"显然，天津市高级人民法院的纪要中比劳动和社会保障部的通知中的内容更为丰富，其中细化到使用场所及其提供的生产工具的内容，并指出接受用人单位的管理、指挥、监督等。此外，江苏省高级人民法院《关于审理劳动保障监察、工伤认定行政案件若干问题的意见（试行）》第 11 条规定："劳动关系包括订立书面劳动合同的劳动关系以及虽未签订书面劳动合同但形成事实劳动关系。劳动者与用人单位虽未签订书面劳动合同，但同时具有下列情形的，可以认定双方形成事实劳动关系：1. 劳动者以用人单位的名义工作或者在用人单位的管理之下工作；2. 劳动者的工作是用人单位业务的组成部分；3. 用人单位向劳动者提供基本劳动条件；4. 用人单位向劳动者支付劳动报酬。"在江苏省的这一意见中增加了以用人单位名义工作的情况。

综合前述原劳动和社会保障部在 2005 年发布的《关于确立劳动关系有关的事项的通知》及其后各省发布的相关文件，可以看出，在实践中认定是否形成事实劳动关系主要考虑的是劳动者是否在事实上为用人单位提供了劳动并获得了报酬，而能够作为认定证据的主要是在劳动者过程中可能留下的工作证等证件，工资支付凭证或者记录、社会保险的缴费凭证或记录，报名表、考勤记录等。

案例 13

◎ 基本案情

重庆鸿图建筑劳务有限公司是依法核准登记的有限责任公司，注册号 500224000009826，法定代表人为彭某。张某某系重庆鸿图建筑劳务有限公司的工人，从事泥水工工作。2013 年 2 月 28 日，张某某与其工友丁某某前往重庆鸿图建筑劳务有限公司承接的“万科城”项目G5楼工地从事抹灰收口工作。当日13时30分许，其领取工作工具后，在丁某某带领下经过“万科城”项目G2楼通道前往G5楼做工时不慎从电梯井摔下受伤。张某某于2013年6月28日向被告递交了工伤认定申请。重庆市铜梁区人力资源和社会保障局于2013年7月12日受理了该工伤认定申请，依据《工伤保险条例》的规定，向张某某送达了工伤认定申请受理通知书，并向重庆鸿图建筑劳务有限公司送达了受理通知书及举证通知书。因重庆鸿图建筑劳务有限公司认为张某某与重庆鸿图建筑劳务有限公司不存在劳动关系，故重庆市铜梁区人力资源和社会保障局中止该工伤认定，后张某某向重庆市铜梁区人力资源和社会保障局提交了重庆北部新区劳动争议仲裁委员渝新劳仲案字〔2013〕第526号仲裁裁决书和重庆市渝北区人民法院〔2014〕渝北法民初字第02457号民事判决书，重庆市铜梁区人力资源和社会保障局恢复了工伤认定，并根据重庆鸿图建筑劳务有限公司提交的申请和调查核实的事实，认为张某某受伤性质符合《工伤保险条例》第14条第（1）项的规定，于2014年10月27日作出铜人社伤险认决字〔2014〕880号工伤认定决定，认定张某某受伤性质属于工伤的具体行政行为，并分别向重庆鸿图建筑劳务有限公司和张某某送达《工伤认定决定书》。重庆鸿图建筑劳务有限公司不服该工伤认定，故向法院提起行政诉讼，要求撤销该工伤认定。

重庆鸿图建筑劳务有限公司诉称，张某某并非该公司的员工，双方并未建立劳动关系。张某某受伤当日到重庆鸿图建筑劳务有限公司处面试，其受伤时，重庆鸿图建筑劳务有限公司还未正式批准其用工请求，故受伤不在工作时间范围。另外，张某某受伤地点为“万科城”项目G2楼电梯井，而重庆鸿图建筑劳务有限公司承接的工程为“万科城”项目G5楼，受伤地点也非重庆鸿图建筑劳务有限公司的工作地点，综上所述，重庆市铜梁区人力资源和社会保障局认定张某某受伤性质属于工伤系事实不清、证据不足，故请求人民法院依法撤销重庆市铜梁区人力资源和社会保障局作出的铜人社伤险认决字〔2014〕880号工伤认定决定。

诉讼中，重庆市铜梁区人力资源和社会保障局提供了作出被诉具体行政行为的证据、依据：（1）《工伤保险条例》第5条第2款，拟证明重庆市铜梁区人力资源和社会保障局是辖区内工伤保险工作的主管机关，具有作出劳动、社会保障行政确认的法定职权；（2）组织机构代码，拟证明重庆市铜梁区人力资源和社会保障局是合法的行政机关；（3）工伤认定申请；（4）铜人社伤险认受字、认举字〔2013〕519 号通知书及送达回证；（5）铜人社伤险认中止字〔2013〕18 号工伤认定中止通知书及送达回证；（6）恢复工伤认定通知书及送达回证；（7）铜人社伤险认中止字〔2013〕22 号工伤认定中止通知书及送达回证；（8）恢复工伤认定通知书及送达回证；（9）铜人社伤险认决字〔2014〕880 号工伤认定书及送达回证；证据 3～9 拟证明重庆市铜梁区人力资源和社会保障局依据张某某递交的工伤认定申请启动工伤认定程序，依法中止认定、恢复认定程序，作出工伤认定决定，依照法定程序向重庆鸿图建筑劳务有限公司及张某某送达相关文书，其程序合法；（10）用人单位基本信息；（11）张某某身份证复印件；证据 10～11 拟证明原告具有用工主体资格，第三人具有合法劳动者资格；（12）重庆北部新区第一人民医院入院记录、出院记录；拟证明张某某受伤的部位及受伤程度；（13）张某某调查笔录和甘某某、徐某某、孟某某的询问笔录及张某某证明，拟证明张某某受伤的事实；（14）重庆北部新区劳动争议仲裁委员会庭审笔录，拟证明张某某受伤的事实及重庆鸿图建筑劳务有限公司与张某某存在劳动关系的事实；（15）丁某某证明，拟证明张某某受伤的事实；（16）用人单位提交的情况说明；（17）重庆北部新区劳动争议仲裁委员会渝新劳仲案字〔2013〕第 526 号仲裁裁决书；（18）用人单位提交的情况说明及民事起诉状；（19）重庆市渝北区人民法院〔2014〕渝北法民初字第 02457 号民事判决书；证据 16～19 拟证明重庆市铜梁区人力资源和社会保障局中止工伤认定、恢复认定程序的原因及劳动关系成立的依据；（20）《工伤保险条例》第 14 条第（1）项、第 19 条第 2 款；（21）《工伤认定办法》第 17 条。证据 20～21 拟证明重庆市铜梁区人力资源和社会保障局作出工伤认定行为适用法律法规正确。

◎ 争议问题

1. 张某某与重庆鸿图建筑劳务有限公司之间是否存在事实劳动关系？
2. 张某某受伤的情况是否能够认定为工伤？

◎ 相关法条

《关于确立劳动关系有关的事项的通知》(劳社部发〔2005〕12 号)

近一个时期，一些地方反映部分用人单位招用劳动者不签订劳动合同，发生劳动争议时因双方关系难以确定，致使劳动者合法权益难以维护，对劳动关系的和谐稳定带来不利影响。为规范用人单位用工行为，保护劳动者合法权益，促进社会稳定，现就用人单位与劳动者确立劳动关系的有关事项通知如下：一、用人单位招用劳动者未订立书面劳动合同，但同时具备下列情形的，劳动关系成立：（一）用人单位和劳动者符合法律、法规规定的主体资格；（二）用人单位依法制定的各项劳动规章制度适用于劳动者，劳动者受用人单位的劳动管理，从事用人单位安排的有报酬的劳动；（三）劳动者提供的劳动是用人单位业务的组成部分。二、用人单位未与劳动者签订劳动合同，认定双方存在劳动关系时可参照下列凭证：（一）工资支付凭证或记录（职工工资发放花名册）、缴纳各项社会保险费的记录；（二）用人单位向劳动者发放的“工作证”、“服务证”等能够证明身份的证件；（三）劳动者填写的用人单位招工招聘“登记表”、“报名表”等招用记录；（四）考勤记录；（五）其他劳动者的证言等。其中，（一）（三）（四）项的有关凭证由用人单位负举证责任。

最高人民法院《关于审理工伤保险行政案件若干问题的规定》

第四条第（四）项　其他与履行工作职责相关，在工作时间及合理区域内受到伤害的，社会保险行政部门认定工伤的，人民法院应予支持。

◎ 结论和评析

法院经审理后对前述被告提供的证据进行了以下认证：被告在法定举证期限内提供的证据 1、证据 2，能够证明被告的主体资格及法定职权，依法予以采信；证据 3 ~9，能够证明被告在办理该工伤认定过程中符合相关法律规定的程序，且原告、第三人均无异议，应予采信；证据 10 ~12 证明原告、第三人的身份信息及第三人受伤情况，且原告、第三人均无异议，依法予以采信；证据 13 ~15、17、19 相吻合且相互印证，能够证明原告与第三人存在劳动关系。2013 年 2 月 28 日，第三人张某某与其工友丁某某前往原告承接的“万科城”项目 G5 楼工地从事抹灰收口工作，当日 13 时 30 分许，第三人领取工作工具后，在丁某某带领下经过“万科城”项目 G2 楼通道前往 G5 楼做工时不慎从电梯井摔下受伤的事实，与本案关联，且合法、真实，依法予以采信；证据 16、18，原告及第三人均无异议，能够证明被告依法中止认定的依据，予以采信。被告在法定举证期限内提供的依据 20～21，是合法有效的法律规范，依法应适用于本案。基于前述证据认证情况，法院判决如下：驳回原告重庆鸿图建筑劳务有限公司要求撤销被告作出的铜人社伤险认决字〔2014〕880 号工伤认定决定的诉讼请求。案件受理费 50 元，由原告重庆鸿图建筑劳务有限公司负担。

1. 张某某与重庆鸿图建筑劳务有限公司之间是否存在事实劳动关系

本案中重庆鸿图建筑劳务有限公司在诉讼过程中诉称，张某某并非其员工，双方并未建立劳动关系。张某某受伤当日到重庆鸿图建筑劳务有限公司处面试，其受伤时重庆鸿图建筑劳务有限公司还未正式批准其用工请求，故受伤不在工作时间范围。但张某某的调查笔录，相关证明人甘某某、徐某某、孟某某、张某某、丁某某等的证词，以及仲裁裁决书和民事判决书等证据能够证明重庆鸿图建筑劳务有限公司与张某某存在劳动关系，而且重庆北部新区劳动争议仲裁委员会渝新劳仲案字〔2013〕第 526 号仲裁裁决书和重庆市渝北区人民法院〔2014〕渝北法民初字第 02457 号民事判决书均已认定原告与第三人存在劳动关系，且该民事判决书系生效裁判文书，已经产生法律效力，故重庆鸿图建筑劳务有限公司所主张的其与张某某之间不存在劳动关系的理由不能成立。

2. 张某某受伤的情况是否能够认定为工伤

重庆鸿图建筑劳务有限公司主张张某某受伤地点为“万科城”项目 G2 楼电梯井，而其承接的工程为“万科城”项目 G5 楼，受伤地点也非重庆鸿图建筑劳务有限公司的工作地点，因此不应该认定为工伤。但依据最高人民法院《关于审理工伤保险行政案件若干问题的规定》第 4 条第（4）项的规定，其他与履行工作职责相关，在工作时间及合理区域内受到伤害的，社会保险行政部门认定工伤的，人民法院应予支持。本案中，张某某作为建筑工地工人，其与工友在中午一点半左右前往原告承接的“万科城”项目 G5 楼工地从事抹灰收口工作符合正常合理的上班时间，且原告也未举出证据证明张某某当天去工作时不在其规定的具体工作时间内，同时，G2 楼与 G5 楼均系“万科城”项目的楼盘，张某某前往 G5 楼工作途经 G2 楼属于合理区域，故重庆市铜梁区人力资源和社会保障局认定张某某受伤性质属于工伤并无不妥。

二、劳动合同无效时劳动关系的认定

劳动合同无效是指因劳动合同违反强制性法律规定或者缺乏有效要件而使得劳动合同的内容全部或者部分在双方间不发生法律效力的情况。关于劳动合同无效的情形在《劳动法》及《劳动合同法》中均有规定，《劳动法》第 18 条规定：“下列劳动合同无效：（一）违反法律、行政法规的劳动合同；（二）采取欺诈、威胁等手段订立的劳动合同。无效的劳动合同，从订立的时候起就没有法律约束力。确认劳动合同部分无效的，如果不影响其余部分的效力，其余部分仍然有效。劳动合同的无效，由劳动争议仲裁委员会或者人民法院确认。”《劳动合同法》中对劳动合同无效的情形作出了更为详细的列举，第 26 条规定：“下列劳动合同无效或者部分无效：（一）以欺诈、胁迫的手段或者乘人之危，使对方在违背真实意思的情况下订立或者变更劳动合同的；（二）用人单位免除自己的法定责任、排除劳动者权利的；（三）违反法律、行政法规强制性规定的。对劳动合同的无效或者部分无效有争议的，由劳动争议仲裁机构或者人民法院确认。”从法律的列举可以看出，导致劳动合同无效情形除与民事合同无效相同理由的违反强制性规定之外，还考虑了订立合同者的主观恶性行为，即以欺诈、胁迫的手段或者乘人之危的手段使对方签订劳动合同的，显然这一规定相较于民事合同而言是更为严厉的，因为在民事合同中这些情况是属于可变更、可撤销的合同类型，这也体现了劳动法对劳动关系双方的更为严苛的保护。此外，对于用人单位免除自己法定责任、排除劳动者权利的条款将产生部分无效的后果。

劳动合同无效是否意味着劳动者与用人单位之间的未发生劳动关系？对于这一问题的回答无疑会影响到我们在本书中所探讨的核心问题——工伤保

险责任如何承担。一般情况下在劳动者与用人单位签订劳动合同后，劳动者便在用人单位的安排和管理下开展其岗位应承担的工作任务，并且按照用人单位的管理安排领取劳动报酬。因为，从逻辑上讲，如果双方签订合同还未作任何履行合同的行为时，便有一方提出，我们的劳动合同为无效合同其拒绝履行，那么则会发生所谓工伤保险事故问题，而如果双方已经开始履行合同，即劳动者在用人单位管理下开展工作并领取报酬（期待领取报酬），虽然因法定的原因双方的劳动合同可能被确认为无效，但是在双方之间已经形成了如劳动和社会保障部在2005年发布的《关于确立劳动关系有关的事项的通知》中所言的事实劳动关系。因此，虽然劳动合同无效但不应影响工伤保险责任的认定和责任承担问题。当然，劳动合同的无效包括全部无效和部分无效两种。在部分无效的情况下，劳动合同仍然有部分是处于有效状态的，也就是说双方之间是签订有劳动合同的，那么对于劳动关系的确立及工伤保险责任的承担自然是没有问题的。对于劳动合同全部无效的情况，如前所述，在双方已成立事实劳动关系的情况下亦不影响工伤保险责任的承担问题。

第三节 工伤认定的标准

工伤认定的标准是工伤保险认定乃至整个工伤保险制度良好运行的最重要、最关键的环节，因为这关系到一个事项发生后是否能够被认定为工伤，进而从微观层面上决定了个别劳动者是否能够享受工伤待遇，是否能够得到其应有补偿、赔偿等一系列劳动者权益保障的问题，从宏观层面上为整个工伤保险制度定下了基调，决定了工伤保险所保障的范围，从而引导着劳动关系的走向。因此，工伤认定的标准是整个工伤保险制度的重中之重，即是本章最为重要的内容。

一、工作时间

《工伤保险条例》第14、15条是关于工伤认定标准的规定，其中第14条第1~3项、第15条第1项均有“工作时间”字样的使用，但对何为“工作时间”并未作出明确具体的规定，结合《工伤保险条例》的其他条款、《工伤认定办法》及最高人民法院关系工伤认定的一系列答复、复函和解释的内容整理出关于工伤认定时所认可的“工作时间”应当包括以下几个方面的内容。

（一）标准工作时间

此处所谓标准工作时间，指通常情况下劳动者在其本职岗位的工作时间，即根据法律规定、劳动合同约定或者用人单位规定的并且劳动者实际履行劳动义务的工作时间。劳动法规定，劳动者每日工作时间不超过8小时，平均每周工作时间不超过40小时。《国务院关于职工工作时间的规定》中规定，职工每日工作8小时，如果单位要求职工早9点上班，晚5点下班，那么早9点至晚5点就是劳动者的工作时间。据此，单位规定上下班的具体时间，例如周一至周五的每天上午9点至下午6点为工作时间（中午12点至下午1点为中餐休息时间），那么这段时间就属于劳动者的标准工作时间。需要注意的是，在实施不定时工作制的单位，单位确定的工作时间为劳动者的工作时间。在这个所谓标准工作时间内，一般情况下职工从事的应该是与其工作岗位相应的工作内容，因此，在对工伤问题进行认定时，如果是在标准工作时间内除有明显的证据表明其并未从事工作内容，否则会推定其是在进行工作。也就是说，法律规定、劳动合同约定或者用人单位规定的劳动时间内发生的工伤事故，如无反证则在实践中倾向于认定为工伤。因此，标准工作时间不仅是用人单位在与劳动者签订劳动合同时需要明确的双方劳动关系的主要权利义务之一，而且在工伤事故认定的过程中还具有一定的推定结果的功能，在推定的情况下即意味着举证责任分配的转换，即在标准工作时间内发生的事故，如果用人单位认为不构成工伤则应当提供不构成工伤的证据。当然，并不是说认定工伤就只有工作时间这一条标准，认定工伤时当然不仅只看工作时间，还需要考虑工作场所、工作原因等因素，这些问题将在后面的内容中进行详细阐述。此处要强调的是，标准工作时间对于工伤认定的重要性，及其在标准工作时间内工伤认定的主要考量。

（二）在工作场所，职工从事与工作有关的预备性或收尾性工作所需的时间

在工作场所从事与工作有关的预备性或者收尾性工作从事实层面上是工作过程的自然地向前、向后的延伸，但是从工作时间上看完成这种预备性、收尾性工作的时间很有可能是在标准工作时间之外，即其时间是在法律规定或者劳动合同约定或者用人单位规定的时间之前或者之后。比如劳动合同约定工作时间是9点~17点，但陈某于8:45分到单位并为即将开始的工作准备工具，那么在8:45~9:00之间的准备工具期间发生的事故是否应当纳入工伤的认定范围？关于这一问题的认识有以下几个问题需要明确：第一，预备性、收尾性工作的含义是什么。所谓“预备性工作”是指在工作前的一段合理时间内，从事与工作有关的准备工作，诸如运输、备料、准备工具。所谓“收尾性工作”指在工作后的一段合理时间内，从事与工作有关的收尾工作，诸如清理、安全储存、收拾工具和衣物。[①] 从对预备性工作及收尾性工作的内容界定可以看出，这种工作的内容与其本职工作之间是直接相关的，因此应当认为是工作的一部分。第二，预备性工作、收尾性工作的工作时间是其工作的自然地前后延伸，即是在其标准工作时间的前、后开展的预备性、收尾性工作。从时间的延续性上看，虽然其已在标准工作时间以外，但其与标准工作时间具有延续性，且活动内容亦与工作相关，因此应当被认定为工作时间。正是基于前述考虑，关于这一问题人们已基本达成共识：认为职工从事的与工作有关的准备性、收尾性工作的时间应当认定为属于工作时间。也因此《工伤保险条例》第14条第2项作出了肯定性的规定：“职工有下列情形之一的，应当认定为工伤：……（二）工作时间前后在工作场所内，从事与工作有关的预备性或者收尾性工作受到事故伤害的。”显然这是更为科学、合理的规定。该规定对于人们的工作在时间上存在一种合理的前后延伸予以了肯定，是对客观生活的一种正视。这将更合理地保护劳动者及用人单位的合法权益，并且有利于引导劳动关系的和谐有序。

---

① 国务院法制工作办公室、人力资源和社会保障部法制司、人力资源和社会保障部法规司、工伤保险司编：《工伤保险条例释义》，中国法制出版社2011年版，第38页。

（三）各种加班加点延长工作的时间

加班加点时间是在标准工作时间以外增加的工作时间，主要包括加班和加点两种情况。所谓加班是指在法定节假日或者公休日进行工作，而所谓加点是在正常工作日延长工作时间进行的工作。也就是说无论是加班还是加点都是在前述标准工作时间之外进行工作。那么在这一时间段内发生的与工作有关的事故是否应当被认定为工伤？有一种观点认为，不应当认定为工伤，其理由是这不是在法定或约定的工作时间内。但是这一观点显然是值得商榷的，因为既然被称为“加”班、“加”点，即对工作时间本身的一种延长，也就是说标准意义上的加班、加点一定是为完成工作而延长的工作时间。也因此，我国法律中才会对加班、加点的工资支付作出一系列的相应规定。从加班、加点的工资支付的规定亦可反推出我们在法律上承认加班、加点为工作内容，其工作的时间当然亦为工作时间。当然实践中也可能存在以加班、加点工作为名完成私人事宜的情况，但这是判断是否为加班、加点的问题，而不是加班加点时间是否属于工作时间的问题。因此，针对实践中可能出现的一些混淆现象我们在理解这一问题时需要分以下两个层次：第一，判断某职工的情况是否属于真正的加班、加点，在实践中往往需要由劳动者举证证明的是其在该时间处于工作场所内即可。如果用人单位否认其在该时间为加班、加点则应由单位承担举证责任，即证明其非为加班。这里需要进一步澄清的一个问题是，在计算加班工资时一般单位会有其相应的制度，比如需要单位批准才能加班，并在此基础上领取加班费。但是，如果其是在标准工作时间以外在工作场所完成工作内容，但因不符合单位的加班制度而不能获得加班费的情况下，不能以此为依据否认其构成工伤。即可以因为单位的相关的规章制度使得其不享受加班费，但是其加班的事实使得其受工伤保险制度的保护。第二，在对其行为进行判断后，如果为加班、加点则其遭受事故的情况在符合其他工伤认定条件的情况下应当被认定为工伤；当然如果有证据证明其是从事与工作无关的私人事务则其不能被认定为工伤。综上所述，加班加点的工作时间作为可以被认定为工伤的工作时间应当是没有太大争议的问题，问题的关键是个案中劳动者认为的加班加点是真正的加班加点，还是以加班加点的名义完成其私人事务，而这一问题的证明责任主要在用人单位。这一点被《工伤保险条例》第 19 条第 2 款所确认，“职工或者其近亲属认为是工伤，用人单位不认为是工伤的，由用人单位承担举证责任”。

（四）在工作场所，因满足吃饭、喝水或工间休息等人体正常生理、生活需要的时间

在工作场所因满足吃饭、喝水、上厕所或者工间休息等人体正常生活、生理需求的时间是否算作工作时间，进而认定在此期间发生的事故为工伤事故？关于这一问题有不同的观点，第一种观点认为，不能被认定为工伤，原因很简单，既然吃饭、喝水、上厕所、工间休息等是属于其生理、生活需求自然不是工作，所以不应该认定为工伤。第二种观点认为，对于因满足吃饭、喝水、工间休息等人体正常生活、生理需求的，若职工已经离开工作场所的则不应该认定为工伤，而如果职工并未离开工作场所的仍应认定为工作时间。第三种观点认为，需要根据不同情况区别对待，即在约定的工作时间内的工间休息属于工作时间，而在约定的工作时间段之间的工作间歇则不属于工作时间。第四种观点认为，工作间歇用餐、休息是劳动者作为人必要的正常生理需求，是保证劳动者劳动能力的必要条件，因此应当认定为工作时间。关于这一问题的实质是，对于劳动者我们是仅将其看成是生产资料的一种还是将其作为一个有生命的特殊生产资料，即将其作为一个人来看待。劳动力作为生产环节中的特殊的生产要素其最主要的特殊性在于，为了维持其工作的能力必需适时满足其吃饭、喝水、上厕所、休息等必要的生理需求。因此，允许劳动者在工作的过程中解决其必要的生理需求既是人之常情又是无法被回避的客观需要。基于劳动力的这一特征，劳动者在工作场所因满足吃饭、喝水、工间休息等人体正常生理需求的时间应当被认定为工作时间。因此，可以说第一种观点是不可取的。但是我们也注意到第二种观点及第三种观点中提出的问题，这些观点提醒我们确实应当更为细致地理解前述正常生理需求解决的时间，以明确可能发生的争议。其中，第二种观点中提到，如果已经离开工作场所的则不应认定为工伤，这种提法应当是没有问题的，但其中的关键是对于工作场所的判断，关于工作场所的判断问题将在后面的章节中予以详述，在此不多言。第三种观点中提出，在约定的工作时间段之间的休息不应作为工作时间，因此其间发生的事故也不应认定为工伤，这种提法主要阐明的是如果双方在劳动合同中约定了几段工作时间，则各段工作时间之间的时段则为下班的时间，那么在下班期间解决个人的生理需求当然不能认定为工伤。综上所述，可以说第二、第三、第四种观点之间并不存在冲突，只是在从不同的角度阐述这一问题，其观点均有其可取性，总结起来的主旨是对于劳动者在工作过程中解决其吃饭、喝水、上厕所、工间休息等必要的生理需求的时间应当作为工作时间对待，在此期间发生的事故应当被认定为是工伤。只是在实践判断时需要确定好其是在工作场所、工作期间发生。

（五）在工作场所，换班、代班或者备班的时间

换班、代班作为工作时间，并认定期间的事故为工伤在实践中没有太大的争议。但是，对于实行备班制度的单位，职工的备班期间是否属于工作时间因为在法律上没有明确的规定，所以产生了较大的争议。所谓的备班制度，是指两个或者两个以上的职工同时在岗，一部分人工作，另一部分人随时待命准备工作的制度。备班制度的实施主要取决于工作岗位的需求，比如在实践中锅炉房有两个锅炉，且锅炉需要24小时运行，为保证安全必须有人备班，即一个人在岗位上一个人在备班，锅炉出现问题时两个人共同解决。对于在工作的这部分人认定工伤是没有争议的，但是对于待命的那部分人在备班期间是否属于工作时间存在不同的观点：一种观点认为，由于我国《工伤保险条例》及其他相关劳动法律制度中没有明确规定备班制度，因此职工备班时间不属于工作时间，在此期间内伤亡的也不能认定为工伤。这种观点以法律未规定作为依据即否认工伤的构成是值得商榷的。另一种观点认为，在备班期间职工随时处于待命状态，该时间不是劳动者可以自由支配的休息时间，劳动者需要在单位指定的地点“休息”，并随时可能进入工作状态，因此应当认为其备班期间为工作时间，其间发生的伤亡应当被认定为工伤。可以看出，认识这一问题的关键在于如何认识“备班”的性质，即“备班”在本质上是休息还是工作，发生争议的基础便在于备班即有工作的特点，比如在单位指定的场所、听从单位的指挥等，又有休息的特点，比如在备班期间不从事任何劳动，即属于一种“准休息状态”。但这一状态从本质上说应当属于工作状态而不是休息状态，因为工作与休息的主要区别在于这一时间段的主宰者是否是劳动者。如果是休息时间则由劳动者进行自由支配，但备班期间的时间显然不是由劳动者自由支配的，在备班期间劳动者需要听从单位的指挥随时准备开始工作。因此，从本质上讲，劳动者在备班期间应当属于工作时间，其在此期间发生的伤亡应当被认定为工伤。综上所述，虽然《工伤保险条例》等劳动法律制度中未对备班制度进行明确的规定，但是认定在备班期间属于工作时间，且在备班期间发生的伤亡属于工伤是符合条例精神的，更是符合对劳动者的合法权益进行保护的要求的。

（六）松散型管理企业职工为完成工作任务、从事与本单位工作性质相关的活动的时间

松散型管理是基于现代经济社会中电子办公设备的普及，使得一些单位对于员工管理比较松散。在这种管理模式下，传统制度中的工作时间、工作场所等要素的特点发生了一些变化，劳动者的工作时间呈现出了更为灵活的特点。一般来说，松散型管理的员工在完成工作任务，从事与本单位工作性质相关的活动的时间应当被认为是工作时间，其间发生伤亡应当被认定为工伤。因为在松散型的管理中，工作时间与标准工作时间从9:00～17:00等不同，无法确定具体的时间段作为工作时间，因此主要的判断标准是其工作内容，即其从事的是与其工作相关的活动。这使得在实践中劳动者方面的举证责任更重。

（七）完成用人单位临时指派工作的时间

用人单位临时指派是基于工作需要由单位临时将劳动者指派到平常的工作场所以外的地方开展工作的情况，因为这是单位进行的指派，且是为完成工作任务，所以应当认为是工作时间。需要注意的是，在实践中关于这一问题的争议点在于是否是单位进行的指派，对于临时性指派应当本着保护劳动者合法权益的精神，不能够对发出指派命令的人员和程序作特别严格的要求，一般作为劳动者领导的各级负责人的指派都应当被认可。另外，临时指派的情况下工作时间将变得相对灵活，因此在进行判断时应综合考虑单位指派的意图、内容和劳动者具体从事的工作内容进行判断。

（八）因工外出期间

因工外出在很多工作岗位是比较常见的一种现象，又由于外出期间的不确定因素更多，所以在外出期间发生工伤事故的案例也并不罕见。因此，关于因工外出期间是否构成工伤的问题在《工伤保险条例》及最高人民法院的司法解释等文件中均对其进行了规定。《工伤保险条例》第14条第5项规定："职工有下列情形之一的，应当认定为工伤：……（五）因工外出期间，由于工作原因受到伤害或者发生事故下落不明的。"可见，在《工伤保险条例》中确认了在因工外出期间因工作原因发生的伤亡等事故应当认定为工伤。此后人力资源和社会保障部《关于执行〈工伤保险条例〉若干问题的意见》（以下简称《意见》）第1条即是对《工伤保险条例》第14条第（5）项的解释，其内容为："《工伤保险条例》（以下简称《条例》）第十四条第（五）项规定的'因工外出期间'的认定，应当考虑职工外出是否属于用人单位指派的因工作外出，遭受的事故伤害是否因工作原因所致。"人力资源和社会保障部的《意见》中着重强调了"因工"和"事故原因"这两个判断是否为工伤的核心要素。但是，进行分析后会发现《意见》中将"因工"仅锁定在考虑职工外出是否属于用人单位指派的因工外出，然而在实践中的"因工外出"不应仅包括单位指派还会包括非单位指派而基于工作需要的因工外出。因此，在2014年最高人民法院的司法解释中又进行了更为完善的规定，同时为了使司法实践中"因工外出"更为明确，最高人民法院在其司法解释中对"因工外出"的情形进行了更为清晰的列举。最高人民法院《关于审理工伤保险行政案件若干问题的规定》第5条规定："社会保险行政部门认定下列情形为'因工外出期间'的，人民法院应予支持：（一）职工受用人单位指派或者因工作需要在工作场所以外从事与工作职责有关的活动期间；（二）职工受用人单位指派外出学习或者开会期间；（三）职工因工作需要的其他外出活动期间。职工因工外出期间从事与工作或者受用人单位指派外出学习、开会无关的个人活动受到伤害，社会保险行政部门不认定为工伤的，人民法院应予支持。"

对于因工外出期间可以构成工伤这一观点不存在太大的争议，但是在用人单位长期外派工作的员工在外派期间发生的可能有构成工伤的情形是否适用“因工外出”的相关规定存在着争议。通过对北京、天津、四川等地方性制度的考查，可以看到其规定都倾向于长期在外出差的工伤认定不适用“因工外出”的规定。比如北京市高级人民法院《关于审理工伤认定行政案件若干问题的意见（试行）》第8条规定：“对于用人单位长期外派到外地工作的职工遭受事故伤害的，其工伤认定一般不能直接适用‘因工外出期间’的规定。”天津市高级人民法院《关于审理工伤认定行政案件若干问题座谈会纪要》第13条规定：“对于用人单位长期外派到外省市工作的职工发生事故伤害的，应当按照《工伤保险条例》第十四条第（一）（二）（三）项进行审查，而不应按照因工外出审查。”分析长期因工外出的性质，发现确实不宜将长期外出期间均当作因工外出处理，因为长期外出期间的工作及生活情况与非外出期间是基本一致的，即其间有工作的时间亦有正常的休息时间，也就是说其在长期外出期间也有正常的上班、下班时间，那么其在下班期间发生的与工作无关的伤亡便不宜认定为工伤。因此，长期外出期间的工伤认定不按照因工外出审查是比较合理的规定。

案例14

◎ 基本案情

古某某与王某某（死者）系夫妻关系，王某某与贵阳燎原电器设备厂于2013年5月30日签订劳动合同书，合同期限为2013年5月30日至2014年5月30日。合同约定，王某某的工作岗位为“销售”，工作地点为贵州省内。该厂为其申办了社会保障卡。2013年6月19日，王某某受贵阳燎原电器设备厂派遣至贵州省道真县出差，开展该厂产品销售工作，因其家在道真，遂于2013年6月21日上午回家与家人团聚。2013年6月22日下午14时，王某某在家中午休期间突发疾病，其妻古某某见其病情严重，遂将其送至重庆西南医院治疗、抢救。2013年6月24日上午9:30分，王某某经抢救无效死亡，经西南医院诊断的死亡原因为：“（1）双肺重症肺炎；（2）Ⅱ型呼吸衰竭；（3）高血压性心脏病，心功能Ⅲ级；（4）高血压病3级高危；（5）脂肪肝；（6）高脂血症；（7）肺栓塞。”2013年7月10日，贵阳燎原电器设备厂向贵阳市花溪区人力资源和社会保障局递交了王某某的工伤认定申请表及相关材料。贵阳市花溪区人力资源和社会保障局于2013年7月12日受理后，于2013年7月16日作出工认字〔0105201332684〕号《不予认定工伤决定书》。古某某收到该决定书后不服，诉至法院，请求撤销贵阳市花溪区人力资源和社会保障局作出的工认字〔0105201332684〕号《不予认定工伤决定书》，责令被告对王某某因公死亡作出工伤认定。

◎ 争议问题

王某某在道真死亡的情况是否属于因工外出期间因病死亡？

◎ 相关法条

《工伤保险条例》

第十五条第一项 职工在工作时间和工作岗位，突发疾病死亡或者在48小时之内经抢救无效死亡的，可以视同工伤。

最高人民法院《关于审理工伤保险行政案件若干问题的规定》

第五条 社会保险行政部门认定下列情形为“因工外出期间”的，人民法院应予支持：（一）职工受用人单位指派或者因工作需要在工作场所以外从事与工作职责有关的活动期间……

◎ 结论和评析

经审理，一审法院认为，贵阳市花溪区人力资源和社会保障局作出的工认字〔0105201332684〕号《不予认定工伤决定书》的具体行政行为基本事实清楚、程序合法、证据确凿、适用法律、法规正确。判决：维持被告贵阳市花溪区人力资源和社会保障局工认字〔0105201332684〕号《不予认定工伤决定书》。宣判后，上诉人古某某不服，提起上诉，以“王某某系单位安排其在家乡道真县出差，其工作的主要内容是利用人脉关系联系客户，工作性质的特殊性决定了工作场所和工作时间的不特定性。原判认定王某某并非

在工作时间和工作岗位突发疾病死亡属于认定事实错误”等为由，请求撤销原判，并依法改判支持上诉人的一审诉讼请求。二审法院经审理认为，贵阳市花溪区人力资源和社会保障局作出《不予认定工伤决定书》的具体行政行为证据不足，适用法律错误，依法应予撤销。原判认定王某某突发疾病死亡并非在工作岗位和工作时间，属于认定事实错误，应依法予以纠正。综上所述，上诉人古某某的上诉理由成立，予以采信。原判认定事实不清，适用法律有误，依法予以改判。据此判决：（1）撤销贵州省贵阳市花溪区人民法院〔2013〕花行初字第35号行政判决；（2）撤销贵阳市花溪区人力资源和社会保障局作出的工认字〔0105201332684〕号《不予认定工伤决定书》；（3）贵阳市花溪区人力资源和社会保障局依法对王某某重新作出具体行政行为。

显然在本案的审理过程中一审、二审法院的观点不同，经分析后可以看到关键点在于，王某某在道真家中午休时发病后经抢救无效死亡是否属于工作时间、工作地点。对这一问题的进一步了解发现贵阳燎原电器设备厂在遵义市设有办事处，但未向本单位员工提供住宿场所，王某某于2013年6月19日至20日在遵义市出差期间系自行安排住宿。贵阳燎原电器设备厂在道真县未设办事处，亦没有为王某某提供住宿场所。那么，首先，王某某系受贵阳燎原电器设备厂派遣前往道真县出差，利用其自身在道真县的人脉关系开拓市场。考虑到王某某家在道真县，贵阳燎原电器设备厂亦未为王某某安排专门的工作、住宿场所的事实，从工作便利及经济节约的角度看，其在家中开展工作合乎情理，认定王某某家中为工作岗位符合一般的社会经验判断。其次，王某某与贵阳燎原电器设备厂签订的劳动合同约定“每日工作时间不超过8小时，每周工作时间不超过40小时”，从合同的内容来看，双方虽然对每日工作时间及每周工作时间作了约定，但对每日工作时间的起止并未明确。从《工伤保险条例》的立法精神看，对工作时间应作广义的理解，即包括劳动中的休息间隙。且从本案查明的事实看，王某某系在道真县出差，工作时间不固定，亦未有充足的证据证明王某某突发疾病前后存在严重偏离工作范畴的行为，故认定王某某系在工作时间突发疾病死亡一方面具有事实依据，另一方面也更契合《工伤保险条例》的立法本意，有利于保护劳动者的合法权益。因此，认定王某某的情况构成工伤是更为科学的结论。

二、工作场所

（一）标准工作场所

这里所指的标准工作场所即是职工日常工作的场所，即与职工工作相关的、用人单位能够对其日常生产经营活动进行有效管理的区域以及自然延伸的合理区域。标准工作场所不仅包括职工工作的操作区，还应当包括其为完成工作进行准备、收尾等工作的区域，及其为满足吃饭、喝水、睡觉等生理、生活需求的区域。也就是说，标准工作场所可以分为从事本职工作场所和满足相关生理需要的场所两部分，其中从事本职工作的场所又可分为工作操作区及准备、停顿、收尾区域。那么，实践中在工作操作区内的伤亡事故很少发生工作场所的争议，但准备、停顿、收尾区域及满足生理需要的区域是易发生争议的问题。

案例 15

◎ 基本案情

肖某某是江苏飞达工具股份有限公司的职工。2012 年 12 月 9 日 10 时左右，肖某某在江苏飞达工具股份有限公司车间锻打作业时因勾子打滑不慎扭伤右足，即被送往丹阳市新桥镇卫生院治疗，诊断为右足第五跖骨骨折。2013 年 3 月 22 日，丹阳市劳动人事争议仲裁委员会作出丹劳人仲案字〔2013〕第 370 号仲裁裁决书，确认肖某某与江苏飞达工具股份有限公司自 1996 年 9 月至 2012 年 12 月 9 日存在劳动关系。肖某某于 2013 年 4 月 15 日向丹阳市人力资源和社会保障局提出工伤认定申请，并提供相关材料。丹阳市人力资源和社会保障局经审查后，予以受理，于当日向江苏飞达工具股份有限公司发出限期举证通知书，并用挂号信邮寄给江苏飞达工具股份有限公司。江苏飞达工具股份有限公司未在举证期限内提出异议。丹阳市人力资源和社会保障局根据肖某某提供的材料，依据《工伤保险条例》第 14 条第（1）项的规定，于 2013 年 6 月 24 日作出丹人社工〔2013〕第 404 号认定工伤决定书，认定肖某某所受的伤害为工伤。江苏飞达工具股份有限公司不服，

向丹阳市人民政府申请行政复议。丹阳市人民政府于2013年10月8日作出决定，维持丹阳市人力资源和社会保障局作出的认定工伤决定。江苏飞达工具股份有限公司仍不服，遂诉至法院。

◎ 争议问题

肖某某的情况是否构成工伤？

◎ 相关法条

《工伤保险条例》

第十四条第（一）项 职工有下列情形之一的，应当认定为工伤：（一）在工作时间和工作场所内，因工作原因受到事故伤害的……

◎ 结论和评析

一审法院经审理后认为，丹阳市人力资源和社会保障局作出的丹人社工〔2013〕404号认定工伤决定所认定的事实清楚，程序合法，适用法律正确，因此对江苏飞达工具股份有限公司要求撤销被告作出的工伤认定决定的诉讼请求，不予支持。判决驳回江苏飞达工具股份有限公司要求撤销丹阳市人力资源和社会保障局于2013年6月24日作出的丹人社工〔2013〕404号认定工伤决定的诉讼请求。案件受理费50元，由江苏飞达工具股份有限公司负担。江苏飞达工具股份有限公司不服一审判决提出上诉，二审法院认为本案中肖某某在江苏飞达工具股份有限公司车间工作时受伤，符合法律规定的情形，丹阳市人力资源和社会保障局据此认定肖某某构成工伤并无不当。原审法院判决认定事实清楚，适用法律正确，审判程序合法，应予以维持。判决驳回上诉，维持原判。

本案中肖某某在车间锻打作业时因勾子打滑不慎扭伤右足，是在前述的标准工作场所内受的伤，因此完全符合《工伤保险条例》第14条第1项的规定“职工有下列情形之一的，应当认定为工伤：（一）在工作时间和工作场所内，因工作原因受到事故伤害的……”因此，本案中法院认定的肖某某构成工伤无疑是正确的。

（二）职工为完成特定工作所涉及的相关区域

这里的所谓完成特定工作所涉及的相关区域可以认为是前述标准工作场所的一种合理延伸，其延伸的合理性在于职工在工作的过程中出现了特定的任务，即与其平时完成的工作内容不同的工作任务，为完成这一工作任务需要在工作场所上临时有所变动。比如，李某是A公司的员工，其工作岗位是会计，但因某次公司接收上级单位的检查临时抽调李某到检查接待组完成接待工作，在完成这一特定任务的过程中李某的工作场所将不同于其完成其本职工作的标准工作场所，那么其在完成特定工作任务时所涉及的区域同样应当认为是属于工作场所。如果在这些区域发生工伤事故，自然不能够以其超出工作场所范围而否认其构成工伤。

（三）因工外出所涉及的区域

前述在讨论工伤认定的工作时间的问题时已详细阐述因工外出期间的工伤认定问题，这里所讨论的因工外出所涉及的区域是与前述因工外出期间相关联的一个问题。即仍然是依据《工伤保险条例》第14条第5项的规定，职工因工外出期间，由于工作原因受到伤害或者发生事故下落不明的，应当认定为工伤。将职工因工外出期间为工作需要所涉及的场所作为工作认定中的工作场所进行处理，而不能够以其外出期间不在工作场所为由拒绝认定其为工伤。即依据《工伤保险条例》第14条第5项的规定，职工在外出期间因工作需要所涉及的区域及其自然延伸的合理区域均为工作场所。

（四）职工来往于多个与其工作相关的工作场所之间的必经区域

这个问题探讨的是用人单位存在多个工作区域情况，即用人单位的工作区域不唯一且分散处于不同地点。在这种情况下，劳动者为完成其工作内容可能需要来往于不同的工作区域之间，如果将不同工作区域间的必经之路排除在工作场所之外，显然是有悖于生活常识的，当然是与工伤保险制度的设计初衷相违背。因此，《工伤保险条例》第14条第1项中规定的职工在工作时间和工作场所内，因工作原因而受到事故伤害的属于工伤。其中的工作场所应当包括职工来往于多个与其工作相关的工作场所之间的必经区域。

三、工作原因

（一）标准工作原因

所谓标准工作原因即劳动者在其工作岗位完成其本职工作的过程受到事故伤害从而引发的工伤认定中的工作原因。标准工作原因即《工伤保险条例》第14条第（1）项中规定的，职工在工作时间和工作场所内，因工作原因而受到的伤害，属于工伤中最为典型的工作原因，或者说在实践的工伤认定争议中最不容易发生争议的工作原因。

（二）从事与工作有关的准备性或收尾性工作

关于从事与工作有关的准备性或收尾性工作的问题，我们曾在工作时间问题的探讨中进行了较为详细地阐释，在这里不再作过多的赘述。只是强调一下，从工作原因的角度上讲，劳动者在从事与其工作有关的准备性或者收尾性工作应当作为其工作的必要延伸，即应当将其认为是属于工作原因范畴。《工伤保险条例》第14条第（2）项规定，职工工作时间前后在工作场所内，从事与工作有关的预备性或者收尾性工作受到事故伤害的，应当认定为工伤。即是对有关准备性或收尾性工作的规定，确认了准备性或收尾性工作的性质，因此而受到的伤害应当认定为工伤。

（三）因履行工作职责受到暴力等意外伤害的

《工伤保险条例》第14条第（3）项规定，职工在工作时间和工作场所内，因履行工作职责受到暴力等意外伤害的，应当认定为工伤。此外，劳动和社会保障部的规定中又对此问题进行了进一步的补充，其中劳动和社会保障部办公厅《关于对〈工伤保险条例〉有关条款释义的函》（劳社厅函〔2006〕497号）中指出“因履行工作职责受到暴力等意外伤害”中的因履行工作职责受到暴力伤害是指受到的暴力伤害与履行工作职责有因果关系。而劳动和社会保障部2007年7月2日《关于工伤认定中因履行工作职责受到暴力等意外伤害界定问题的函》（劳社秘〔2007〕157号）中则指出，国务院《工伤保险条例》第14条第（3）项“在工作时间和工作场所内，因履行工作职责受到暴力等意外伤害的”，应理解为有岗位职责并明确具体行为规定，其具有履行岗位职责权利的人员在工作时间和工作场所内受到暴力等意外伤害的应认定为工伤。

前述规定显然已经确认了因履行工作职责受到暴力等意外事故的应当认定为工伤。但在实践中遭受暴力等意外事故在认定工伤的过程中仍有以下几个需要进一步厘清的问题。

1. 在工作过程中因他人对其个人履行职责不满受到的意外伤害应当认定为工伤

在工作过程中因他人对其个人履行职责不满受到的暴力等意外伤害是缘自劳动者的职责履行，因此应当认定为工伤。具体包括以下两个方面：其一，他人认为其履行职责不到位产生不满造成的伤害，比如他人认为其服务不够周到产生不满进而造成的伤害，应当认定为工伤；其二，他人对其正当履行职责不满造成的伤害，比如医院的保安人员阻止病人家属在非探视时间进入病房区域引发家属不满进而造成的伤害，亦应当认定为工伤。

2. 在工作过程中因他人对其工作单位不满对其造成的伤害应当认定为工伤

在工作过程中因他人对其工作单位不满对其造成的伤害，即不是出于对其本人履行职责行为的不满，而是因对其所在单位不满进而造成的伤害。亦即伤害人的伤害行为针对的是单位的员工，但并未想只针对被伤害劳动者，被伤害的劳动者只是恰好在伤害制造者作出伤害行为时位于所在的岗位。比如，陈某家属在某医院医治无效死亡，陈某便随机挟持并伤害了该院的某位医生，该医生并非为其家属进行治疗的医生。在这种情况下，受到伤害的医生应当被认定为工伤。

3. 在工作过程中与其他工作人员之间因工作纠纷造成的伤害应当认定为工伤

在工作过程中与其他工作人员之间发生纠纷并不是罕见的情况，但能否构成工伤需要作进一步的区分：如果工友之间的纠纷是由工作原因引起的，即在工作中因对工作操作的理解不同造成的纠纷进而引发的伤害应当被认定为工伤；而如果工友之间纯粹因个人原因产生的纠纷进而造成的伤害不应当认定为工伤。当然，在这一问题的认识上存在着不同的观点，有一种观点认定在工作时间和工作场所内，用人单位就负有保障劳动者人身安全的义务。如果发生了伤害，不管是谁造成的，都应该认定为工伤。对此，笔者赞成以纠纷是否因工作引起作为认定工伤的标准这一观点。凡是因工作引起的纠纷受到的伤害即应当被认定为工伤。

4. 在工作过程中因工作设施不完善、管理不善等造成的意外伤害应当认定为工伤

在工作过程中受到的意外伤害不仅可能来自人的暴力，还可能因设施、设备等的不完善或者损害造成伤害，比如因地震、山体滑坡、厂区爆炸、失火、车间房屋倒塌等原因造成对劳动者的伤害。即在工作时间和工作场所内，可能由于用人单位的设备或设施不完善、劳动环境不良或者管理不到位等不安全的因素造成对劳动者的伤害，以上情况应当被认定为工伤。

5. 在工作过程中因个人纠纷受到的意外伤害不应当认定为工伤

在工作过程中受到他人伤害的，如果是由于个人原因引起的，则不应当被认定为是工伤，无论这种伤害是否来自工作伙伴。关于这一问题已在前面的内容中作了讨论，在这里不再赘述；来自用人单位以外的人，比如因家庭纠纷岳父母到单位对某人进行了人身伤害，这种情况下当然不能被认定为工伤。

案例16

◎ 基本案情

吴某某原系赫弗盛公司员工。2013年8月20日上午，吴某某在进行分拣工作的过程中，因检验负责人张某某指责其不对，双方发生争执，后吴某某被张某某打伤左侧肋部。纠纷发生后，吴某某至上海市青浦区练塘镇社区卫生服务中心就诊，X片显示左侧第10后肋骨折；至中山医院就诊，CT显示左侧第2、3、8、10肋骨骨折；至华东医院就诊，CT显示左侧第2、3、8、9、10、11肋骨骨折伴骨痂形成。2014年5月20日，吴某某向上海市青浦区人力资源和社会保障局（以下简称青浦人保局）申请工伤认定，青浦人保局于同年5月28日受理。青浦人保局经调查核实，于同年6月20日作出青浦人社认〔2014〕第1260号工伤认定，查明吴某某于2013年8月20日工作期间被车间主任张某某打伤左侧肋部，经复旦大学附属中山医院青浦分院（以下简称中山医院）和复旦大学附属华东医院（以下简称华东医院）诊断为第2、3、8、9、10、11肋骨骨折，吴某某受到的事故伤害符合《工伤保险条例》第14条第（3）项、《上海市工伤保险实施办法》第14条第（3）项之规定，属于工伤认定范围，予以认定为工伤。赫弗盛公司收到工伤认定书后不服，诉至法院，请求撤销青浦人保局所作工伤认定。

◎ 争议问题

1. 吴某某与张某某的纠纷属于什么性质?
2. 吴某某的情况是否应当被认定为工伤?

◎ 相关法条

《工伤保险条例》

第十四条第（三）项 职工在工作时间和工作场所内，因履行工作职责受到暴力等意外伤害的，应当认定为工伤。

《上海市工伤保险实施办法》

第十四条第（三）项 从业人员有下列情形之一的，应当认定为工伤：（三）在工作时间和工作场所内，因履行工作职责受到暴力等意外伤害的。

◎ 结论和评析

一审法院经审理后认为，2013年8月20日，吴某某在赫弗盛公司进行分拣、检验产品的过程中，因张某某指责其工作方式而与之发生争执，后吴某某被打伤肋部。吴某某作为赫弗盛公司员工，在工作时间和工作场所内，因履行工作职责而与他人发生纠纷，之后遭受暴力伤害，青浦人保局依据所取证据，认定该事故属于在工作时间和工作场所内，因工作原因受到暴力伤害的情形并无不当。赫弗盛公司的主张于法无据，不予采纳。青浦人保局所作工伤认定事实清楚、适用法律法规正确。判决驳回赫弗盛公司的诉讼请求。判决后，赫弗盛公司不服，提起上诉。二审法院认为上诉请求和理由不能成立，原审判决驳回赫弗盛公司的诉讼请求正确，应予维持。据此判决驳回上诉，维持原判。

1. 吴某某与张某某的纠纷属于什么性质

在本案中，作为用人单位的赫弗盛公司认为不应当构成工伤的主要理由是认为这起事件的起因是吴某某，且这只是一起单纯的打架事件与工作无关。但根据吴某某申请工伤认定时提交的公安机关询问笔录的摘抄资料，以及青浦人保局对吴某某、张某某、李某所作的工伤认定调查记录，能够证明吴某某与张某某因工作原因发生争执，后被张某某打伤致左侧肋骨骨折的事实。吴某某的受伤情形属于在工作时间和工作场所内，因履行工作职责受到暴力伤害，而非赫弗盛公司所说的单纯的打架事件。

2. 吴某某的情况是否应当被认定为工伤

本案中，因为吴某某受到伤害的时间与场所是在其工作时间与工作场所，这一点双方不存在任何争议。那么，吴某某的情况是否构成工伤的关键在于其被伤害的原因是否为工作原因，这也是案件的核心争议点。在这一点上，正如前述第一个问题作出的分析，案件中的一系列证据可以证明吴某某所受到的伤害是由于工作原因所引起的。那么结合工作时间与工作场所的条例，本案中吴某情况符合《工伤保险条例》第 14 条第（3）项的规定，职工在工作时间和工作场所内，因履行工作职责受到暴力等意外伤害的，应当认定为工伤。故青浦人保局认定吴某某构成工伤的工伤认定结论是正确的。

讨论案例

◎ 基本案情

宋某某原系俊臣公司喷涂车间主任。2014 年 7 月 21 日 13 时左右，宋某某因检查维修生产线事宜与下属吴某某发生争执。其间，宋某某先动手推吴某某，继而双方互相推搡，随后各持一铁杆对峙。宋某某的另一下属李某某见事态严重，上前劝架并抱住宋某某，被宋某某手中的铁杆打到肩部，李某某对此颇为恼怒，因而捡起地上的扁长形铁器，将宋某某头部打伤，导致其右侧额顶部硬膜外血肿，颅骨骨折，头皮裂伤。经鉴定，上述伤势已构成重伤。上海市奉贤区人民法院于2014年11月25日作出〔2014〕奉刑初字第1662号刑事判决，李某某犯故意伤害罪，判处有期徒刑二年，宣告缓刑二年。2014年12月22日，宋某某向奉贤区人保局提出工伤认定申请，要求对其2014年7月21日发生的伤害事故认定工伤。奉贤区人保局于同年12月31日依法受理，并于2015年2月27日作出奉贤人社认〔2014〕字第5469号《不予认定工伤决定书》，对于宋某某受到的伤害不予认定或者视同工伤。奉贤区人保局将《不予认定工伤决定书》分别送达宋某某及俊臣公司。宋某某不服，诉至法院，请求撤销被诉决定。

◎ 争议问题

本案中宋某某的情况是否构成工伤？

（四）职业病

《工伤保险条例》第14条第4项规定，患职业病的应当认定为工伤。那么在职业病工伤认定中的两个必须清晰的问题是：其一，哪些疾病属于职业病范畴；其二，某劳动者所患疾病是否属于职业原因导致。对于第一个问题，即职业病的范围应当以2013年国家卫生计生委、人力资源和社会保障部、国家安全监管总局、全国总工会联合发布的《职业病分类和目录》为准。按照该目录的规定，属于职业病的疾病包括以下十类（共132种）：（1）职业性尘肺病及其他呼吸系统疾病（19种），包括①尘肺病（13种），②其他呼吸系统疾病（6种）；（2）职业性皮肤病（9种）；（3）职业性眼病（3种）；（4）职业性耳鼻喉口腔疾病（4种）；（5）职业性化学中毒（60种）；（6）物理因素所致职业病（7种）；（7）职业性放射性疾病（11种）；（8）职业性传染病（5种）；（9）职业性肿瘤（11种）；（10）其他职业病（3种）。不属于《职业病分类和目录》上的疾病不得适用《工伤保险条例》第14条第4项的规定认定工伤。对于第二个问题，即某劳动者患有《职业病分类和目录》中的某种疾病，但是若其患病的原因不是其工作环境所致，则亦不能够认定为工伤。比如，王某患有尘肺病，该病属于《职业病分类和目录》中的第一类，但如果其工作环境中并没有烟尘，其患病的原因是其居住环境所致，当然不能够被认定为工伤。需要注意的复杂情况是，如果其工作环境与居住环境中均有烟尘，在其患尘肺病后是否应当认定为工伤？在这种情况下需要进行具体分析，如果是工作的原因导致疾病的可能性更大则应当认定为工伤。此外，职业病必须经法定的卫生部门确诊方可作为认定工伤的依据。

案例 17

◎ 基本案情

俞某于 2008 年 3 月 7 日至 8 月 16 日在原上海世纪联华西部商业有限公司铜川店（以下简称世纪联华铜川店）做美工，之后因病请假，于 2008 年 11 月 23 日至 27 日至瑞金医院住院，诊断为“霍奇金氏病”。2008 年 12 月 24 日，复旦大学附属肿瘤医院病理学会诊咨询意见为（左前纵隔）恶性淋巴瘤，倾向灰区淋巴瘤。2012 年 1 月 11 日，司法鉴定科学技术研究所司法鉴定中心出具鉴定意见书，鉴定结论为“目前不能完全除外被鉴定人俞某所患疾病与其工作环境、工作中所接触化学物质之间存在一定的联系。俞某患病后的休息期为 1230 日，护理期为 600 日，营养期为 600 日”。普陀人保局于 2013 年 1 月 30 日向申请人发出《提供证据通知书》（普陀人社认补字〔2013〕第 0066 号），要求俞某于 2013 年 2 月 20 日前提供“俞某被诊断为×××疾病的×××疾病诊断证明书或者×××疾病诊断鉴定书”的材料，俞某未提供。俞某的原用人单位世纪联华铜川店已于 2013 年 1 月 14 日注销，其权利义务由上海世纪联华西部商业有限公司（以下简称世纪联华公司）继承。普陀人保局认为俞某所患疾病不符合《工伤保险条例》《上海市工伤保险实施办法》第 14 条、第 15 条认定工伤或者视同工伤的情形，决定不予认定（或视同）工伤。俞某不服，提起行政复议。2014 年 6 月 3 日，上海市普陀区人民政府作出普府复决字〔2014〕第 21 号行政复议决定，维持了行政行为。俞某仍不服，诉至法院，请求撤销普陀人保局于 2014 年 1 月 22 日作出的普陀人社认〔2013〕字第 1540 号不予认定工伤决定的行政行为。

◎ 争议问题

1. 俞某患病的情况是否属于职业病?
2. 俞某的情况是否应当被认定为工伤?

◎ 相关法条

《工伤保险条例》

第十四条第四项 职工有下列情形之一的，应当认定为工伤：（四）患职业病的。

《上海市工伤保险实施办法》

第十四条第四项 从业人员有下列情形之一的，应当认定为工伤：（四）患职业病的。

◎ 结论和评析

一审法院审理后认为，根据《工伤保险条例》第19条的规定，×××疾病的诊断和认定应当根据×××疾病防治法的有关规定执行，对符合×××疾病目录的疾病可依法予以认定，且应当取得×××疾病诊断证明书或×××疾病诊断鉴定书。本案中，俞某提供的司法鉴定中心鉴定意见并不能代替×××疾病诊断证明，且对于法律、法规规定应当认定为工伤的其他情形，俞某也未能提供相应的依据，故普陀人保局根据《工伤保险条例》和《上海市工伤保险实施办法》第14条、第15条的规定，对俞某不予认定或视同工伤，认定事实及法律适用并无不当。普陀人保局所作不予认定工伤决定的主体适格、程序合法、认定事实清楚、适用法律正确，俞某请求撤销被诉行政行为缺乏事实和法律依据，不予支持。判决驳回俞某的诉讼请求。判决后，俞某不服，上诉于二审法院。二审法院审理后认为，上诉人未取得×××疾病诊断证明书或者×××疾病诊断鉴定书，其提供的司法鉴定中心鉴定意见并不能证明上诉人所患疾病系×××疾病，故上诉人不符合《工伤保险条例》第14条第（4）项规定的患×××疾病应认定为工伤的情形。上诉人系患疾病而非遭遇事故，其也不符合《工伤保险条例》第14条规定的其他可以认定为工伤的情形。被上诉人认为上诉人不符合认定工伤或视同工伤的情形，遂作出不予认定工伤的决定，认定事实清楚、适用法律正确。上诉人主张其疾病系因工作原因所致，应认定为工伤，但其未能提供相应的法律依据，故对上诉人的上诉理由和请求本院不予支持。原审判决驳回俞某的诉讼请求正确，应予维持。据此判决驳回上诉，维持原判。

1. 俞某患病的情况是否属于职业病

本案中行政主体及两审法院所持的观点均认为俞某的情况不构成工伤。俞某提出其在世纪联华铜川店从事美工工作期间，因长期超负荷工作并接触有毒化学物质，导致上诉人身患重病；且其疾病是侵袭性而非自身原发性肿瘤，属于因工作原因受到伤害，应当认定为工伤。在实践中，认定是否属于职业病需要以下两个环节的认定：其一，其所患疾病是否属于《职业病分类和目录》中的职业病范围；其二，其所患疾病是否因工作原因导致。在本案中，俞某未能提供法律上规定的相关诊断以证明其患有目录上所列的职业病，因此不能够满足第一项要求；此外，其也无法证明所患疾病为其工作原因所导致，亦不满足第二项要求。因此，俞某的情况不属于职业病的认定是合理的。

2. 俞某的情况是否应当被认定为工伤

如前一问题所述，俞某的情况不能够被认定为职业病，那么就不能够依据《工伤保险条例》第 14 条第（4）项的规定以职业病的理由认定为工伤。而俞某又不能提供其满足其他构成工伤的证据，所以认定其不构成工伤是正确的。

（五）因工外出

《工伤保险条例》第 14 条第（5）项规定：“职工有下列情形之一的，应当认定为工伤：……（五）因工外出期间，由于工作原因受到伤害或者发生事故下落不明的。”此后，《人力资源和社会保障部关于执行〈工伤保险条例〉若干问题的意见》（以下简称《意见》）第 1 条即是对《工伤保险条例》第 14 条第 5 项的解释，其内容为：“《工伤保险条例》（以下简称《条例》）第十四条第（五）项规定的‘因工外出期间’的认定，应当考虑职工外出是否属于用人单位指派的因工作外出，遭受的事故伤害是否因工作原因所致。”人力资源和社会保障部的《意见》中着重强调了“因工”和“事故原因”这两个判断是否为工伤的核心要素。但是，进行分析后会发现《意见》中将“因工”仅锁定在考虑职工外出是否属于用人单位指派的因工外出，然而在实践中的“因工外出”不应仅包括单位指派还会包括非单位指派而基于工作需要的因工外出。因此，在2014年最高人民法院的司法解释中又进行了更为完善的规定，同时为了使司法实践中“因工外出”更为明确，最高人民法院在其司法解释中对“因工外出”的情形进行了更为清晰的列举。最高人民法院《关于审理工伤保险行政案件若干问题的规定》第5条规定：“社会保险行政部门认定下列情形为‘因工外出期间’的，人民法院应予支持：（一）职工受用人单位指派或者因工作需要在工作场所以外从事与工作职责有关的活动期间；（二）职工受用人单位指派外出学习或者开会期间；（三）职工因工作需要的其他外出活动期间。职工因工外出期间从事与工作或者受用人单位指派外出学习、开会无关的个人活动受到伤害，社会保险行政部门不认定为工伤的，人民法院应予支持。”简而言之，劳动者因为工作原因外出期间又因为工作原因受到的伤害应当认定为工伤。因此，因工外出其中蕴含着两个“因工”：其一的“因工”是其外出是工作原因所致，即其出现在受伤害的时空环境是因为工作；其二的“因工”是其受伤害的直接原因亦是工作所致。也就是说，如果劳动者因个人原因外出受伤当然不能认定为工伤；此外，其因工外出期间因个人原因受到的伤害也是不能够认定为工伤的。

案例18

◎ 基本案情

崔某某系杨某某经营的吉林市振霞仓储服务部（以下简称振霞服务部）装卸工。2013年2月7日，崔某某在外出送货途中受伤，鼻骨骨折、鼻部多发擦皮伤、左腕关节软组织挫伤、左尺骨茎突骨折，在吉林市二二二医院住院治疗33天。后经吉林市船营区劳动人事争议调解仲裁委员会仲裁裁决，确认了崔某某与振霞服务部存在事实劳动关系。2013年5月6日，崔某某向市人社局申请工伤认定。2013 年 7 月 1 日，市人社局作出吉市人社工认字〔2013〕028 号工伤认定决定，认定崔某某所受事故伤害为工伤。杨某某对该决定不服，提起诉讼，请求撤销市人社局吉市人社工认字〔2013〕028 号工伤认定决定。

◎ 争议问题

崔某某受伤的情况是否应当被认定为工伤？

◎ 相关法条

《工伤保险条例》

第十四条第五项 职工有下列情形之一的，应当认定为工伤：……（五）因工外出期间，由于工作原因受到伤害或者发生事故下落不明的。

第十九条第二款 职工或者其近亲属认为是工伤，用人单位不认为是工伤的，由用人单位承担举证责任。

◎ 结论和评析

一审法院审理后认为，崔某某受振霞服务部的指派去给客户送货途中摔伤，属工作时间、因工作原因受到事故伤害，其所受伤害符合工伤认定条件。故市人社局认定崔某某为工伤的决定认定事实清楚，程序合法，适用法律、法规正确，应予以维持。判决维持吉林市人力资源和社会保障局 2013 年 7 月 1 日作出的吉市人社工认字〔2013〕028 号工伤认定决定。杨某某不服一审判决上诉到二审法院。二审法院经审理认为崔某某受振霞服务部指派外出送货途中受伤，属因工外出期间由于工作原因受伤的情形。市人社局以此认定崔某某为工伤没有不妥。且依据《工伤保险条例》第 19 条第 2 款之规定："职工或者其近亲属认为是工伤，用人单位不认为是工伤的，由用人单位承担举证责任"，杨某某主张崔某某自行下车，受伤原因不明，不能认定为工作原因，因其对自己的主张不能提供充分的证据证明，不予支持。综上所述，原审判决认定的主要事实清楚，适用法律正确，依法应予维持。杨某某的上诉主张不成立，不予支持。判决驳回上诉，维持原判。

分析后可以看出，虽然一审、二审法院的结论是一致的，即支持人社局对于崔某某工伤认定的结论，但其论证的过程及原因却有不同。一审法院认为崔某某的行为是在工作时间因工作原因受到的伤害，因此适用《工伤保险条例》第14条第1项的规定，在工作时间、工作场所因工作原因受到的伤害应当认定为工伤。而二审法院认为，崔某某是在因工外出期间因工作原因受到的伤害，故而应当认定为工伤。对于杨某某在上诉中提出的崔某某是因个人原因受到的伤害，二审法院依据《工伤保险条例》第19条第2项的规定，在用人单位无法举证证明劳动者不是工伤的情况下，认定为工伤。因此，二审法院依据的是《工伤保险条例》第14条第5项及第19条第2项得出的崔某某构成工伤的结论。对此，笔者认为二审法院的论证更为准确。

案例19

◎ 基本案情

2012年8月27日早上，丁某所在单位五团养殖三场场长李某某、书记刘某某等带领单位人员在办公室门前柏油路边林带拉线修边，上午9时50分许，工作完成，治安员丁某向场长李某某请假，说有事出去一趟，但未说明去办什么事情，李某某同意并要求其早些返回。在丁某骑摩托车离开单位几分钟后，在距离养牛场300米处，与一辆铲车相撞，丁某受伤并被送往医院，经抢救无效死亡。

其后，丁某的父亲丁某某对肇事者郑某某因该事故向温宿县人民法院提起民事诉讼，经法院调解达成了赔偿协议，丁某某获得了民事赔偿。后丁某某向新疆生产建设兵团第一师劳动和社会保障局提出工伤认定申请，新疆生产建设兵团第一师劳动和社会保障局于2013年7月1日作出《不予认定工伤决定书》，认定丁某不是因工作原因发生事故并受到损害，不属于工伤。丁某某不服，申请行政复议。2013年11月19日，新疆生产建设兵团人力资源和社会保障局作出兵人社复决字〔2013〕18号《行政复议决定书》，维持了新疆生产建设兵团第一师劳动和社会保障局作出的《不予认定工伤决定书》。丁某某不服向法院提起了行政诉讼。

◎ 争议问题

1. 丁某外出的原因是什么？
2. 丁某的情况是否构成工伤？

◎ 相关法条

《工伤保险条例》

第十四条第五项　职工有下列情形之一的，应当认定为工伤：……（五）因工外出期间，由于工作原因受到伤害或者发生事故下落不明的。

◎ 结论和评析

一审法院审理后认为丁某系第一师五团养殖场的工作人员，在工作时间，单位领导未给其安排出去办事的工作，虽然其经过单位领导同意出去办事，但该行为与单位的工作内容无因果关系，因此丁某的死亡不属于工伤，新疆生产建设兵团第一师劳动和社会保障局作出不予工伤认定的行政行为合法，符合法定程序，应当予以维持。判决维持被告新疆生产建设兵团第一师劳动和社会保障局作出的师市劳工伤认〔2013〕第066号《不予认定工伤决定书》。丁某某不服一审法院行政判决，向二审法院提起上诉。二审法院经审理认为原审判决认定事实清楚，适用法律、法规正确，应予维持。判决驳回上诉，维持原判。

1. 丁某外出的原因是什么

在本案中，事故发生后，新疆生产建设兵团第一师五团对其下属单位养殖三场2012年8月27日发生的因交通事故人员死亡事件在同日组成事故调查组，对该场治安员丁某何事请假、场领导是否安排其他工作作出了交通事故有关事宜的调查报告，经调查："养殖三场治安员丁某2012年8月27日早上9点50分因何事请假离开养殖三场不明；2012年8月27日早上9点50分，养殖三场领导均未安排治安员丁某离开养殖三场办任何事情。"故可认定丁某并非因工外出，而是因个人原因外出。

2. 丁某的情况是否构成工伤

根据《工伤保险条例》第 14 条第 5 项的规定，只有劳动者因工外出且因工作原因受到伤害才能够认定为工伤。本案中丁某的情况已如前述是个人原因外出，因此不符合因工外出的基础性条件，所以新疆生产建设兵团第一师劳动和社会保障局作出的不予认定其构成工伤的决定是正确的。

（六）职工从事用人单位临时指派的工作

所谓用人单位临时指派的工作主要包括以下两个方面：其一，其所从事的工作并非其日常的本职工作；其二，其从事该工作的原因是受到用人单位的临时指派。在完成用人单位临时指派工作时受到伤害的应当被认定为工伤，其原因当然在于这是其完成工作任务的风险。而在实践中，这一问题容易发生争议的主要原因在于，其受到用人单位临时指派所完成的往往是非其日常工作中的本职工作内容。也因此，在工伤认定过程中的难点和关键点是是否受到了用人单位的临时指派。比如，某一从事管理工作的员工因受到用人单位的临时指派负责接待客户，结果在接待工作过程中摔倒受伤。因其是属于完成用人单位临时指派的工作，所以应当被认定为工伤。

讨论案例

◎ 基本案情

陆某是徐州通宇公司职工。2015 年 2 月 14 日下午，陆某在公司磨床车间工作期间，应公司仪表车间主任陈某某的要求，到仪表车间帮助陈某某修理发生故障的仪表车床。在修理车床的过程中，陆某右手食指和中指被仪表车床的皮带轧伤，即被公司送往医院治疗。2015 年 5 月 9 日，陆某向徐州市人力资源和社会保障局提出工伤认定申请。2015 年 6 月 15 日，徐州市某区人力资源和社会保障局作出了《工伤认定决定书》，认定陆某的伤残事故为工伤。公司不服该决定，于 2015 年 7 月 28 日向徐州市人力资源和社会保障局申请行政复议。复议机关维持了原机关的《工伤认定决定书》。公司不服，向法院提起的行政诉讼。

◎ 争议问题

本案中陆某的情况是否应当认定为工伤？

（七）职工工作过程中满足吃饭、喝水、休息等生理需要的

职工在工作过程中满足吃饭、喝水、休息等生理需要的过程中受到伤害是否能够被认定为工伤？对这一问题从工作原因角度回答的关键自然是职工工作过程中满足其吃饭、喝水、休息等生理需要而从事的活动是否属于工作的范畴。关于这一问题，前文已有探讨并已介绍关于此问题的认识的四种不同的观点，且对各观点进行了分析。经过分析，笔者认为吃饭、喝水、休息等生理需要是职工作为自然人维持其生命体的必然要求，即劳动力持续提供劳动、创造价值的必然要求。因此，应当认为对于这些生理需要的满足是工作的必然要求，故应当将满足这一系列生理要求而从事的活动纳入工作原因的范畴，在完成这些行为的过程中受到的伤害应当认定为工伤。当然，如果职工在非工作时间、非工作场所、非工作过程中的生理需要满足自然不应当作为工作原因，其间受到的伤害当然也不能够被认定为工伤。那么，在满足生理需要的过程中受到伤害是否能够被认定工伤的关键便是其是否是在工作过程中的活动，这一点也是实践中的争议点。

案例 20

◎ 基本案情

林某某与宝御公司之间存在劳动关系。2014 年 1 月 23 日 22 时许，林某某工作后在单位浴室内洗澡时不慎将脚崴伤，经医院诊断为右内外踝骨折。从保护职工权益的角度出发，虹口人保局将 2014 年 5 月 14 日林某某儿子首次到虹口人保局咨询工伤认定事宜作为林某某提出工伤认定的申请时间。2014 年 11 月 5 日，林某某将工伤认定申请材料递交虹口人保局，同年 11 月 12 日，虹口人保局予以受理。经过调查相关人员、咨询有关专家，虹口人保局认定林某某是工作时间之后在工作场所内，从事与工作有关的收尾性工作时受到事故伤害，符合《工伤保险条例》第 14 条第（2）项、《上海市工伤

保险实施办法》第14条第（2）项之规定，属于工伤认定范围，虹口人保局遂于2015年1月8日作出虹口人社认〔2014〕字第798号认定工伤决定，认定林某某受到的事故伤害为工伤。宝御公司不服，诉至法院，要求判令撤销认定工伤决定。

◎ 争议问题

1. 林某某工作后洗澡的行为是否属于工作范畴？
2. 林某某的情况是否应当认定为工伤？

◎ 相关法条

《工伤保险条例》

第十四条第二项　职工有下列情形之一的，应当认定为工伤：……（二）工作时间前后在工作场所内，从事与工作有关的预备性或者收尾性工作受到事故伤害的。

◎ 结论和评析

一审法院审理后认为，虹口人保局受理林某某的申请后，经过相关调查，认定林某某是工作时间之后在工作场所内，从事与工作有关的收尾性工作受到事故伤害，具有事实依据。林某某本人的伤情和自述与有关专家的咨询意见相符合，而对宝御公司员工蒋某的调查笔录也反映了林某某曾及时向单位反映自己的受伤情况，这些证据佐证了林某某本人对事故情况的陈述。林某某作为一名酒店洗碗工，在干完工作后到浴室洗澡，符合常理，应属与工作有关的收尾性工作。此外，从保护职工权益的角度考虑，虹口人保局将2014年5月14日作为林某某申请工伤认定的时间并无不当。综上所述，虹口人保局根据林某某的工伤认定申请，依照《工伤保险条例》第14条第（2）项的规定作出的认定工伤决定认定事实清楚、适用法律法规正确。遂判决驳回宝御公司的诉讼请求。宝御公司不服一审判决，向二审法院提起上诉。二审法院审理后认为，林某某系宝御公司的洗碗工，虹口人保局结合林某某的工作性质、劳动强度，认定其在完成一天的工作后洗澡属于收尾性工作并无不当。

原审认定事实清楚、适用法律正确，判决正确，应予维持。宝御公司的上诉请求及理由缺乏事实证据和法律依据，不予支持。

1. 林某某工作后洗澡的行为是否属于工作范畴

在本案中，林某某的情况应当分成两个部分进行讨论：其一，林某某工作后洗澡的行为是否属于收尾性工作。其二，林某某洗澡的行为是否属于工作范畴。本案中宝御公司主张林某某并非事发当天在工作场所内受伤，即是在否认其行为的工作性质。但是，综合案件中的各项证据可以认定，林某某的行为应当属于收尾性工作，因为林某某作为一名酒店洗碗工，在干完工作后到浴室洗澡，符合常理，应属与工作有关的收尾性工作。

2. 林某某的情况是否应当认定为工伤

在肯定林某某工作后洗澡为收尾性工作的前提下，林某某的情况是应当被认定为工伤的问题便可有一个明确的答案。因为，根据《工伤保险条例》第 14 条第（2）项的规定，职工工作时间前后在工作场所内，从事与工作有关的预备性或者收尾性工作受到事故伤害的，应当认定为工伤。那么，本案中林某某的情况被认定为工作是正确的。

案例 21

◎ 基本案情

傅某某系事百世公司员工，从事驾驶员工作。傅某某于 2013 年 11 月 21 日向浦东人保局提出工伤认定申请，称：2013 年 10 月 21 日中午 11 时 30 分，其在公司食堂坐下准备吃午餐时，由于餐桌坐凳面板脱落，致其仰面朝天摔倒，头部先着地，当时有同事将其扶起后送医院检查治疗。当日，上海市浦东医院诊断为头外伤。同年 10 月 23 日，傅某某自感胸部疼痛，再次至该院就诊，诊断为头外伤，胸部外伤，之后又多次至医院就诊。2013 年 11 月 28 日，浦东人保局受理傅某某的申请，随后进行了工伤认定调查。2014 年 1 月 17 日，浦东人保局作出浦东人社认结字〔2013〕第 10219 号《工伤认定书》，认定事百世公司员工傅某某于 2013 年 10 月 21 日工作期间，在单位食堂吃午餐时，不慎摔伤，造成头外伤，胸部外伤。根据《工伤保险条例》第 14 条

第（1）项的规定，认定结论为工伤。浦东人保局分别向事百世公司和傅某某送达了《工伤认定书》。事百世公司不服，向法院提起行政诉讼，请求撤销浦东人保局作出上述《工伤认定书》的具体行政行为。

◎ 争议问题

傅某某在公司食堂吃饭时受伤是否应当认定为工伤？

◎ 相关法条

《工伤保险条例》

第十四条第一项 职工有下列情形之一的，应当认定为工伤：（一）在工作时间和工作场所内，因工作原因受到事故伤害的。

第十九条第二款 职工或者其近亲属认为是工伤，用人单位不认为是工伤的，由用人单位承担举证责任。

◎ 结论和评析

一审法院审理后认为，傅某某系事百世公司驾驶员，事故发生地点在该公司为其员工提供的用餐场所，事故发生在员工午餐时间，符合法律规定的工作时间和工作场所的内涵及外延，而员工的午间就餐行为属于人体正常生理需要，虽不属直接从事生产经营活动，但如果由于单位的设施存在不安全因素等原因造成职工伤害的，也应认定为工伤，故浦东人保局结合傅某某在上海市浦东医院的就医记录及向施某某、石某等制作的工伤认定调查记录等证据材料的基础上，认定事百世公司员工傅某某于2013年10月21日工作期间，在单位食堂吃午餐时不慎摔伤，造成头外伤、胸部外伤的事实，并根据《工伤保险条例》第14条第（1）项之规定，认定傅某某工伤，并无不当，且执法程序合法。综上所述，浦东人保局作出的工伤认定职权依据充分，事实清楚，证据充分，适用法律正确，执法程序合法，事百世公司诉请撤销缺乏事实和法律依据，不予支持，判决驳回事百世公司的诉讼请求。判决后，事百世公司不服，上诉于二审法院。二审法院经审理认为，浦东人保局作出《工伤认定书》的具体行政行为依据充分、认定事实清楚、适用法律正确、

执法程序合法，原审法院判决驳回上诉人事百世公司要求撤销的诉讼请求正确，应予维持。判决驳回上诉，维持原判。

本案中，事百世公司认为认定工伤不正确的理由是该公司食堂连体餐桌有钢管固定，十分牢固。根据傅某某的体态、体质及连体餐桌的结构特征、高度等情况，连体餐桌的坐凳不可能被坐断，即使断裂也不可能造成第三人仰面摔倒及受伤的后果，当时在食堂用餐的其他员工看到的并非第三人摔倒的过程，而是第三人跌落在地的结果，故事百世公司认为，傅某某“不慎摔伤”的事实是因其与事百世公司存在工作矛盾而“制造”的。所以事百世公司认为，浦东人保局未经实地勘察即作出工伤认定决定，证据不充分。经过分析可以看出，对于傅某某在公司提供的就餐场所就餐并摔倒的事实事百世公司并不否认，且依据相关的调查记录等证据亦可对该事实进行确认，此其一。其二，傅某某用餐属于满足其生理需要，如前述内容中所论述的结论，应当被认为属工作原因。其三，事百世公司否认傅某某属于工伤，但并未如《工伤保险条例》第19条第2款的要求“职工或者其近亲属认为是工伤，用人单位不认为是工伤的，由用人单位承担举证责任”提出证据进行证明。综上，本案中认定傅某某属于工伤是正确的。

讨论案例

◎ 基本案情

张某某在汶水东路298弄景明花园担任保安。2013年5月5日23:50许，张某某值夜班时骑电动自行车外出吃饭，途径汶水东路新市南路路口时，与一辆小客车相撞，当场死亡。2013年5月9日，经上海市公安局物证鉴定中心鉴定，张某某符合生前因交通事故致颅脑损伤而死亡。2013年11月，张某某之子张某为确认张某某与虹达公司之间的劳动关系提起劳动仲裁和诉讼。原审法院于2014年4月1日作出〔2014〕虹民四（民）初字第99号民事判决，确认虹达公司与张某某2010年7月1日至2013年5月5日存在劳动关系。该民事判决于2014年4月25日生效。2014年3月26日，张某向上海市虹口区人力资源和社会保障局（以下简称虹口人保局）提出工伤认定申请，

该局于同年6月10日受理后，向张某及虹达公司发出受理通知书、提供证据通知书等。经调查取证，虹口人保局认定张某某属于在工作时间和工作场所内，因工作原因受到事故伤害，遂于2014年8月6日根据国务院《工伤保险条例》第14条第（1）项的规定，作出了虹口人社认〔2014〕字第379号《认定工伤决定书》，认定张某某所受伤害属于工伤。虹达公司不服，向上海市人力资源和社会保障局申请行政复议，复议机关于2014年11月26日作出复议决定，维持了上述工伤认定决定。虹达公司仍不服，起诉要求撤销上述工伤认定决定。

◎ 争议问题

张某某在值夜班期间外出吃饭遭遇车祸身亡的情况是否应当被认定为工伤？

（八）职工参加本单位或者经本单位同意参加其他单位组织的集体活动的

职工参加本单位或者经单位同意参加其他单位组织的集体活动的过程中受伤是否应认定为工伤，存在一定的争议。认为不应当认定为工伤的理由是，职工从事的活动或者行为不属于其工作内容，因此不具备工作原因的条件。而笔者更为赞同的观点是，职工在参加本单位或者经本单位同意参加其他单位组织的集体活动而受伤的应当被认定为工伤。理由如下：其一，单位组织集体活动虽然非工作本身，但目的是增加职工间的沟通交流，提高单位的凝聚力，从而提高单位的生产效率和竞争力。因此，可以说集体活动的参与从根本上是与工作相关的。其二，职工参与集体活动是需要遵从组织的指挥与管理，即是一种集体行动，而非其个人的私人行为。关于这一问题，国务院法制办公室在2005年的复函中作出了回答，此回复即为《国务院法制办公室对〈关于职工参加单位组织的体育活动受到伤害能否认定为工伤的请示〉的复函》（国法秘函〔2005〕311号），其中指出作为单位的工作安排，职工参加体育训练活动而受到伤害的，应当依照《工伤保险条例》第14条第1项中关于“因工作原因受到事故伤害”的规定，认定为工伤。可以看出，国务

院法制办公室的这一复函肯定了在参加集体组织的体育活动中受伤的认定为工伤，亦即肯定了参加集体活动中受伤为工作原因的定位。

案例22

◎ 基本案情

2012年2月28日下午，张某某与同事一同参加强生公司举办的羽毛球比赛赛前训练，训练期间身体出现不适，随即被送往医院救治，经诊断为脑梗死（椎基底动脉系统），肺部感染、呼吸衰竭二型、电解质紊乱及肝功能异常，于2012年3月19日经抢救无效死亡。2013年2月26日，上海外服北京分公司向朝阳人力资源和社会保障局（以下简称朝阳人保局）提出工伤认定申请，并提交了《工伤认定申请表》、身份证复印件、诊断证明书、入院记录、住院病案、死亡医学证明书等材料。朝阳人保局于同日向申请人作出《工伤认定一次性告知书》，告知应补交的材料，申请人当日进行补交。2013年2月26日，朝阳人保局作出《工伤认定申请受理决定书》，并分别向各方进行送达。2013年4月25日，根据卢某（张某某之妻）、申请人上海外服北京分公司提交的材料以及调查核实的情况，朝阳人保局作出不予认定工伤决定，并于次日向卢某和上海外服北京分公司送达。卢某不服向人民法院提起诉讼。

在诉讼过程中朝阳人保局提供了以下证据：

1. 认定事实的证据材料

第一组证据材料：申请人上海外服北京分公司申请工伤认定提交的材料，包括：（1）《劳动合同》及《派遣协议书》，证明张某某与上海外服北京分公司之间存在劳动关系，其被派遣至强生（上海）医疗器材有限公司（以下简称强生公司）工作；（2）《社会保险登记证（正本）》，证明上海外服北京分公司为张某某缴纳了社会保险；（3）北京市公安局南湖派出所出具的《证明信》、张某某的死亡医学证明书、北京大学第三医院《诊断证明书》、住院病案首页、急诊病历记录、住院志、死亡记录等材料，证明2012年2月28日，张某某打羽毛球时突发疾病，经诊断为脑梗死（椎基底动脉系统）、肺部感染、呼吸衰竭二型、电解质紊乱及肝功能异常，于2012年3月19日抢救无效死亡，其发病到死亡超过48小时；（4）电子邮件打印稿，证明强生公司组织羽毛球比赛报名的情况；（5）上海外服北京分公司填写的《工伤事故调查报告》、强生公司出具的《强生公司关于申请张某某工伤认定事宜的意见》和《情况说明》《家属及朋友证明》，证明张某某从突发疾病到死亡的事情经过。

第二组证据材料：卢某提交的《关于张某某因意外导致脑梗塞死亡事故的工伤认定申请》及张某某2010年1月及2010年12月的两份体检报告，证明卢某向朝阳人保局主张张某某系打球时用力过猛，因意外伤害导致脑梗死亡，应认定为工伤的情况。

第三组证据材料：朝阳人保局在调查过程中制作的证据材料，包括：（1）2013年3月1日，朝阳人保局对卢某进行调查制作的《调查笔录》；（2）2013年3月1日，朝阳人保局对上海外服北京分公司业务员曹某某进行调查制作的《调查笔录》；（3）2013年3月1日，朝阳人保局对强生公司人力资源经理贡某某进行调查制作的《调查笔录》及介绍信和身份证复印件；（4）2013年3月1日，朝阳人保局对在场的张某某同事阎某进行调查制作的《调查笔录》及介绍信和身份证复印件，1～4项证据证明朝阳人保局对张某某突发疾病经过进行调查核实的情况；（5）《工作记录》，内容为朝阳人保局工作人员就张某某工伤认定案件情况向朝阳区劳动能力鉴定委员会专家走访咨询，专家一致认为脑梗塞是一种疾病，脑外伤只有在特定情形下才可能形成血栓，张某某病历记录中无脑外伤记录，朝阳人保局以此证明张某某脑梗塞不是由外伤造成，打球用力过猛因意外伤害导致脑梗塞的观点不能成立。

2. 履行程序的证据材料

（1）《工伤认定申请表》《收到工伤认定申请材料清单》；（2）张某某、卢某的身份证、户口本、结婚证复印件；（3）上海外服北京分公司《营业执照（副本）》复印件、授权书及身份证复印件；（4）《工伤认定一次性告知书》；（5）《工伤认定申请受理决定书》及《送达回证》；（6）《不予认定工伤决定书》及《送达回证》。

3. 作出被诉工伤认定结论的依据为《工伤保险条例》

卢某向一审法院提交以下证据材料：

第一组证据：(1)《工伤认定申请受理决定书》；(2) 京朝人社工伤认(1050F0241232) 号《不予认定工伤决定书》；(3) 卢某与张某某的结婚证复印件；(4) 户口本，1～4 项证据证明张某某死亡未被认定为工伤，以及卢某与张某某的身份关系。

第二组证据：《劳动合同》及《派遣协议书》，证明张某某与上海外服北京分公司之间存在劳动关系，其被派遣至强生公司工作。

第三组证据：电子邮件打印稿及强生公司出具的《情况说明》，证明张某某参加的体育活动系由强生公司发起、组织。

第四组证据：张某某的死亡医学证明书、北京大学第三医院诊断证明书、住院病案首页、病历记录、住院志、死亡记录等材料，证明张某某在医院抢救、诊断及死亡的相关事实。

第五组证据：张某某 2011 年 4 月的体检报告，证明张某某死亡前身体健康、未出现过诱发脑梗塞死亡的任何疾病。

第六组证据：(1) 2013 年 9 月，阎某、徐某某、黄某、周某分别出具的《情况说明》，证明张某某在单位组织的体育活动过程中受伤及抢救的事实；(2) 2013 年 9 月 8 日，管某某出具的《情况证明》，证明张某某受伤后被抢救的事实。

第七组证据：(1) 中华神经外科杂志文章《外伤后脑梗塞》；(2) 中华法医学会法医临床学学术研讨会文章《脑梗塞与外伤的因果关系的探讨》；(3) 2009 年全国法医司法鉴定学术研讨会论文集文章《颈部外伤后脑梗塞死亡 1 例》；(4) 第六届中国西部会议论文集文章《外伤性脑梗塞的发病因素分析及诊断要点》，卢某以上述医学学术资料证明受到外伤会诱发脑梗塞死亡。

第八组证据：(1)《法制早报》文章《运动会上突发脑溢血算工伤》，证明在用人单位组织的体育活动中意外身亡应认定为工伤；(2) 中国南昌新闻网文章《职员加班昏倒 7 天后身亡无法认定工伤遭质疑》；(3)《新京报》文章《突发疾病未死亡能否算“工伤”》；(4) 新华社文章《工伤“48 小时”法律认定界限引发争议调查》；（5）《我的工伤谁做主——“48 小时内抢救无效死亡”之工伤认定条款的合理性检视》；（6）昆明学院学报文章《刍议工伤认定 48 小时的合理性》，卢某以证据 2～6 证明因工作期间突发疾病，以超过 48 小时抢救无效死亡为标准不认定工伤缺乏合理性；（7）文章《17 岁少年中暑 49 小时后去世 48 小时工伤认定争议多》证明现有案例表明，超过 48 小时抢救无效死亡亦被认定为工伤。

上海外服北京分公司未向一审法院提交证据材料。

◎ 争议问题

张某某的情况是否应当认定为工伤，理由是什么？

◎ 相关法条

《工伤保险条例》

第十四条　职工有下列情形之一的，应当认定为工伤：

（一）在工作时间和工作场所内，因工作原因受到事故伤害的；

（二）工作时间前后在工作场所内，从事与工作有关的预备性或者收尾性工作受到事故伤害的；

（三）在工作时间和工作场所内，因履行工作职责受到暴力等意外伤害的；

（四）患职业病的；

（五）因工外出期间，由于工作原因受到伤害或者发生事故下落不明的；

（六）在上下班途中，受到非本人主要责任的交通事故或者城市轨道交通、客运轮渡、火车事故伤害的；

（七）法律、行政法规规定应当认定为工伤的其他情形。

第十五条　职工有下列情形之一的，视同工伤：

（一）在工作时间和工作岗位，突发疾病死亡或者在 48 小时之内经抢救无效死亡的；

（二）在抢险救灾等维护国家利益、公共利益活动中受到伤害的；

（三）职工原在军队服役，因战、因公负伤致残，已取得革命伤残军人证，到用人单位后旧伤复发的。

职工有前款第（一）项、第（二）项情形的，按照本条例的有关规定享受工伤保险待遇；职工有前款第（三）项情形的，按照本条例的有关规定享受除一次性伤残补助金以外的工伤保险待遇。

◎ 结论和评析

本案经一审法院审理后认为依据《工伤保险条例》的规定，县级以上地方各级人民政府社会保险行政部门负责本行政区域内的工伤保险工作。上海外服北京分公司的注册地点在朝阳区，故朝阳人保局作为本行政区域内的工伤保险主管部门对涉案工伤认定申请具有审查并作出认定的法定职责。根据《工伤保险条例》第15条第（1）项的规定，职工在工作时间和工作岗位，突发疾病死亡或者在48小时之内经抢救无效死亡的，视同工伤。本案中，朝阳人保局调取的证据能够证明张某某于2012年2月28日下午，在与同事参加公司组织的羽毛球比赛赛前训练活动中突发疾病，被医院诊断为脑部梗塞，后经抢救无效于2012年3月19日死亡的事实。张某某从发病到死亡的时间达21天，不符合《工伤保险条例》的上述规定，不能被认定为视同工伤，同时张某某的情形亦不符合《工伤保险条例》中应当认定为工伤的其他情形，朝阳人保局根据上述事实对张某某作出不予认定工伤决定符合《工伤保险条例》的规定，予以支持。卢某关于朝阳人保局适用法律错误的主张没有事实和法律依据，不予支持。关于卢某所持朝阳人保局认定事实错误，主张张某某系在参加单位组织的体育活动中意外摔倒、在打球过程中用力过猛扭伤脖子致脑梗塞后抢救无效死亡的诉讼意见，法院认为，朝阳人保局经向有关专家咨询，可以确认脑梗塞是一种疾病，系人体自身身体机能的病变，运动等可能成为该疾病发作的诱因，张某某的诊断证明等病历资料显示其桥脑等新鲜梗塞，出院诊断有“脑梗死（椎基底动脉系统）”的记录，卢某虽主张张某某在当日摔倒及扭伤颈部，但未能提供有效的证据予以证明，病案资料亦无张某某当日遭受意外伤害的病情记载，因此，张某某当日系在运动过程中突发疾病而非遭受意外伤害，卢某的上述主张没有事实依据，不予支持。朝阳人保局在收到工伤认定申请后，履行了受理、调查、作出不予认定决定以及送达等法定程序，朝阳人保局作出被诉具体行政行为程序合法，予以支

持。综上所述，朝阳区人保局作出的被诉《不予认定工伤决定书》认定事实清楚、适用法规正确、程序合法，依法应予维持。卢某的诉讼理由不能成立，不予支持。依据《行政诉讼法》第54条第（1）项的规定，判决维持了朝阳人保局于2013年4月25日作出的被诉不予认定工伤决定。卢某不服一审判决上诉到二审法院，最终二审法院维持原判。

卢某在上诉中提出以下主张：第一，一审判决认定事实不清，依据不足，在此基础上作出的判决有失公正。一审中，朝阳人保局称其就张某某工伤认定案件情况向朝阳区劳动能力鉴定委员会专家走访咨询，其提交的《工作记录》显示，所咨询的专家认为"造成脑梗塞的先决条件是患有心脑血管疾病或者血液病变等基础病"；同时该专家还认为"脑梗塞的发作，运动、情绪激动、过度劳累、剧烈咳嗽都有可能成为一种诱因"。根据以上内容，即使张某某死于脑梗塞，但造成脑梗塞的原因可能是患有心血管疾病或者血液病变等基础病，也可能是因运动而诱发。然而，在本案中，朝阳人保局没有任何证据证明张某某在死前患有心脑血管疾病或者血液病变等任何一种基础病。相反，在本案中，卢某提交的体检报告充分证明了张某某在事故发生前身体状况一直健康良好。一审法院认为张某某系因为自身身体原因突发疾病，而不顾张某某在运动中出现意外从而受到伤害的基本事实，因此其定案结论显然是非常错误的。一审法院对于朝阳人保局提交的咨询专家《工作记录》，仅截取其部分内容作为认定事实的依据，而并未全面审视，实属片面。即便如此，同样均为证人证言，在无其他任何证据佐证的情况下，一审法院对于朝阳人保局提交的咨询专家《工作记录》予以认定，而对卢某提交的事发现场《证人证言》却均不予认定，明显有失公允，显系对朝阳人保局一方有所偏袒，更何况卢某提交的《证人证言》中部分内容与朝阳人保局提交的相关《调查笔录》内容也是高度一致的，均证明了张某某在打球过程中用力过猛意外受伤而被救治的事实。因此，导致张某某死亡的原因并非其身体正常状态下的"突发疾病"，而是其参加单位组织的体育活动中进行激烈运动而受伤，才引发了出现"脑梗塞"症状而最终死亡。基于此，张某某因工作原因遇到意外伤害最终死亡，理应认定为工伤。然而，一审法院认为卢某的上述主张没有事实依据。一审判决在认定事实不清的情况下作出的判决，显然无

法体现公正、客观。第二，一审判决适用法律不当，最终导致作出错误判决。本案一审审理过程中，在对涉及本案的有关事实并未查清，在对有关事实的认定错误的情况下，适用法律不当，一审法院应依据《行政诉讼法》第54条第（2）项规定，具体行政行为主要依据不足的、适用法律、法规错误的，应判决予以撤销。但是，面对这一基本事实，一审法院视而不见，却依据《行政诉讼法》第54条第（1）项规定，判决维持了被诉不予认定工伤决定，从而作出不公平、不合理的一审判决。因此，一审法院所作判决的法律适用不当，应予纠正。综上所述，鉴于一审法院对本案认定事实不清，证据不足，适用法律不当，最终作出的判决有失公允，为此，卢某特提起上诉，请求法院全面查清本案全部事实，依法改判，撤销被诉不予认定工伤决定，维护法律正义与公平。

二审法院审理后认为，依照《工伤保险条例》第5条第2款的规定，朝阳人保局作为上海外服北京分公司所在地的社会保险行政部门，具有受理用人单位、工伤职工或其近亲属、工会组织提出的工伤认定申请并依法作出工伤认定结论的行政职权。根据《工伤保险条例》第15条第（1）项的规定，职工在工作时间和工作岗位，突发疾病死亡或者在48小时之内经抢救无效死亡的，视同工伤。本案中，张某某于2012年2月28日下午因身体不适前往医院救治，经抢救无效于2012年3月19日死亡，整个过程达21天，不符合《工伤保险条例》的上述规定，不能被认定为视同工伤。关于卢某主张张某某系在参加单位组织的体育活动中意外摔倒、在打球过程中用力过猛扭伤脖子致脑梗塞后抢救无效死亡，应依据《工伤保险条例》第14条第（1）项认定工伤的诉讼意见，张某某的死亡医学证明书显示“直接导致死亡的疾病或情况是脑梗塞（椎基底动脉系统）”，卢某主张张某某在当日摔倒及扭伤颈部，但无有效的证据予以证明，张某某的诊断证明等病历资料亦无张某某遭受事故伤害的病情记载，因此，卢某的上述主张没有事实依据，不予支持，判决维持一审判决。

根据《工伤保险条例》第14条的规定，劳动者在参加单位组织的集体活动中意外摔伤应当认定为工伤，但本案中卢某的主张不能被支持的原因在于无法证明张某某的死亡是由于参加单位组织的集体活动导致，因此，不认

定为工伤是有理由的。

讨论案例

◎ 基本案情

李某某系中国平安人寿保险股份有限公司上海分公司（以下简称平安人寿上海公司）员工，从事销售工作，合同期限从2011年6月29日起至2014年6月28日止。2011年7月12日10时许，李某某在参加平安人寿上海公司组织的成长训练中做了200个俯卧撑，次日上午李某某又在培训中做了20个俯卧撑。之后，因感觉不适，李某某前往浦东新区张江社区卫生服务中心等医院就诊。2011年10月12日，李某某填写《工伤认定申请表》后，又于同年11月9日向上海市静安区人力资源和社会保障局（以下简称静安人保局）提出工伤认定申请，提交了《工伤认定申请表》、用人单位营业执照复印件及李某某身份证明、劳动合同主合同、043期培训人员名单、浦东新区张江社区卫生服务中心门诊病史卡、上海市浦东新区人民医院门急诊病卡、上海交通大学附属仁济医院门诊卡、上海市东方医院门诊卡以及证人黄某、王某的证人证言等材料。静安人保局于同月23日受理后，向李某某、平安人寿上海公司送达了《受理通知书》。后静安人保局向李某某进行工伤认定调查，并于同年12月6日作出静安人社认〔2011〕字第611号认定工伤决定，内容为："事故时间：2011年7月12日；事故地点：单位；诊断时间：2011年7月13日；受伤害部位：腰；受伤害经过、医疗救治的基本情况和诊断结论：腰突症。2011年11月23日，受理申请人平安人寿上海公司的工伤认定申请后，根据提交的材料调查核实情况如下：2011年7月12日上午10:00左右，伤者在单位工作时不慎受伤。李某某受到的事故伤害，符合《工伤保险条例》第14条第（1）项之规定，属于工伤认定范围，现予以认定为工伤。如对本工伤认定不服的，可自接到本决定书之日起60日内向上海市人力资源和社会保障局或静安区人民政府申请行政复议，或者向人民法院提起行政诉讼。"2013年4月23日，平安人寿上海公司不服，诉讼至一审法院，要求撤销上述工伤认定决定。

◎ 争议问题

李某某的情况是否应当被认定为工伤？

（九）职工为用人单位的利益从事相关活动的

虽然原则上每位员工有自己的工作岗位、工作时间和空间，但在实践中经常会出现职工为更好地完成自己的本职工作或者为用人单位的利益而暂时自行离开工作岗位，从事其他岗位的工作或者从事超出其岗位职责的工作。比如出于用人单位的利益考虑自觉协助或者主动从事相关工作；比如为提高效率主动到其他区域领取一般应当由其他人员配送的工作材料；再比如负责后勤服务工作的员工在面临众多客服人员人手不足时主动直接为客户提供服务等。那么，在这些员工出于用人单位利益从事相关活动中受到伤害的，是否应当认定为工伤就成了一个问题。

对于职工为用人单位的利益而从事非本职工作的过程中受到伤害是否认定工伤？从本质上也就是判断在这种情况下职工受到的伤害是否是工作原因受到的伤害？关于这个问题的回答存在以下争议：有一种观点认为，不应当认定为工伤。因为职工从事非其本职工作不是按照单位领导的安排，是其个人的擅自行动，这种行为一般情况下不但不会给单位带来利益，还极可能因为该职工不熟悉其所从事的岗位的工作而给单位带来损失，因此其个人的行为应当由个人承担责任，不应当认定为工伤。另一种观点认为应当认定为工伤。因为工作原因不是严格地限定在其约定的工作范围内。其他为该用人单位的利益付出的劳动也应该认定为工作过程。这样才更有利于职工之间及时补位，从整体上提高企业的运作效率。因此，职工为用人单位利益从事的相关活动均应当认定为符合工作原因，受到的伤害应当认定为是工伤。笔者更为赞同第二种观点。

（十）职工在工作时间和工作场所内受到伤害，用人单位或者社会保险行政部门没有证据证明是非工作原因导致的

《工伤保险条例》第 14 条规定：“职工有下列情形之一的，应当认定为工伤：（一）在工作时间和工作场所内，因工作原因受到事故伤害的；（二）工作时间前后在工作场所内，从事与工作有关的预备性或者收尾性工作受到事故伤害的；（三）在工作时间和工作场所内，因履行工作职责受到暴力等意外伤害的；（四）患职业病的；（五）因工外出期间，由于工作原因受到伤害或者发生事故下落不明的；（六）在上下班途中，受到非本人主要责任的交通事故或者城市轨道交通、客运轮渡、火车事故伤害的；（七）法律、行政法规规定应当认定为工伤的其他情形。”最高人民法院《关于审理工伤保险行政案件若干问题的规定》第 5 条规定：“社会保险行政部门认定下列情形为工伤的，人民法院应予支持：（一）职工在工作时间和工作场所内受到伤害，用人单位或者社会保险行政部门没有证据证明是非工作原因导致的；（二）职工参加用人单位组织或者受用人单位指派参加其他单位组织的活动受到伤害的；（三）在工作时间内，职工来往于多个与其工作职责相关的工作场所之间的合理区域因工受到伤害的；（四）其他与履行工作职责相关，在工作时间及合理区域内受到伤害的。”第 5 条规定：“社会保险行政部门认定下列情形为‘因工外出期间’的，人民法院应予支持：（一）职工受用人单位指派或者因工作需要在工作场所以外从事与工作职责有关的活动期间；（二）职工受用人单位指派外出学习或者开会期间；（三）职工因工作需要的其他外出活动期间。职工因工外出期间从事与工作或者受用人单位指派外出学习、开会无关的个人活动受到伤害，社会保险行政部门不认定为工伤的，人民法院应予支持。”此外，《社会保险法》第 36 条规定：“职工因工作原因受到事故伤害或者患职业病，且经工伤认定的，享受工伤保险待遇。”结合前述规定的内容可以看出，认定工伤时的核心要素是“工作原因”。而对于“工作原因”的判断中有一项需要特别注意，即最高人民法院《关于审理工伤保险行政案件若干问题的规定》第 4 条第（1）项的规定“社会保险行政部门认定下列情形为工伤的，人民法院应予支持：（一）职工在工作时间和工作场所内受到伤害，用人单位或者社会保险行政部门没有证据证明是非工作原因导致的”。也就是说，在“工作时间和工作场所内”时，如果无相反证据证明其为非工作原因的情况下，会默认为属于“工作原因”。简言之，只要能够证明职工是在工作时间、工作场所内受到的伤害，并且没有证据证明非工作原因，即应认定为工伤。

案例 23

◎ 基本案情

肖某某是江苏飞达工具股份有限公司的职工，2012 年 12 月 9 日 10 时左右，肖某某在公司车间锻打作业时因勾子打滑不慎扭伤右足，即被送往丹阳市新桥镇卫生院治疗，诊断为右足第五跖骨骨折。2013 年 3 月 22 日，丹阳市劳动人事争议仲裁委员会作出丹劳人仲案字〔2013〕第 370 号仲裁裁决书，确认肖某某与江苏飞达工具股份有限公司自 1996 年 9 月至 2012 年 12 月 9 日存在劳动关系。肖某某于 2013 年 4 月 15 日向丹阳市人力资源和社会保障局提出工伤认定申请，并提供相关材料。丹阳市人力资源和社会保障局经审查后，予以受理，并于当日向江苏飞达工具股份有限公司发出限期举证通知书，并用挂号信邮寄给江苏飞达工具股份有限公司，江苏飞达工具股份有限公司未在举证期限内提出异议。丹阳市人力资源和社会保障局根据肖某某提供的材料，依据《工伤保险条例》第 14 条第（1）项的规定，于 2013 年 6 月 24 日作出丹人社工〔2013〕404 号认定工伤决定书，认定肖某某所受的伤害为工伤。江苏飞达工具股份有限公司不服，向丹阳市人民政府申请行政复议。丹阳市人民政府于 2013 年 10 月 8 日作出决定，维持丹阳市人力资源和社会保障局作出的认定工伤决定。江苏飞达工具股份有限公司仍不服，遂诉至法院，认为肖某某是在工作场地外休息时受的伤，丹阳市人力资源和社会保障局认定程序违法，请求撤销丹阳市人力资源和社会保障局作出的丹人社工〔2013〕404 号工伤认定决定。

◎ 争议问题

肖某某在工作时间是否因工作原因受伤?

◎ 相关法条

《工伤保险条例》

第十四条第（一）项 （一）在工作时间和工作场所内，因工作原因受到事故伤害的……

第十九条第二款 职工或者其近亲属认为是工伤，用人单位不认为是工伤的，由用人单位承担举证责任。

◎ 结论和评析

一审法院经审理认为：根据《工伤保险条例》第 5 条第 2 款的规定，县级以上地方各级人民政府劳动保障行政部门负责本行政区域内的工伤保险工作，因此丹阳市人力资源和社会保障局具有对当事人的工伤认定申请作出认定工伤决定的法定职责。根据《工伤保险条例》第 14 条第（1）项的规定，在工作时间和工作场所内，因工作原因受到事故伤害的，应当认定为工伤。本案中，肖某某在原告车间作业时因勾子打滑扭伤右足，符合上述法条规定的情形，丹阳市人力资源和社会保障局据此认定为工伤并无不当。《工伤保险条例》第 19 条第 2 款规定，职工或者其近亲属认为是工伤，用人单位不认为是工伤的，由用人单位承担举证责任。在该案中，江苏飞达工具股份有限公司认为肖某某不属于工伤，但在工伤认定程序和本案诉讼中，均未提供相关证据予以证实，故对江苏飞达工具股份有限公司关于丹阳市人力资源和社会保障局工伤认定没有事实根据、程序违法的观点，不予采信。综上所述，江苏飞达工具股份有限公司作出的丹人社工〔2013〕404 号认定工伤决定所认定的事实清楚，程序合法，适用法律正确，因此对江苏飞达工具股份有限公司要求撤销江苏飞达工具股份有限公司作出的工伤认定决定的诉讼请求，不予支持。判决驳回原告江苏飞达工具股份有限公司要求撤销被告丹阳市人力资源和社会保障局于 2013 年 6 月 24 日作出的丹人社工〔2013〕404 号认定工伤决定的诉讼请求。案件受理费 50 元，由原告江苏飞达工具股份有限公司负担。

江苏飞达工具股份有限公司不服一审判决，向二审法院提出上诉。二审法院经审理认为，从肖某某病历资料以及当事人陈述等证据优势，可以认定 2012 年 12 月 9 日上午肖某某在江苏飞达工具股份有限公司工作并且在工作时间段内受到伤害，肖某某以及江苏飞达工具股份有限公司也无异议，因此应当推定肖某某系因工作原因造成伤害。江苏飞达工具股份有限公司有异议的是肖某某受伤并非工作原因，而是在工作之余休息过程中因肖某某的个人原因受到伤害，对此江苏飞达工具股份有限公司应当也有能力提供反驳证据，但江苏飞达工具股份有限公司在丹阳市人力资源和社会保障局确定的举证期限以及一审、二审法院审理期间，均没有提供肖某某非工作原因受伤的证据。因此，江苏飞达工具股份有限公司否认肖某某因工受伤的上诉理由，不能成立。依据《工伤保险条例》第14条第（1）项的规定，在工作时间和工作场所内，因工作原因受到事故伤害的，应当认定为工伤。本案中肖某某在江苏飞达工具股份有限公司车间工作时受伤，符合上述法律规定的情形，丹阳市人力资源和社会保障局据此认定肖某某构成工伤并无不当。原审法院判决驳回江苏飞达工具股份有限公司要求撤销丹阳市人力资源和社会保障局于2013年6月24日作出的丹人社工〔2013〕404号《认定工伤决定书》的诉讼请求，认定事实清楚，适用法律正确，审判程序合法，应予以维持。判决驳回上诉，维持原判。

可以看出，本案的一审、二审法院对于丹阳市人力资源和社会保障局认定肖某某属于工伤予以肯定的直接理由是《工伤保险条例》第14条第1项的规定，“在工作时间和工作场所内，因工作原因受到事故伤害的，应当认定为工伤”。而案中当事人之间的主要争议是肖某某的情况是否是工作原因造成的伤害，在这一问题上丹阳市人力资源和社会保障局及一审、二审法院均是依据《工伤保险条例》第19条第2款的规定“职工或者其近亲属认为是工伤，用人单位不认为是工伤的，由用人单位承担举证责任”。在用人单位江苏飞达工具股份有限公司不能举出证据证明肖某某为非工作原因时，认定其为工伤。

（十一）在上下班途中，受到非本人主要责任的交通事故或者城市轨道交通、客运轮渡、火车事故伤害的

《工伤保险条例》第14条第（6）项规定，“职工有下列情形之一的，应当认定为工伤：……（六）在上下班途中，受到非本人主要责任的交通事故或者城市轨道交通、客运轮渡、火车事故伤害的”。在实践中“上下班途中的伤害”非常常见，那么在哪些情况下符合“上下班途中受到的伤害”可以认定为工伤的标准就成了一个非常需要厘清的问题。在对这一问题的回答中

需要明晰以下几个方面的问题。

第一，如何认定是在上下班途中。在这一问题的梳理中又必须清楚“合理时间”“合理路线”“上下班目的”的认定标准。这也是司法实践中的一个难题，也因此最高人民法院《关于审理工伤保险行政案件若干问题的规定》第6条规定：“对社会保险行政部门认定下列情形为‘上下班途中’的，人民法院应予支持：（一）在合理时间内往返于工作地与住所地、经常居住地、单位宿舍的合理路线的上下班途中；（二）在合理时间内往返于工作地与配偶、父母、子女居住地的合理路线的上下班途中；（三）从事属于日常工作生活所需要的活动，且在合理时间和合理路线的上下班途中；（四）在合理时间内其他合理路线的上下班途中。”该条的内容对“上下班途中”进行了更具操作性的解释，尤其对于“合理路线”问题给出了相对明晰地解释，其精髓即是“合理”。对于“合理时间”在判断时应该既包括正常的工作时间，也包括加班加点的工作时间。另外，因为合理的原因导致的上下班的延长的时间也应当属于合理时间的范畴。比如王某在夜班下班后害怕路黑等待家人来接而延长的时间，再比如因交通堵塞等原因而延长的时间均应该属于合理时间。除合理时间、合理路线外，还应该考虑“上下班的目的”，即职工是以上下班为目的，在合理时间内往返于工作单位与居住地等的合理路线的途中。

第二，哪些事故中受伤可以认定为是工伤。根据《工伤保险条例》第14条的规定，事故的范围限定于受到非本人主要责任的交通事故或者城市轨道交通、客运轮渡、火车事故伤害的。这里面的两个核心问题是：（1）非本人主要责任。如何认定非本人主要责任呢？关于这一点最高人民法院《关于审理工伤保险行政案件若干问题的规定》第1条进行了解释：“人民法院审理工伤认定行政案件，在认定是否存在《工伤保险条例》第十四条第（六）项‘本人主要责任’、第十六条第（二）项‘醉酒或者吸毒’和第十六条第（三）项‘自残或者自杀’等情形时，应当以有权机构出具的事故责任认定书、结论性意见和人民法院生效裁判等法律文书为依据，但有相反证据足以推翻事故责任认定书和结论性意见的除外。前述法律文书不存在或者内容不明确，社会保险行政部门就前款事实作出认定的，人民法院应当结合其提供的相关证据依法进行审查。”此外，人力资源和社会保障部《关于执行〈工伤保险条例〉若干问题的意见》第2条规定：“《条例》第十四条第（六）项规定的‘非本人主要责任’的认定，应当以有关机关出具的法律文书或者人民法院的生效裁决为依据。”也就是说，责任认定原则上是交管等部门作出的事故责任认定文书作为依据。如果交管等部门未作出责任认定或者责任认定不明确的，则社保行政部门可以在了解相关情况后作出判断，并就工伤情况作出认定。（2）受到交通事故或者城市轨道交通、客运轮渡、火车事故伤害的。这就限定了造成事故伤害的范围。

案例24

◎ 基本案情

王某峰系原茌平乐丰机械厂职工，其家距该厂约5公里。2011年12月25日下午5点下班后，周某某（原茌平乐丰机械厂负责人曹某某之妻）邀请王某峰、王某华、尉某某一起聚餐吃饭。吃完饭后9点多，王某峰、王某华将周某某、尉某某送回厂里，四人喝了一会儿茶后，王某华骑摩托车载王某峰一块回家。22点15分左右，两人行至茌平县G105线463KM+425M处时，与一辆机动车相撞，造成王某峰、王某华死亡。2012年1月9日，聊城市公安局交通巡逻警察支队茌平大队作出聊公交茌认字〔2011〕第000106号《道路交通事故证明》，认定在该次事故后机动车驾驶员驾车逃逸，王某峰对此事故不负责任。2012年12月17日，王某峰之妻徐某某向聊城市人力资源和社会保障局（以下简称聊城市人社局）提出工伤认定申请。2012年12月19日，聊城市人社局以王某峰与茌平乐丰机械厂之间是否形成劳动关系双方有争议为由，作出工伤认定中止通知书。经劳动仲裁、民事诉讼一审、二审，聊城市中级人民法院于2013年2月4日作出终审民事判决，确认茌平乐丰机械厂与王某峰自2011年7月起至2011年12月25日存在劳动关系。2013年5月8日，聊城市人社局作出聊人社工伤茌〔2013〕70076《不予认定工伤决定书》，认定王某峰在2011年12月25日22点15分发生的交通事故中死亡为非因工死亡。徐某某不服聊城市人社局的《不予认定工伤决定书》向人民法院提起诉讼。

◎ 争议问题

王某峰发生交通事故是否在上下班途中?

◎ 相关法条

《工伤保险条例》

第十四条第六项　在上下班途中，受到非本人主要责任的交通事故或者城市轨道交通、客运轮渡、火车事故伤害的；应当认定为工伤。

最高人民法院《关于审理工伤保险行政案件若干问题的规定》

第六条　对社会保险行政部门认定下列情形为“上下班途中”的，人民法院应予支持：（一）在合理时间内往返于工作地与住所地、经常居住地、单位宿舍的合理路线的上下班途中；（二）在合理时间内往返于工作地与配偶、父母、子女居住地的合理路线的上下班途中；（三）从事属于日常工作生活所需要的活动，且在合理时间和合理路线的上下班途中；（四）在合理时间内其他合理路线的上下班途中。

◎ 结论和评析

一审法院经审理后认为，本案中聊城市人社局认定“王某峰于2011年12月25日下午5点下班后聚餐喝酒，到达事故地点时是22点15分左右，严重超出了下班回家到达事故地点的合理时间，故王某峰与一辆机动车相撞死亡不符合工伤认定范围，确认王某峰为非因工死亡”，作出的聊人社工伤茌〔2013〕70076《不予认定工伤决定书》，认定事实清楚，主要证据充分，适用法律正确。判决维持被告聊城市人社局作出聊人社工伤茌〔2013〕70076《不予认定工伤决定书》的具体行政行为。案件受理费50元，由原告徐某某负担。徐某某不服一审法院判决，向二审法院提出上诉。二审法院认定周某某等人为王某峰接风进行的聚餐，不涉及工作内容，亦不是工作的组成部分，不能认定为工作的延续。王某峰聚餐后回家途中发生交通事故，已经超出下班回家的合理时间，不能认定为下班途中。被上诉人依据《工伤保险条例》

第14条、第15条规定，认定王某峰为非因工死亡，认定事实清楚，适用法律正确。因此，原审判决维持被上诉人聊城市人社局作出的聊人社工伤在〔2013〕70076号不予认定工伤决定并无不当，依法应予维持。判决驳回上诉，维持原判。

在案件审理过程中，徐某某主张王某峰构成工伤的理由是：（1）王某峰下班到达事故地点未超出下班合理时间，应为工伤。本次聚餐是乐丰机械厂负责人周某某安排并结账的，聚餐的目的是围绕王某峰上缴出差补助及其厂里事务，是厂方组织安排的集体活动，是王某峰等人工作的延续，是与工作有关的延误下班。王某华、王某峰将厂领导周某某和保管尉某某送回厂后离开的时间为22时许，22时15分发生事故未超出下班合理时间。（2）王某峰集体聚餐后返厂即驾车回家没有改变下班目的。王某峰发生事故的地点是其下班后回家途中，未改变"以下班为目的"的从工作地到居住地的目的，应认定为工伤。（3）法律法规的立法宗旨和精神是最大可能地保障主观上无恶意的劳动者伤亡后能够获得救济。本案王某峰集体聚餐能否判断是否公务，应根据对劳动者倾斜保护原则，认定集体聚餐为公务。聊城市人社局则认为，王某峰等人聚餐不是集体聚餐，更没有所谓的延误下班，王某峰到达事故地点时间超出下班时间4个多小时，不是下班的合理时间。周某某、王某峰、王某华平时关系不错，经常借故小聚，不存在领导安排聚餐，且聚餐喝酒没有工作内容，不能认定为工作的延续。王某峰下班后没有在合理的时间内回家，而是和周某某等人在餐馆喝酒，不存在"以下班为目的"的情形。也即本案的争议焦点是王某峰参加聚餐后回家途中是否是下班途中。分析后可以看出，王某峰下班后参加聚餐后发生交通事故不应认定为是在下班途中，因此，一审、二审法院的判决是合理的。

案例25

◎ 基本案情

刘某某自2010年9月起在宜昌鑫隆达矿山工程有限公司树空坪蒋家湾磷矿井下从事炮工工作，任炮工班班长，工资按月发放。宜昌鑫隆达矿山工程有限公司未与刘某某签订劳动合同，在2011年曾为刘某某缴纳劳动保险。2012年3月13日3时左右，宜昌鑫隆达矿山工程有限公司蒋家湾磷矿左线巷因水泵线路烧断，形成大面积积水，7时左右，刘某某班组人员与矿点安全员舒某某一同入井，准备到左线巷作业。但因当时巷内积水仍未抽干无法正常工作，刘某某班组人员随后出井。在出租房稍作停留后，刘某某驾驶鄂E8H037两轮摩托车搭载同班组成员丁某某回到其位于白果园的家中。11时左右，蒋家湾磷矿安全员舒某某电话告知刘某某，左线巷工作面积水已抽干，速到井下爆破作业。接到通知后，刘某某随即电话通知另一班组成员谢某某前往蒋家湾磷矿作业，并驾驶自己的摩托车搭载丁某某从白果园家中出发，前往蒋家湾磷矿准备作业。12时30分，在从白果园前往蒋家湾磷矿途中，刘某某驾驶的摩托车与许某驾驶的鄂E82170号大货车发生碰撞，造成刘某某、丁某某不同程度受伤。刘某某后经抢救治疗无效于2013年4月身亡。兴山县公安局交警大队作出的《道路交通事故认定书》（兴公交认字420526201200028号）认定刘某某、丁某某在本次事故中无责任。刘某某之子刘某华向兴山县人力资源和社会保障局提出工伤认定申请后，兴山县人力资源和社会保障局于2013年4月5日向宜昌鑫隆达矿山工程有限公司送达工伤认定申请举证通知书，宜昌鑫隆达矿山工程有限公司在15日内未举证，被告遂于2013年4月24日依据《工伤保险条例》第14条第6款作出兴人社工认字〔2013〕029号工伤认定决定，认定刘某华之父刘某某于2012年3月13日发生的伤害为工伤。宜昌鑫隆达矿山工程有限公司不服，于2013年6月27日向兴山县人民政府申请复议，2013年8月9日，兴山县人民政府根据《行政复议法》第28条第1款第（1）项、《行政复议法实施条例》第43条之规定，维持兴山县人力资源和社会保障局于2013年4月24日作出的兴人社工认字〔2013〕029号工伤认定决定具体行政行为。随后，宜昌鑫隆达矿山工程有限公司不服，于2013年9月9日向法院提起行政诉讼，请求法院依法撤销兴山县人力资源和社会保障局于2013年4月24日作出的兴人社工认字〔2013〕029号《工伤认定决定书》，确认刘某某2012年3月13日发生的伤害不属于工伤。

◎ 争议问题

1. 刘某某与宜昌鑫隆达矿山工程有限公司之间是否存在劳动关系?
2. 刘某某发生交通事故是否在上下班途中?

◎ 相关法条

《工伤保险条例》

第十四条第六项 职工在上下班途中，受到非本人主要责任的交通事故或者城市轨道交通、客运轮渡、火车事故伤害的，应当认定为工伤。

最高人民法院《关于审理工伤保险行政案件若干问题的规定》

第六条 对社会保险行政部门认定下列情形为“上下班途中”的，人民法院应予支持：（一）在合理时间内往返于工作地与住所地、经常居住地、单位宿舍的合理路线的上下班途中；（二）在合理时间内往返于工作地与配偶、父母、子女居住地的合理路线的上下班途中；（三）从事属于日常工作、生活所需要的活动，且在合理时间和合理路线的上下班途中；（四）在合理时间内其他合理路线的上下班途中。

◎ 结论和评析

一审法院审理后认为，刘某某自2010年9月起在原告宜昌鑫隆达矿山工程有限公司从事炮工工作，工资按月发放，自交通事故发生时已逾一年，虽未订立书面劳动合同，但根据《劳动合同法》第14条第3款“用人单位自用工之日起满一年不与劳动者订立书面劳动合同的，视为用人单位与劳动者已订立无固定期限劳动合同”，双方存在事实上的劳动关系。故原告宜昌鑫隆达矿山工程有限公司称与刘某某不存在劳动关系、不应认定刘某某所受伤害为工伤的理由不成立。对于原告宜昌鑫隆达矿山工程有限公司在诉状中提出的刘某某发生交通事故时不属于“上下班途中”的主张，由于该事故发生在上下班的合理时间内，与上下班路线、方向相符，且属于为上下班而往返于住所和工作单位之间的合理路径，故对原告宜昌鑫隆达矿山工程有限公司的该主张不予采信。被告兴山县人力资源和社会保障局依据《工伤保险条例》等的相关规定认定，刘某某系原告宜昌鑫隆达矿山工程有限公司职工，其于2012年3月13日所受伤害为工伤的决定，认定事实清楚、证据确实充分、程序合法、适用法律正确。故原告宜昌鑫隆达矿山工程有限公司以其与刘某某不存在劳动关系，且事发地点不在上下班途中为由请求撤销兴人社工认字〔2013〕029号工伤认定决定，并确认刘某某于2012年3月13日受到的伤害不属于工伤的诉讼请求，不予支持。据此判决如下：维持被告兴山县人力资源和社会保障局于2013年4月24日作出的兴人社工认字〔2013〕029号工伤认定决定。一审判决后，宜昌鑫隆达矿山工程有限公司不服提起上诉，二审法院驳回上诉，维持原判。

本案的争议焦点集中在：第一，刘某某与宜昌鑫隆达矿山工程有限公司之间是否存在劳动关系；第二，刘某某发生的交通事故是否在上下班途中。关于以上两个问题宜昌鑫隆达矿山工程有限公司均予以否认。首先，其否认与刘某某之间存在劳动关系，但基于宜昌鑫隆达矿山工程有限公司按月给刘某某发工资、为其缴纳社会保险，且刘某某在公司的指挥下完成各项工作等客观事实可以认定，宜昌鑫隆达矿山工程有限公司与刘某某之间存在劳动关系。其次，刘某某发生交通事故是否在上下班途中。“上下班途中”是指合理的上下班时间和合理的上下班路途。本案中，刘某某班组人员在2012年3月13日7时许与安全员同时入井，但因井下积水无法正常工作，刘某某班组人员随后出井。刘某某稍作停留后，与同班组成员丁某某回家。11时许，刘某某接到安全员电话，要其到井下作业。刘某某通知了其他班组成员，并驾驶摩托车与丁某某一起回磷矿准备作业。12时30分，刘某某发生交通事故。交警认定刘某某、丁某某无责任，因此刘某某受伤后死亡是发生在上下班途中。综上所述，认定刘某某为工伤是正确的。

案例26

◎ 基本案情

朱某某为建湖县兴农豆制品加工厂的职工，朱某某于2012年11月4日23时左右下班，下班后在车间开了短会，等待同事同行，并于途中等待丈夫接应。2012 年 11 月 5 日 0 时 30 分左右，朱某某骑电动自行车行驶到 G204 线（639KM+370M）与建湖县上冈镇纬三路交叉口路段时与唐某驾驶的电动车相撞，致其受伤，经医院抢救无效于当日死亡。建湖县公安局交通巡逻警察大队于 2012 年 11 月 10 日出具了建公交认字〔2012〕00000097 号道路交通事故认定书，认定唐某、朱某某分别负事故的同等责任。2013 年 1 月 17 日，朱某某配偶商某某向建湖县人力资源和社会保障局申请工伤认定。建湖县人力资源和社会保障局于 2013 年 2 月 26 日予以受理，于同日向建湖县兴农豆制品加工厂发出举证通知书并进行了送达。2013 年 4 月 25 日，建湖县人力资源和社会保障局作出建人社工认字〔2013〕第 37 号工伤认定书，认定朱某某属于工亡。建湖县兴农豆制品加工厂不服，向法院提起诉讼。其起诉的理由为：(1) 朱某某发生交通事故时间不是在下班合理时间内。(2) 朱某某发生事故时驾驶的电动车车灯已坏、未戴头盔，且逆向行驶，应负该次事故的主要责任，故建湖县公安局交通巡逻警察大队的事故责任认定朱某某负同等责任是错误的，采纳该证据认定工伤显属错误。

◎ 争议问题

朱某某发生交通事故的时间是否在下班合理时间内？

◎ 相关法条

《工伤保险条例》

第十四条第六项　职工在上下班途中，受到非本人主要责任的交通事故或者城市轨道交通、客运轮渡、火车事故伤害的，应当认定为工伤。

最高人民法院《关于审理工伤保险行政案件若干问题的规定》

第六条　对社会保险行政部门认定下列情形为“上下班途中”的，人民法院应予支持：（一）在合理时间内往返于工作地与住所地、经常居住地、单位宿舍的合理路线的上下班途中；（二）在合理时间内往返于工作地与配偶、父母、子女居住地的合理路线的上下班途中；（三）从事属于日常工作生活所需要的活动，且在合理时间和合理路线的上下班途中；（四）在合理时间内其他合理路线的上下班途中。

第一条 人民法院审理工伤认定行政案件，在认定是否存在《工伤保险条例》第十四条第（六）项“本人主要责任”、第十六条第（二）项“醉酒或者吸毒”和第十六条第（三）项“自残或者自杀”等情形时，应当以有权机构出具的事故责任认定书、结论性意见和人民法院生效裁判等法律文书为依据，但有相反证据足以推翻事故责任认定书和结论性意见的除外。前述法律文书不存在或者内容不明确，社会保险行政部门就前款事实作出认定的，人民法院应当结合其提供的相关证据依法进行审查。

◎ 结论和评析

一审法院审理后认为，根据国务院《工伤保险条例》第5条第2款“县级以上地方各级人民政府社会保险行政部门负责本行政区域内的工伤保险工作”的规定，本案被告建湖县人力资源和社会保障局作为县级社会保险行政部门，具有受理商某某申请工伤并作出是否认定工伤决定的职权，《工伤保险条例》第14条第（6）规定，职工在上下班途中，受到非本人主要责任的交通事故应当认定为工伤。本案第三人商某某之妻为原告建湖县兴农豆制品加工厂职工。2012年11月4日23时左右下班，下班后车间开了个短会，23时30分左右离开原告厂回家，因深夜害怕，故等同事一起走，并等其丈夫接应，延长了在途的时间是符合情理的，于2012年11月5日0时30左右发生交通事故，应认定为下班途中。建湖县公安局交通巡逻警察大队是交通事故责任认定的部门，其作出的认定书事实清楚、证据充分，原因分析合情合法，责任认定符合法律规定，该证据予以采纳，故原告建湖县兴农豆制品加工厂认为朱某某不属下班途中，以及建湖县公安局交通巡逻警察大队的交通事故认定书事实不清的理由不能成立，不予采纳。综上，被告建湖县人力资源和社会保障局在调查核实的基础上，作出工伤认定的具体行政行为，事实清楚，主要证据充分，程序合法，适用法律法规正确，原告要求撤销被告作出工伤认定的诉讼请求，依法不予支持。依照最高人民法院《关于执行〈中华人民共和国行政诉讼法〉若干问题的解释》第56条第（4）项的规定，判决驳回原告建湖县兴农豆制品加工厂要求撤销被告建湖县人力资源和社会保障局作出的建人社工认字〔2013〕第37号工伤认定书的诉讼请求。案件受理费50

元，由原告建湖县兴农豆制品加工厂负担。建湖县兴农豆制品加工厂不服一审判决提出上诉，二审法院最终驳回上诉，维持原判。

本案中当事人争议的主要问题包括两点：（1）朱某某发生事故是否为下班的合理时间。关于这一点建湖县兴农豆制品加工厂的意见认为，根据单位的制度，朱某某正常下班的时间为2012年11月4日23时，但其发生交通事故的时间为2012年11月5日0时30分左右，显然已经超出了合理的下班时间。但经过调查后可以发现，朱某某之所以在2012年11月5日0时30分左右出现在事故发生路段，是因为其在2012年11月4日23时“下班”后在车间开了一个短会，也就是说其实际下班时间应为2012年11月4日23时30分。而后又因深夜害怕，等同事一起走，并等其丈夫接应，所以其在2012年11月5日0时30左右出现在事故发生路段是合理的，应当认为是合理的下班期间。

（2）建湖县兴农豆制品加工厂提出朱某某发生事故时驾驶的电动车车灯已坏、未戴头盔，且逆向行驶，应负该次事故的主要责任，故建湖县公安局交通巡逻警察大队的事故责任认定朱某某负同等责任是错误的，采纳该证据认定工伤显属错误。关于这一点，如建湖县兴农豆制品加工厂对建湖县公安局交通巡逻警察大队的事故责任认定有异议，可通过其他途径主张权利。同时，根据最高人民法院《关于审理工伤保险行政案件若干问题的规定》第1条的规定“人民法院审理工伤认定行政案件，在认定是否存在《工伤保险条例》第十四条第（六）项‘本人主要责任’、第十六条第（二）项‘醉酒或者吸毒’和第十六条第（三）项‘自残或者自杀’等情形时，应当以有权机构出具的事故责任认定书、结论性意见和人民法院生效裁判等法律文书为依据，但有相反证据足以推翻事故责任认定书和结论性意见的除外。”本案中，建湖县兴农豆制品加工厂并不能提供关于朱某某所驾驶电动车车灯损坏、未戴头盔、逆向行驶的证据，故建湖人社局依据建湖县公安局交通巡逻警察大队的事故责任认定，作出本案工伤认定并无不当。

讨论案例

◎ 基本案情

陈某某系上海新长征金属网布有限公司职工。2014 年 10 月 8 日 7 时 30 分许，陈某某从居住地步行前往公司上班。7 时 40 分许，陈某某途经油墩港余家埭桥（姚家浜桥）处，因桥下芜湖顺风 855 货船与安航机 5889 货船发生碰撞，导致芜湖顺风 855 货船碰到该桥西北一侧的拱梁，造成桥梁当场垮塌，桥上包括陈某某在内的三名行人落水。陈某某被送医院治疗，经诊断，陈某某腰 2 椎体爆裂性骨折伴不全瘫。上海市青浦区地方海事处对该起事故进行了调查，并于 2014 年 10 月 22 日出具了调查结论：芜湖顺风 855 货船负本起事故的主要责任，安航机 5889 货船负次要责任。2014 年 12 月 4 日，上海市青浦区地方海事处出具证明，主要内容为陈某某系前述事故中桥梁垮塌时落水并腰部受伤住院治疗的人员，且在本起事故中不承担事故责任。同日，陈某某向上海市青浦区人力资源和社会保障局（以下简称青浦人保局）提出工伤认定申请。同年 12 月 12 日，青浦人保局予以受理。青浦人保局调查取证后认为，陈某某 2014 年 10 月 8 日受到的事故伤害不符合认定工伤或者视同工伤的情形，故决定不予认定或者视同工伤，于 2015 年 1 月 22 日作出青浦人社认〔2014〕字第 4367 号《不予认定工伤决定书》并予以送达。陈某某不服，起诉至人民法院，要求撤销上述不予认定工伤决定。

◎ 争议问题

陈某某所受伤害是否应认定为工伤?

四、视为工伤的认定

（一）在工作时间和工作岗位，突发疾病死亡或者在 48 小时之间经抢救无效死亡的

《工伤保险条例》第 15 条规定：“职工有下列情形之一的，视同工伤：（一）在工作时间和工作岗位，突发疾病死亡或者在 48 小时之内经抢救无效

死亡的；（二）在抢险救灾等维护国家利益、公共利益活动中受到伤害的；（三）职工原在军队服役，因战、因公负伤致残，已取得革命伤残军人证，到用人单位后旧伤复发的。职工有前款第（一）项、第（二）项情形的，按照本条例的有关规定享受工伤保险待遇；职工有前款第（三）项情形的，按照本条例的有关规定享受除一次性伤残补助金以外的工伤保险待遇。”其中第1项即是关于在工作时间和工作岗位，突发疾病死亡或者在48小时内经抢救无效死亡而视为工伤的情况的法律确认。在这里依据第15条第1项视同工伤的情形应该同时满足以下几个方面。

第一，必须是在工作时间和工作岗位。结合《工伤保险条例》第14条的相关规定，这里的工作时间和工作岗位既包括日常的工作时间和工作岗位，也包括从事准备性、收尾性工作的工作时间和工作岗位，还应当包括因公外出的工作时间和工作岗位。

第二，突发疾病的理解。劳动和社会保障部《关于实施〈工伤保险条例〉若干问题的意见》（劳社部函〔2004〕256号）第3条规定：“条例第十五条规定‘职工在工作时间和工作岗位，突发疾病死亡或者在48小时之内经抢救无效死亡的，视同工伤’。这里‘突发疾病’包括各类疾病。”因此，这里的疾病应当包括各类的疾病而不限于职业病。有一种观点认为，职工在工作时间和工作岗位突发疾病如果是原有疾病加重，则必须由医疗鉴定认定其病情加重为工作原因导致，否则不能认定为工伤。对于此观点笔者并不认同，从《工伤保险条例》第15条的内容来看，只要职工在工作时间和工作岗位突发疾病死亡或者48小时经抢救无效死亡的就应当认定为工伤。而无须考虑是初次发病还是已有病情的加重，亦不必考虑加重的原因是否因工作原因导致。

第三，48小时的理解。对于时间段的认识当然起算点是一个重要问题，因此48小时的起算点是一个需要明确的问题。劳动和社会保障部《关于实施〈工伤保险条例〉若干问题的意见》（劳社部函〔2004〕256号）第3条规定：“条例第十五条规定‘职工在工作时间和工作岗位，突发疾病死亡或者在48小时之内经抢救无效死亡的，视同工伤’。这里‘48小时’的起算时间，以医疗机构的初次诊断时间作为突发疾病的起算时间。”那么，对于职工在工作时间和工作岗位突发疾病当场死亡被认定为工伤的没有什么争议，但对于突发疾病后未当场死亡的理解存在着争议。其争议在于突发疾病后未当场死亡的是否必须送医院救治，并依据医院的诊疗记录来确认是否符合48小时。一种观点认为，必须送医院救治并有医院的诊疗记录作为依据，否则不能认定为工伤。另一种观点认为，只要在工作时间和工作岗位突发疾病，并在48小时内死亡的，即使未经医院抢救也应认定为工伤。因为基于国情、缺乏医学常识、对于自身疾病的不合理判断等种种原因职工突发疾病后不进行就医是很正常的情况。因此，不应一律要求发病后送医院进行治疗。但需要注意的是，在是否送医治疗不同的情况下48小时的起算点有不同：其一，如果职工在工作时间和工作场所突发疾病没有死亡直接送往医院，48小时的起算点是以医疗机构的初次诊断时间为准；其二，未送医疗治疗的，以突发疾病或者离开单位间作为起算点。

案例27

◎ 基本案情

刘某某为山东特信集团有限公司员工。2012年7月6日16时40分左右，刘某某在山东特信集团有限公司服务台工作时突然昏倒，被120急救车送往淄博市第一医院进行救治（病案号：288319），被诊断为：脑干出血；APACHEII评分29分；先天性多囊肝；先天性多囊肾；吸入性肺炎；慢性肾功能不全；中枢性呼吸衰竭。2012年7月8日14时30分左右，刘某某从淄博市第一医院出院，并于当日16时左右转往山东舜天矿业有限公司昆仑医院救治（住院号：0107122）。2012年7月13日，刘某某病情加重于8时50分临床死亡。山东特信集团有限公司于2012年8月3日向淄博市博山区人力资源和社会保障局提出工伤认定申请。淄博市博山区人力资源和社会保障局经对山东特信集团有限公司提交的120调派出车单、淄博市院前急救病历、诊断证明书、住院病案、劳动合同、证人证言、居民死亡推断书及死亡注销证明等证据材料的全面审核，于2012年8月6日决定受理并书面通知山东特信集团有限公司。淄博市博山区人力资源和社会保障局经审查核实后，认定刘某某的情况不符合《工伤保险条例》第14条、第15条认定工伤或者视同工伤的情形，遂于2012年8月20日作出博人社工决不字〔2012〕1号不予认定工伤决定书，对刘某某的情形不予认定或者视同工伤。刘某某之子刘某凯不服，向淄博市博山区人民政府提起行政复议。淄博市博山区人民政府于2012年12月18日作出博政复决字〔2012〕25号行政复议决定书，维持了淄博市博山区人力资源和社会保障局作出的不予认定工伤决定。刘某凯仍不服，于2013年1月25日向淄博市博山区人民法院提起行政诉讼，要求撤销淄博市博山区人力资源和社会保障局作出的博人社工决不字〔2012〕1号不予认定工伤决定。

◎ 争议问题

刘某某的情况应否认定为工伤？

◎ 相关法条

《工伤保险条例》

第十四条　职工有下列情形之一的，应当认定为工伤：

（一）在工作时间和工作场所内，因工作原因受到事故伤害的；

（二）工作时间前后在工作场所内，从事与工作有关的预备性或者收尾性工作受到事故伤害的；

（三）在工作时间和工作场所内，因履行工作职责受到暴力等意外伤害的；

（四）患职业病的；

（五）因工外出期间，由于工作原因受到伤害或者发生事故下落不明的；

（六）在上下班途中，受到非本人主要责任的交通事故或者城市轨道交通、客运轮渡、火车事故伤害的；

（七）法律、行政法规规定应当认定为工伤的其他情形。

第十五条　职工有下列情形之一的，视同工伤：

（一）在工作时间和工作岗位，突发疾病死亡或者在48小时之内经抢救无效死亡的；

（二）在抢险救灾等维护国家利益、公共利益活动中受到伤害的；

（三）职工原在军队服役，因战、因公负伤致残，已取得革命伤残军人证，到用人单位后旧伤复发的。

职工有前款第（一）项、第（二）项情形的，按照本条例的有关规定享受工伤保险待遇；职工有前款第（三）项情形的，按照本条例的有关规定享受除一次性伤残补助金以外的工伤保险待遇。

◎ 结论和评析

一审法院审理后认为，刘某某于2012年7月6日16时40分左右在山东特信集团有限公司服务台工作时突发疾病，在被送往医院后于2012年7月13日8时50分病情加重临床死亡，事实清楚，证据充分。淄博市博山区人力资源和社会保障局结合查明的事实，认定刘某某的情况不符合《工伤保险条例》第15条第1款第（1）项规定的在工作时间和工作岗位，突发疾病死亡或者在48小时之内经抢救无效死亡的应当视同工伤的情形，也不符合《工伤保险条例》第14条、第15条认定工伤或者视同工伤的其他情形，遂作出不予认定工伤决定书，对刘某某的情形不予认定或者视同工伤，适用法规正确。判决维持被告淄博市博山区人力资源和社会保障局于2012年8月20日作出的博人社工决不字〔2012〕1号不予认定工伤决定。宣判后刘某凯不服一审判决提出上诉。二审法院最终驳回上诉，维持原判。

本案中的争议焦点主要集中在刘某某的情况是否符合视同工伤。依据《工伤保险条例》第15条第1款第（1）项的规定：在工作时间和工作岗位，突发疾病死亡或者在48小时之内经抢救无效死亡的应当视同工伤。而在本案中，刘某某于2012年7月6日16时40分左右在山东特信集团有限公司服务台工作时突发疾病，在被送往医院后于2012年7月13日8时50分病情加重临床死亡，已经超过48小时。因此，刘某某在工作时间和工作岗位突发疾病经抢救无效死亡的情形，不符合在48小时之内经抢救无效死亡的应当视同工伤的规定。不认定为属于工伤应当被支持。

（二）在抢险救灾等维护国家利益、公共利益活动中受到伤害的

按照工伤的定义，职工在工作过程中因工作原因受到事故伤害或者患职业

病才能认定工伤，但是为了维护国家利益、公共的利益，从事抢险救灾、见义勇为等的公益性活动引起的伤害，即职工在从事抢险救灾等活动中受伤，虽然不是在从事本单位的工作中受伤，不符合工伤认定的工作时间、工作场所、工作原因三个基本要素，但是在从事对社会有益的活动中受伤，因此法律规定视同为工伤，享受工伤待遇。又因为该行为既不在工作过程中，也不是因工作原因，超出了工伤范围，所以，《工伤保险条例》规定视同工伤对待。

抢险救灾属于维护国家和公共利益的行为，法律规定中对于此种行为视同为工伤是对这种行为的提倡与鼓励，因此不受工伤认定基本三要素的限制。但在认定工伤时，需要持用人单位及有关部门出具的可靠证明，以及当时就诊的诊断证明，由劳动保障行政部门的工伤认定机关认定。

职工从事抢险救灾活动，是维护国家利益、公共利益行为中的一种具体形式。可以是单位安排，也可以是自发的私人行为，是职工履行社会义务的表现，是一种高尚行为，应该得到单位和社会的鼓励和支持。企业对于此类工伤职工，应积极进行工伤认定与相关待遇的申请与支付，表示企业的肯定支持态度，以树立、宣传企业良好形象，构建良好的企业文化。

（三）职工原在军队服役，因战、因公负伤致残，已取得革命伤残军人证，到用人单位后旧伤复发的

《工伤保险条例》第 15 条第 1 款第（3）项规定“职工有下列情形之一的，视同工伤：……（三）职工原在军队服役，因战、因公负伤致残，已取得革命伤残军人证，到用人单位后旧伤复发的。”复员伤残军人到用人单位工作后旧伤复发的情况与典型工伤中所谓的工作时间、工作场所、工作原因受到伤害存在着明显的差异。因此，从典型工伤的判断标准来看复员军人旧伤复发不应认定为工伤。但《工伤保险条例》考虑到该职工的旧伤是在服兵役期间为国家利益而受到的伤害，这种伤害的结果不应当仅由职工个人来承担，因此将旧伤复发的情况纳入工伤保险的范畴，使得这部分职工能够享受相应的工伤保险待遇。需要注意的是，旧伤复发能够被认定为工伤需要同时满足以下三个条件。

1. 因战、因公负伤致残

因战、因公负伤致残是指职工原在军队服兵役期间致残，也就是说其致

残的原因必须是“因战”或者“因公”。关于“因战致残”“因公致残”的认定可以参照《军人抚恤优待条例》第20条、第8条及第9条的规定。《军人抚恤优待条例》第20条规定“现役军人残疾被认定为因战致残、因公致残或者因病致残的，依照本条例的规定享受抚恤。因第八条第一款规定的情形之一导致残疾的，认定为因战致残；因第九条第一款规定的情形之一导致残疾的，认定为因公致残”。前述第20条中所列的因战致残条款是该条例第8条，其内容为“现役军人死亡，符合下列情形之一的，批准为烈士：（一）对敌作战死亡，或者对敌作战负伤在医疗终结前因伤死亡的；（二）因执行任务遭敌人或者犯罪分子杀害，或者被俘、被捕后不屈遭敌人杀害或者被折磨致死的；（三）为抢救和保护国家财产、人民生命财产或者参加处置突发事件死亡的；（四）因执行军事演习、战备航行飞行、空降和导弹发射训练、试航试飞任务以及参加武器装备科研实验死亡的；（五）其他死难情节特别突出，堪为后人楷模的。现役军人在执行对敌作战、边海防执勤或者抢险救灾任务中失踪，经法定程序宣告死亡的，按照烈士对待。批准烈士，属于因战死亡的，由军队团级以上单位政治机关批准；属于非因战死亡的，由军队军级以上单位政治机关批准；属于本条第一款第（五）项规定情形的，由中国人民解放军总政治部批准”。涉及“因公致残”的第9条的内容为“现役军人死亡，符合下列情形之一的，确认为因公牺牲：（一）在执行任务中或者在上下班途中，由于意外事件死亡的；（二）被认定为因战、因公致残后因旧伤复发死亡的；（三）因患职业病死亡的；（四）在执行任务中或者在工作岗位上因病猝然死亡，或者因医疗事故死亡的；（五）其他因公死亡的。现役军人在执行对敌作战、边海防执勤或者抢险救灾以外的其他任务中失踪，经法定程序宣告死亡的，按照因公牺牲对待。现役军人因公牺牲，由军队团级以上单位政治机关确认；属于本条第一款第（五）项规定情形的，由军队军级以上单位政治机关确认。”

2. 取得革命伤残军人证

残疾军人在致残后由认定残疾性质和评定残疾等级的机关向其发放《中华人民共和国残疾军人证》。根据《军人抚恤优待条例》第23条的规定：

“因战、因公、因病致残性质的认定和残疾等级的评定权限是：（一）义务兵和初级士官的残疾，由军队军级以上单位卫生部门认定和评定；（二）现役军官、文职干部和中级以上士官的残疾，由军队军区级以上单位卫生部门认定和评定；（三）退出现役的军人和移交政府安置的军队离休、退休干部需要认定残疾性质和评定残疾等级的，由省级人民政府民政部门认定和评定。评定残疾等级，应当依据医疗卫生专家小组出具的残疾等级医学鉴定意见。残疾军人由认定残疾性质和评定残疾等级的机关发给《中华人民共和国残疾军人证》。”在军人服兵役期间因战、因公致残并取得《中华人民共和国残疾军人证》的才有可能被认定为工伤，其他原因取得的残疾军人证不会被认定为工伤。

3. 旧伤复发

旧伤复发是指职工到某用人单位工作后其在军队服役期间因战、因公负伤的部位再次发作，需要进行治疗的情形。即强调这是旧伤的再一次发作，因为如果是工作期间在工作时间、工作场所、工作原因导致的新伤将认定为工伤，而非视同工伤。在实践操作中，旧伤复发申请认定工伤时需提交民政部门颁发的《革命伤残军人证》及劳动能力鉴定委员会作出的旧伤复发的鉴定证明。

在同时具备因公因战负伤致残、取得革命伤残军人证、旧伤复发三个条件的情况下应当认定为工伤。

五、排除工伤的认定

（一）故意犯罪的

《社会保险法》第 37 条第（1）项规定“职工因下列情形之一导致本人在工作中伤亡的，不认定为工伤：（一）故意犯罪……”另外，《工伤保险条例》第 16 条第（1）项规定“职工符合本条例第十四条、第十五条的规定，但是有下列情形之一的，不得认定为工伤或者视同工伤：（一）故意犯罪的……”从以上条文可以得出“故意犯罪”作为排除工伤认定的情形之一已被法律明确下来。故意犯罪中职工的主观恶性严重，产生的后果应当由其本人承担，而不应当认定为工伤。犯罪的概念可以参照《刑法》第 13 条的规定进行理解，其内容为“一切危害国家主权、领土完整和安全，分裂国家、颠覆人民民主专政的政权和推翻社会主义制度，破坏社会秩序和经济秩序，侵犯国有财产或者劳动群众集体所有的财产，侵犯公民私人所有的财产，侵犯公民的人身权利、民主权利和其他权利，以及其他危害社会的行为，依照法律应当受刑罚处罚的，都是犯罪，但是情节显著轻微危害不大的，不认为是犯罪。”《刑法》第 14 条将“故意犯罪”界定为“明知自己的行为会发生危害社会的结果，并且希望或者放任这种结果发生，因而构成犯罪的，是故意犯罪。故意犯罪，应当负刑事责任”。可以说，《刑法》已经对何为犯罪、故意犯罪作出了明确而清晰的界定。那么，在排除工伤认定的实践中需要解决的一个重要问题便是由哪一主体根据《刑法》条文的相应规定来判断或者鉴定职工存在“故意犯罪”？关于这一问题，最高人民法院作出了回应，最高人民法院《关于审理工伤保险行政案件若干问题的规定》第 1 条第 2 款规定“《工伤保险条例》第十六条第（一）项‘故意犯罪’的认定，应当以刑事侦查机关、检察机关和审判机关的生效法律文书或者结论性意见为依据”。显然，这一条中肯定了公安机关、检察机关及法院的相关法律文书或结论性意见在认定职工是否存在故意犯罪时均具有依据性效力。按照现行的刑事诉讼法，公安机关、检察机关和法院在不同的阶段都有一定的对是否属于故意犯罪的认定权。如果在侦查阶段由公安机关认定是否构成故意犯罪；如果在公诉阶段，应当由检察机关认定是否构成故意犯罪；如果在法院审理阶段，由法院作出裁判认定是否构成故意犯罪。

（二）醉酒或者吸毒的

“醉酒”或者“吸毒”行为本身会导致行为人辨认和控制自身行为的能力减弱，而在这种情况下工作则可能产生安全事故，不仅对公私财产安全造成威胁，同时对于其自身的人身安全也产生伤害隐患。同时，需要明确的是，行为人“醉酒”“吸毒”的状态是由于其本身清醒状态下的行为导致，且其“醉酒”“吸毒”后一般还保留一定的意识，因此行为后果应当由“醉酒”“吸毒”者承担，而不应当由单位来承担。如果职工因“醉酒”“吸毒”导致的伤亡，被认为是工伤不仅对用人单位不公平，另外也会产生不良的示范效用，为安全生产埋下隐患。因此，《社会保险法》第37条第（2）项规定，“职工因下列情形之一导致本人在工作中伤亡的，不认定为工伤：……（二）醉酒或者吸毒”。《社会保险条例》第16条第（2）项规定“职工符合本条例第十四条、第十五条的规定，但是有下列情形之一的，不得认定为工伤或者视同工伤：……（二）醉酒或者吸毒的”。即“醉酒”“吸毒”后引发事故造成的伤害不能认定为工伤。这一规定对正向引导职工，杜绝“醉酒”“吸毒”工作将起到良好的促进作用。

“醉酒”“吸毒”后会排除工伤认定，因此，对职工是否存在“醉酒”“吸毒”情况作出判断和认定就是一个重要的先决问题。哪些主体有权作出判断需要制度作出说明。针对这一问题，最高人民法院《关于审理工伤保险行政案件若干问题的规定》第1条第1款规定：“人民法院审理工伤认定行政案件，在认定是否存在《工伤保险条例》第十四条第（六）项‘本人主要责任’、第十六条第（二）项‘醉酒或者吸毒’和第十六条第（三）项‘自残或者自杀’等情形时，应当以有权机构出具的事故责任认定书、结论性意见和人民法院生效裁判等法律文书为依据，但有相反证据足以推翻事故责任认定书和结论性意见的除外。前述法律文书不存在或者内容不明确，社会保险行政部门就前款事实作出认定的，人民法院应当结合其提供的相关证据依法进行审查。”可见，有权机关的认定书、结论性意见、人民法院的生效裁判及社会行政部门对这一问题均可作出认定。

（三）自残或者自杀的

“自残”或者“自杀”行为均是基于行为人的主观故意对自身的身体或者生命进行伤害或剥夺的行为，其中“自残”是对自身的身体造成伤害的行为、“自杀”是结束自己生命的行为。针对“自残”“自杀”行为是否能够认定工伤的问题，《社会保险法》《工伤保险条例》分别作出了规定。《社会保险法》第37条第（3）项规定“职工因下列情形之一导致本人在工作中伤亡的，不认定为工伤：……（三）自残或者自杀”。《工伤保险条例》第16条第（3）项规定“职工符合本条例第十四条、第十五条的规定，但是有下列情形之一的，不得认定为工伤或者视同工伤：……（三）自残或者自杀的”。在因“自残”“自杀”排除工伤认定的过程中需要注意以下问题：第一，如何认定存在“自残”“自杀”。为此最高人民法院《关于审理工伤保险行政案件若干问题的规定》第1条第1款规定“人民法院审理工伤认定行政案件，在认定是否存在《工伤保险条例》第十四条第（六）项‘本人主要责任’、第十六条第（二）项‘醉酒或者吸毒’和第十六条第（三）项‘自残或者自杀’等情形时，应当以有权机构出具的事故责任认定书、结论性意见和人民法院生效裁判等法律文书为依据，但有相反证据足以推翻事故责任认定书和结论性意见的除外。前述法律文书不存在或者内容不明确，社会保险行政部门就前款事实作出认定的，人民法院应当结合其提供的相关证据依法进行审查。”需要强调的是，在有充分证据证明属于“自残”“自杀”的情况下方能认定是“自残”“自杀”，否则不能以此条来排除工伤认定。第二，“自残”“自杀”的原因考量。《社会保险法》及《工伤保险条例》中并未对“自残”“自杀”的原因进行规定，但在实践中确实存在职工“自残”“自杀”行为是由先前工作中的事故伤害引起的情况。在决定事实上的因果关系是否存在的问题上，英国法官率先采用了“若非—责无”标准。即假如没有用人单位的行为，这种损害结果将不会发生，那么就认定因果关系存在。这一原则值得借鉴。

案例28

◎ 基本案情

通驰汽修厂与徐某于2012年6月18日订立劳动合同，合同期限为2012年5月5日至2013年5月5日，双方具有劳动关系。2012年7月7日8时左右，徐某在通驰汽修厂车间从事汽车维修的过程中，往举升机上的汽车支架下垫垫块时，左手食指被汽车支架压伤。徐某受伤后，高某（通驰汽修厂法定代表人）即授意其他同事将其带去长兴镇社区卫生中心就医，后转入上海交通大学医学院附属第三人民医院治疗，经诊断为左示指中节骨折。嗣后，通驰汽修厂将徐某带回高某老家河南省固始县医院治疗，整个治疗过程所需费用皆由高某支付。2012 年 9 月 17 日，徐某向崇明人保局提出申请，要求对其所受伤害的情形进行工伤认定。2012 年 9 月 21 日，崇明人保局受理了徐某的申请，后经调查核实，于 2012 年 11 月 16 日作出崇人社认〔2012〕字第 1477 号工伤认定，根据《工伤保险条例》第 14 条第（1）项的规定，对徐某 2012 年 7 月 7 日所受伤害认定为工伤。通驰汽修厂不服，认为徐某所受伤害系自残造成，目的在于获得高额赔偿，遂向崇明县人民政府提起行政复议，复议机关于 2013 年 6 月 28 日维持了崇明人保局的工伤认定。通驰汽修厂仍不服，向人民法院提起行政诉讼，要求撤销上述工伤认定。

◎ 争议问题

徐某受伤是否为自残？

◎ 相关法条

《工伤保险条例》

第十四条　职工有下列情形之一的，应当认定为工伤：

（一）在工作时间和工作场所内，因工作原因受到事故伤害的；

……

第十六条　职工符合本条例第十四条、第十五条的规定，但是有下列情形之一的，不得认定为工伤或者视同工伤：（一）故意犯罪的；（二）醉酒或者吸毒的；（三）自残或者自杀的。

◎ 结论和评析

一审法院经审理认为，根据《工伤保险条例》第 5 条第 2 款的规定，崇明人保局作为劳动保障行政管理部门，对其辖区内的工伤事故具有作出工伤认定的法定职权。崇明人保局受理了徐某的工伤认定申请后，进行了调查、核实，在法定期间内作出了工伤认定，其执法程序合法。崇明人保局根据当事人的陈述、证言及相关证据材料，认定徐某在工作时间和工作场所内，因工作原因受到事故伤害，依据《工伤保险条例》第 14 条第（1）项作出的工伤认定，事实清楚，法律适用正确。通驰汽修厂主张徐某系自残，目的在于获得高额的工伤赔偿，但缺乏相关证据加以佐证，故通驰汽修厂的主张依据不足，不予支持。遂判决：驳回通驰汽修厂的诉讼请求。判决后，通驰汽修厂不服，向二审法院提起上诉。二审法院审理后认为，依据《工伤保险条例》第5条第2款之规定，被上诉人具有作出被诉工伤认定的法定职权。被上诉人依法受理徐某的工伤认定申请后，经调查核实，于法定期限内作出工伤认定，执法程序合法。崇明人保局提交的对卢某某、何某某所作工伤认定调查笔录、徐某的病史资料等证据能够相互印证，证明徐某在维修汽车时左手食指被压伤致骨折的事实，徐某的受伤情形属于在工作场所和工作时间，因工作原因受到事故伤害，符合《工伤保险条例》第14条第（1）项规定的应当认定为工伤的条件。崇明人保局所作工伤认定事实清楚、适用法律正确。通驰汽修厂认为徐某系自残行为，但在工伤认定及诉讼中均未提供证据予以证明，对其主张不予采信。据此，判决驳回上诉，维持原判。

本案中当事人对于徐某受伤的客观事实并无异议，但通驰汽修厂认为徐某的受伤是其自残行为，因此应当适用《工伤保险条例》第16条第3项的规定："职工符合本条例第十四条、第十五条的规定，但是有下列情形之一的，不得认定为工伤或者视同工伤：……（三）自残或者自杀的。"通驰汽修厂主张不能认定徐某为工伤。但是，在案件的调查过程中和一审、二审期间通驰汽修厂均未提出任何证据用以证明徐某为自残。因此，不能够认定徐某为自残，自然亦不能适用《工伤保险条例》第16条不认定徐某为工伤。相反，在调查过程中能够证明徐某是工作时间、工作场所、因工作原因而受伤，因此依据《工伤保险条例》第14条第1项的规定认定徐某为工伤是正确的。

第四节　工伤认定的法定程序

为规范工伤认定程序，依法进行工伤认定，维护当事人的合法权益，根据《工伤保险条例》的有关规定，制定了《工伤认定办法》。社会保险行政部门进行工伤认定时按照《工伤认定办法》执行。《工伤认定办法》中要求工伤认定应当客观公正、简捷方便，认定程序应当向社会公开。

一、申请和受理

职工发生事故伤害或者按照职业病防治法规定被诊断、鉴定为职业病，所在单位应当自事故伤害发生之日或者被诊断、鉴定为职业病之日起 30 日内，向统筹地区社会保险行政部门提出工伤认定申请。遇有特殊情况，经报社会保险行政部门同意，申请时限可以适当延长。对于应当向省级社会保险行政部门提出工伤认定申请的，根据属地原则应当向用人单位所在地设区的市级社会保险行政部门提出。

用人单位未在规定的时限内提出工伤认定申请的，受伤害职工或者其近亲属、工会组织在事故伤害发生之日或者被诊断、鉴定为职业病之日起 1 年内，可以直接提出工伤认定申请。

提出工伤认定申请应当填写《工伤认定申请表》，并提交下列材料：(1）劳动、聘用合同文本复印件或者与用人单位存在劳动关系（包括事实劳动关系）、人事关系的其他证明材料；（2）医疗机构出具的受伤后诊断证明书或者职业病诊断证明书（或者职业病诊断鉴定书）。

工伤认定申请人提交的申请材料符合要求，属于社会保险行政部门管辖范围且在受理时限内的，社会保险行政部门应当受理。社会保险行政部门收到工伤认定申请后，应当在 15 日内对申请人提交的材料进行审核，材料完整的，作出受理或者不予受理的决定；材料不完整的，应当以书面形式一次性告知申请人需要补正的全部材料。社会保险行政部门收到申请人提交的全部补正材料后，应当在 15 日内作出受理或者不予受理的决定。社会保险行政部门决定受理的，应当出具《工伤认定申请受理决定书》；决定不予受理的，应当出具《工伤认定申请不予受理决定书》。

二、审查

社会保险行政部门受理工伤认定申请后，可以根据需要对申请人提供的证据进行调查核实。社会保险行政部门进行调查核实，应当由两名以上工作人员共同进行，并出示执行公务的证件。

社会保险行政部门工作人员在工伤认定中，可以进行以下调查核实工作：（1）根据工作需要，进入有关单位和事故现场；（2）依法查阅与工伤认定有关的资料，询问有关人员并作出调查笔录；（3）记录、录音、录像和复制与工伤认定有关的资料。调查核实工作的证据收集参照行政诉讼证据收集的有关规定执行。

社会保险行政部门工作人员进行调查核实时，有关单位和个人应当予以协助。用人单位、工会组织、医疗机构以及有关部门应当负责安排相关人员配合工作，据实提供情况和证明材料。用人单位拒不协助社会保险行政部门对事故伤害进行调查核实的，由社会保险行政部门责令改正，处2000元以上2万元以下的罚款。

社会保险行政部门在进行工伤认定时，对申请人提供的符合国家有关规定的职业病诊断证明书或者职业病诊断鉴定书，不再进行调查核实。职业病诊断证明书或者职业病诊断鉴定书不符合国家规定的要求和格式的，社会保险行政部门可以要求出具证据部门重新提供。

社会保险行政部门受理工伤认定申请后，可以根据工作需要，委托其他统筹地区的社会保险行政部门或者相关部门进行调查核实。

社会保险行政部门工作人员进行调查核实时，应当履行下列义务：（1）保守有关单位商业秘密以及个人隐私；（2）为提供情况的有关人员保密。

三、认定决定

社会保险行政部门应当自受理工伤认定申请之日起60日内作出工伤认定决定，出具《认定工伤决定书》或者《不予认定工伤决定书》。社会保险行政部门对于事实清楚、权利义务明确的工伤认定申请，应当自受理工伤认定申请之日起15日内作出工伤认定决定。社会保险行政部门工作人员与工伤认定申请人有利害关系的，应当回避。职工或者其近亲属认为是工伤，用人单位不认为是工伤的，由该用人单位承担举证责任。用人单位拒不举证的，社会保险行政部门可以根据受伤害职工提供的证据或者调查取得的证据，依法作出工伤认定决定。

《认定工伤决定书》应当载明下列事项：（1）用人单位全称；（2）职工的姓名、性别、年龄、职业、身份证号码；（3）受伤害部位、事故时间和诊断时间或职业病名称、受伤害经过和核实情况、医疗救治的基本情况和诊断结论；（4）认定工伤或者视同工伤的依据；（5）不服认定决定申请行政复议或者提起行政诉讼的部门和时限；（6）作出认定工伤或者视同工伤决定的时间。

《不予认定工伤决定书》应当载明下列事项：（1）用人单位全称；（2）职工的姓名、性别、年龄、职业、身份证号码；（3）不予认定工伤或者不视同工伤的依据；（4）不服认定决定申请行政复议或者提起行政诉讼的部门和时限；（5）作出不予认定工伤或者不视同工伤决定的时间。《认定工伤决定书》和《不予认定工伤决定书》应当加盖社会保险行政部门工伤认定专用印章。

社会保险行政部门受理工伤认定申请后，作出工伤认定决定需要以司法机关或者有关行政主管部门的结论为依据的，在司法机关或者有关行政主管部门尚未作出结论期间，作出工伤认定决定的时限中止，并书面通知申请人。

社会保险行政部门应当自工伤认定决定作出之日起20日内，将《认定工伤决定书》或者《不予认定工伤决定书》送达受伤害职工（或者其近亲属）和用人单位，并抄送社会保险经办机构。《认定工伤决定书》和《不予认定工伤决定书》的送达参照民事法律有关送达的规定执行。职工或者其近亲属、用人单位对不予受理决定不服或者对工伤认定决定不服的，可以依法申请行政复议或者提起行政诉讼。

工伤认定结束后，社会保险行政部门应当将工伤认定的有关资料保存50年。

工伤认定申请受理决定书

____________：

你（单位）于________年____月____日提交_______________的工伤认定申请收悉。经审查，符合工伤认定受理的条件，现予受理。

（盖章）
年　月　日

注：本决定书一式三份，社会保险行政部门、职工或者其近亲属、用人单位各留存一份。

编号：

工伤认定申请不予受理决定书

____________：

你（单位）于________年____月____日提交____________的工伤认定申请收悉。

经审查：____不符合《工伤保险条例》第________条______________________________规定的受理条件，现决定不予受理。

如对本决定不服，可在接到决定书之日起60日内向___________________申请行政复议，或者向人民法院提起行政诉讼。

（盖章）
年　月　日

注：本决定书一式三份，社会保险行政部门、职工或者其近亲属、用人单位各留存一份。

编号：

认定工伤决定书

申请人：

职工姓名：　性别：　年龄：

身份证号码：

用人单位：

职业/工种/工作岗位：

事故时间：　年　月　日

事故地点：

诊断时间：　年　月　日

受伤害部位/职业病名称：

受伤害经过、医疗救治的基本情况和诊断结论：

________年____月____日受理__________________的工伤认定申请后，根据提交的材料调查核实情况如下：

______同志受到的事故伤害（或患职业病），符合《工伤保险条例》第____条第____款第____项之规定，属于工伤认定范围，现予以认定（或视同）为工伤。

如对本工伤认定决定不服的，可自接到本决定书之日起60日内向______申请行政复议，或者向人民法院提起行政诉讼。

（工伤认定专用章）

年　月　日

注：本通知一式四份，社会保险行政部门、职工或者其近亲属、用人单位、社会保险经办机构各留存一份。

编号：

不予认定工伤决定书

申请人：

职工姓名：　性别：　年龄：

身份证号码：

用人单位：

职业/工种/工作岗位：

________年____月____日受理________的工伤认定申请后，根据提交的材料调查核实情况如下：

______同志受到的伤害，不符合《工伤保险条例》第十四条、第十五条认定工伤或者视同工伤的情形；或者根据《工伤保险条例》第十六条第____项之规定，属于不得认定或者视同工伤的情形。现决定不予认定或者视同工伤。

如对本工伤认定结论不服的，可自接到本决定书之日起60日内向__________申请行政复议，或者向人民法院提起行政诉讼。

（工伤认定专用章）

年　月　日

注：本通知一式三份，社会保险行政部门、职工或者其近亲属、用人单位各留存一份。

案例29

◎ 基本案情

周某是铁合金公司总经理办公室厂容工段职工。2011年9月20日上午10时许，周某因工段长刘某某扣发奖金，在刘某某办公室与其发生口角、厮打。周某被刘某某打成轻微伤。2011年11月25日，周某在吉林市第六人民医院门诊就诊，被确诊为重度抑郁、焦虑症。2012年9月9日，周某经四平吉林省神经精神病医院鉴定为混合性焦虑抑郁反应。2013 年 6 月 29 日，周某向吉林市人力资源和社会保障局申请工伤认定。市人力资源和社会保障局于 2013 年 7 月 5 日以申请已超过法定时效为由，作出不予受理决定。周某认为其所受事故虽然发生在 2011 年 9 月 20 日，但当时伤害结果并没有最后诊断出来，至 2012 年 9 月 9 日四平脑科医院司法鉴定才最终出来确诊结果，故该时间应为事故伤害的时间，亦是周某得知自己所受到伤害系该事故所致的时间，因此申请工伤认定时效应从 2012 年 9 月 9 日开始计算，故没有超过申请时效。周某认为市人力资源和社会保障作出的不予受理决定违反了《工伤保险条例》关于工伤认定申请时效的规定，向人民法院起诉请求依法撤销市人社局作出的〔2013〕031 号工伤不予受理决定。

◎ 争议问题

从工伤认定程序上看吉林市人力资源和社会保障局不予受理的决定是否正确?

◎ 相关法条

《工伤保险条例》

第十七条　职工发生事故伤害或者按照职业病防治法规定被诊断、鉴定为职业病，所在单位应当自事故伤害发生之日或者被诊断、鉴定为职业病之日起 30 日内，向统筹地区社会保险行政部门提出工伤认定申请。遇有特殊情况，经报社会保险行政部门同意，申请时限可以适当延长。

用人单位未按前款规定提出工伤认定申请的，工伤职工或者其近亲属、工会组织在事故伤害发生之日或者被诊断、鉴定为职业病之日起 1 年内，可以直接向用人单位所在地统筹地区社会保险行政部门提出工伤认定申请。

按照本条第一款规定应当由省级社会保险行政部门进行工伤认定的事项，根据属地原则由用人单位所在地的设区的市级社会保险行政部门办理。

用人单位未在本条第一款规定的时限内提交工伤认定申请，在此期间发生符合本条例规定的工伤待遇等有关费用由该用人单位负担。

《工伤认定办法》

第四条 职工发生事故伤害或者按照职业病防治法规定被诊断、鉴定为职业病，所在单位应当自事故伤害发生之日或者被诊断、鉴定为职业病之日起30日内，向统筹地区社会保险行政部门提出工伤认定申请。遇有特殊情况，经报社会保险行政部门同意，申请时限可以适当延长。

按照前款规定应当向省级社会保险行政部门提出工伤认定申请的，根据属地原则应当向用人单位所在地设区的市级社会保险行政部门提出。

第五条 用人单位未在规定的时限内提出工伤认定申请的，受伤害职工或者其近亲属、工会组织在事故伤害发生之日或者被诊断、鉴定为职业病之日起1年内，可以直接按照本办法第四条规定提出工伤认定申请。

第六条 提出工伤认定申请应当填写《工伤认定申请表》，并提交下列材料：

（一）劳动、聘用合同文本复印件或者与用人单位存在劳动关系（包括事实劳动关系）、人事关系的其他证明材料；

（二）医疗机构出具的受伤后诊断证明书或者职业病诊断证明书（或者职业病诊断鉴定书）。

第七条 工伤认定申请人提交的申请材料符合要求，属于社会保险行政部门管辖范围且在受理时限内的，社会保险行政部门应当受理。

第八条 社会保险行政部门收到工伤认定申请后，应当在15日内对申请人提交的材料进行审核，材料完整的，作出受理或者不予受理的决定；材料不完整的，应当以书面形式一次性告知申请人需要补正的全部材料。社会保险行政部门收到申请人提交的全部补正材料后，应当在15日内作出受理或者不予受理的决定。

社会保险行政部门决定受理的，应当出具《工伤认定申请受理决定书》；决定不予受理的，应当出具《工伤认定申请不予受理决定书》。

第九条 社会保险行政部门受理工伤认定申请后，可以根据需要对申请人提供的证据进行调查核实。

第十条 社会保险行政部门进行调查核实，应当由两名以上工作人员共同进行，并出示执行公务的证件。

第十一条 社会保险行政部门工作人员在工伤认定中，可以进行以下调查核实工作：

（一）根据工作需要，进入有关单位和事故现场；

（二）依法查阅与工伤认定有关的资料，询问有关人员并作出调查笔录；

（三）记录、录音、录像和复制与工伤认定有关的资料。调查核实工作的证据收集参照行政诉讼证据收集的有关规定执行。

第十二条 社会保险行政部门工作人员进行调查核实时，有关单位和个人应当予以协助。用人单位、工会组织、医疗机构以及有关部门应当负责安排相关人员配合工作，据实提供情况和证明材料。

第十三条 社会保险行政部门在进行工伤认定时，对申请人提供的符合国家有关规定的职业病诊断证明书或者职业病诊断鉴定书，不再进行调查核实。职业病诊断证明书或者职业病诊断鉴定书不符合国家规定的要求和格式的，社会保险行政部门可以要求出具证据部门重新提供。

第十四条 社会保险行政部门受理工伤认定申请后，可以根据工作需要，委托其他统筹地区的社会保险行政部门或者相关部门进行调查核实。

第十五条 社会保险行政部门工作人员进行调查核实时，应当履行下列义务：

（一）保守有关单位商业秘密以及个人隐私；

（二）为提供情况的有关人员保密。

第十六条 社会保险行政部门工作人员与工伤认定申请人有利害关系的，应当回避。

第十七条 职工或者其近亲属认为是工伤，用人单位不认为是工伤的，由该用人单位承担举证责任。用人单位拒不举证的，社会保险行政部门可以根据受伤害职工提供的证据或者调查取得的证据，依法作出工伤认定决定。

第十八条 社会保险行政部门应当自受理工伤认定申请之日起60日内作出工伤认定决定，出具《认定工伤决定书》或者《不予认定工伤决定书》。

◎ 结论和评析

一审法院经审理认为，吉林市人力资源和社会保障局具有作出工伤认定决定的法定职权。根据《工伤保险条例》第17条的规定，职工发生事故伤害或者按照职业病防治法规定诊断、鉴定为职业病之日起30日内，向统筹地区社会保险行政部门提出工伤认定申请。用人单位未按前款规定提出工伤认定申请的，工伤职工或者其近亲属、工会组织在事故伤害发生之日或者被诊断、鉴定为职业病之日起一年内，可以直接向用人单位所在地统筹地区社会保险行政部门提出工伤认定申请。周某于2011年9月20日受到事故伤害，用人单位在30日内未提出工伤认定申请。周某及其近亲属也未按规定依法提出工伤认定申请。且精神病与职业病不同，其不是认定工伤的必要条件。故吉林市人力资源和社会保障局作出的吉市人社工认字〔2013〕031号工伤不予受理决定认定事实清楚，证据确凿，适用法律、法规正确，程序合法，应予维持。依照《工伤保险条例》第17条，《行政诉讼法》第54条第1款第1项之规定，判决：维持吉林市人力资源和社会保障局2013年7月5日作出的吉市人社工认字〔2013〕031号工伤不予受理决定。周某不服一审判决提起上诉，二审法院认为周某所受伤害为刘某某殴打所致，对此，刘某某已被公安机关予以公安行政处罚，对周某的人身损害赔偿已通过诉讼法院作出判决。关于周某是否为因履行工作职责受到暴力伤害姑且不论，本案仅就其主张申请工伤认定起算时间问题阐明意见。2012年1月6日，周某在吉林市神经精神病总医院出院时，已被诊断为抑郁症，其主张在吉林省神经精神病医院作出其患有抑郁症的司法鉴定意见之前，并不知晓其伤害为事故所致，显然理由不充分，其没有超过工伤认定申请时限的主张不成立，不予支持。吉林市人力资源和社会保障局所作工伤不予受理决定没有不妥。原审判决认定的主要事实清楚，适用法律正确，依法应予维持。上诉人的上诉主张不成立，不予支持。判决驳回上诉，维持原判。

本案中的争议焦点是周某2011年11月25日，在吉林市第六人民医院门诊就诊，被确诊为重度抑郁、焦虑症。2012年9月9日，周某经四平吉林省神经精神病医院鉴定为混合性焦虑抑郁反应。2013年6月29日，周某向吉林市人力资源和社会保障局申请工伤认定。周某申请认定工伤的时间是否超过了法律规定的时效。周某认为本案中涉案事故虽然发生在2011年9月20日，当时只是轻微伤并没有马上体现出精神疾病，2012年9月9日四平脑科医院司法鉴定结果才是最终确诊涉案事故伤害的时间，也是周某得知自己所受伤害系由涉案事故所致的时间。因此，提出工伤认定申请的时效应从2012年9月9日司法鉴定文书出具之日起算。吉林市人力资源和社会保障局认为其实周某自己也承认在受伤两个月时，医院已经作出诊断，并进行治疗，而周某当时因与单位打官司进行调解，放弃了工伤申请的请求，从而超过了工伤申请时效。综合分析后可以认定，周某的诊断是于2012年9月9日作出的，因此于2013年6月29日提出工伤申请已经超过了《工伤保险条例》及《工伤认定办法》所规定的时效。

讨论案例

◎ 基本案情

刘某某系沈阳市和平区太原街城管环卫管理所员工。2010年10月4日，刘某某在清扫作业时被客车刮倒受伤，经抢救无效死亡。2013年6月13日，刘某某的妻子张某某的委托代理人持2013年6月5日填写的《工伤认定申请表》及2013年5月23日填写的《工亡认定申请书》向沈阳市和平区人力资源和社会保障局提出工伤认定申请。沈阳市和平区人力资源和社会保障局于当日以张某某的申请超过了法律规定的申请时间为由，依据《工伤保险条例》的第17条的规定作出了不予受理的决定。张某某不服该决定向人民法院提起诉讼。

◎ 争议问题

张某某的申请行为是否已经超过申请时间？

第五节　工伤认定的举证责任和事实核查

一、工伤认定的举证责任分配

工伤认定的举证责任分配指在工伤认定过程中由哪些主体提供可供认定

工伤的证据。举证责任的分配对于认定是否属于工伤具有重要意义，因此也是工伤保险制度在建构时的一个重要环节。工伤认定的举证责任主要由工伤事故中的重要参与主体——用人单位及劳动者来承担。用人单位和劳动者又各自有其承担举证责任的情形和所承担的内容。

（一）用人单位的举证责任

一般来说，在工伤认定过程中主要由用人单位来承担举证责任。这主要是基于以下考虑：科学分配工伤认定的举证责任，加大社会保险行政部门和用人单位的证明责任，现行的法律规范取消了劳动行政主管部门的调查取证的责任，只是确定了其调查核实的义务，而将调取证据的责任转化为用人单位的举证责任。需要注意的是，用人单位的举证责任分别在以下情况下承担：(1）用人单位向社会保险行政部门提出工伤认定申请时承担的举证责任。《工伤保险条例》第 18 条规定："提出工伤认定申请应当提交下列材料：（一）工伤认定申请表；（二）与用人单位存在劳动关系（包括事实劳动关系）的证明材料；（三）医疗诊断证明或者职业病诊断证明书（或者职业病诊断鉴定书）。工伤认定申请表应当包括事故发生的时间、地点、原因以及职工伤害程度等基本情况工伤认定申请人提供材料不完整的，社会保险行政部门应当一次性书面告知工伤认定申请人需要补正的全部材料。申请人按照书面告知要求补正材料后，社会保险行政部门应当受理。"因此，在用人单位提出工伤认定申请时，需要向社会保险行政部门提交证明前述事实的证据。(2）提供不认定为工伤的证据。《工伤保险条例》第 19 条第 2 款规定"职工或者其近亲属认为是工伤，用人单位不认为是工伤的，由用人单位承担举证责任"。也就是说，在劳动者提出工伤认定申请，社会保险行政部门在进行工伤认定时，如果用人单位否认工伤的，不要求职工负举证责任，而由用人单位举证证明职工受伤是基于其他事由而引起的受伤或者该工作不存在引起该伤害的危险性。如果用人单位无法举证或者拒绝举证证明前述事实，则由用人单位承担不利后果，即认定为工伤。

（二）职工的举证责任

前已述及，在用人单位申请工伤认定时由其承担相应的举证责任。但如果用人单位未向社会保险行政部门提出工伤认定申请，根据规定“用人单位未在规定的时限内提出工伤认定申请的，受伤害职工或者其近亲属、工会组织在事故伤害发生之日或者被诊断、鉴定为职业病之日起 1 年内，可以直接提出工伤认定申请”。职工提出工伤认定申请时同样需要依据《工伤保险条例》第 18 条的规定提交下列材料：（1）工伤认定申请表；（2）与用人单位存在劳动关系（包括事实劳动关系）的证明材料；（3）医疗诊断证明或者职业病诊断证明书（或者职业病诊断鉴定书）。工伤认定申请表应当包括事故发生的时间、地点、原因以及职工伤害程度等基本情况。

二、工伤证据的调查核实

工伤证据的调查核实是社会保险行政部门在进行工伤认定时的职责。关于社会保险行政部门的调查核实职责《工伤保险条例》第 19 条进行了规定和确认，结合《工伤认定办法》的相关规定，可以看到社会保险行政部门在对工伤证据进行调查核实时应当注意以下问题：（1）社会保险行政部门受理工伤认定申请后，根据审核需要可以对事故伤害进行调查核实。社会保险行政部门在进行工伤认定时，对申请人提供的符合国家有关规定的职业病诊断证明书或者职业病诊断鉴定书，不再进行调查核实。职业病诊断证明书或者职业病诊断鉴定书不符合国家规定的要求和格式的，社会保险行政部门可以要求出具证据部门重新提供。社会保险行政部门受理工伤认定申请后，可以根据工作需要，委托其他统筹地区的社会保险行政部门或者相关部门进行调查核实。（2）社会保险行政部门工作人员进行调查核实时，有关单位和个人应当予以协助。用人单位、工会组织、医疗机构以及有关部门应当负责安排相关人员配合工作，据实提供情况和证明材料。用人单位拒不协助社会保险行政部门对事故伤害进行调查核实的，由社会保险行政部门责令改正，处 2000 元以上 2 万元以下的罚款。（3）社会保险行政部门进行调查核实，应当由两名以上工作人员共同进行，并出示执行公务的证件。社会保险行政部门工作人员与工伤认定申请人有利害关系的，应当回避。（4）社会保险行政部门工作人员在工伤认定中，可以进行以下调查核实工作：第一，根据工作需要，进入有关单位和事故现场；第二，依法查阅与工伤认定有关的资料，询问有关人员并作出调查笔录；第三，记录、录音、录像和复制与工伤认定有关的资料。调查核实工作的证据收集参照行政诉讼证据收集的有关规定执行。（5）社会保险行政部门工作人员进行调查核实时，应当履行下列义务：第一，保守有关单位商业秘密以及个人隐私；第二，为提供情况的有关人员保密。

案例 30

◎ 基本案情

江阴市艾莱依服饰店业主王某燕在江阴城区开有四个直营店。潘某晶系王某燕招聘的员工，工作岗位为销售主管，双方未签订劳动合同，也未依法缴纳社会保险。2013 年 1 月 31 日 21 时 15 分许，潘某晶骑电动自行车途经江阴市镇澄路夏港长达路口东侧地段时，与孙某驾驶的货车相撞，致潘某晶跌地受伤，送江阴市中医院住院治疗，诊断为：右股骨干骨折、头部外伤、上唇挫裂伤。2013 年 2 月 20 日，潘某晶出院。2013 年 2 月 28 日，江阴市公安局交通巡逻警察大队出具道路交通事故认定书，认定孙某、潘某晶负此事故同等责任。潘某晶主张上述事故发生在其下班途中，当日中山路店店长李某某休息，由她代班，导购马某某、赵某上早班，她在店里工作至 21 点下班。马某某接受调查时，证明事故当日上班情况与潘某晶陈述基本一致，并证明潘某晶事故发生后，其与李某某被辞退，经向澄江街道人力资源保障所投诉，艾莱依服饰店支付经济补偿金每人 1500 元。王某燕主张潘某晶无夜市值班任务，未在任何一家店中值过夜班，并称马某某、李某某在潘某晶事故发生前已离职，并提供卢某、周某、吉某三人共同签署的证明，但未提供考勤记录予以证明，王某燕应承担《工伤保险条例》第 19 条第 2 款规定的不能举证的不利后果。潘某晶受到的事故伤害符合《工伤保险条例》第 14 条第 6 项规定，属于工伤认定范围，予以认定工伤。王某燕不服工伤认定向人民法院提起诉讼。

◎ 争议问题

本案的举证责任如何分担？

◎ 相关法条

《工伤保险条例》

第十四条 职工有下列情形之一的，应当认定为工伤：

（一）在工作时间和工作场所内，因工作原因受到事故伤害的；

（二）工作时间前后在工作场所内，从事与工作有关的预备性或者收尾性工作受到事故伤害的；

（三）在工作时间和工作场所内，因履行工作职责受到暴力等意外伤害的；

（四）患职业病的；

（五）因工外出期间，由于工作原因受到伤害或者发生事故下落不明的；

（六）在上下班途中，受到非本人主要责任的交通事故或者城市轨道交通、客运轮渡、火车事故伤害的；

（七）法律、行政法规规定应当认定为工伤的其他情形。

第十五条 职工有下列情形之一的，视同工伤：

（一）在工作时间和工作岗位，突发疾病死亡或者在48小时之内经抢救无效死亡的；

（二）在抢险救灾等维护国家利益、公共利益活动中受到伤害的；

（三）职工原在军队服役，因战、因公负伤致残，已取得革命伤残军人证，到用人单位后旧伤复发的。

职工有前款第（一）项、第（二）项情形的，按照本条例的有关规定享受工伤保险待遇；职工有前款第（三）项情形的，按照本条例的有关规定享受除一次性伤残补助金以外的工伤保险待遇。

第十八条 提出工伤认定申请应当提交下列材料：

（一）工伤认定申请表；

（二）与用人单位存在劳动关系（包括事实劳动关系）的证明材料；

（三）医疗诊断证明或者职业病诊断证明书（或者职业病诊断鉴定书）。

工伤认定申请表应当包括事故发生的时间、地点、原因以及职工伤害程度等基本情况。

工伤认定申请人提供材料不完整的，社会保险行政部门应当一次性书面告知工伤认定申请人需要补正的全部材料。申请人按照书面告知要求补正材料后，社会保险行政部门应当受理。

第十九条 社会保险行政部门受理工伤认定申请后，根据审核需要可以对事故伤害进行调查核实，用人单位、职工、工会组织、医疗机构以及有关部门应当予以协助。职业病诊断和诊断争议的鉴定，依照职业病防治法的有关规定执行。对依法取得职业病诊断证明书或者职业病诊断鉴定书的，社会保险行政部门不再进行调查核实。

职工或者其近亲属认为是工伤，用人单位不认为是工伤的，由用人单位承担举证责任。

◎ 结论和评析

一审法院审理后认为根据国务院《工伤保险条例》第5条规定，江阴人力资源和社会保障局（以下简称江阴人社局）具有开展工伤认定、作出工伤决定的法定职责。《工伤保险条例》第14条第6项规定了职工在上下班途中，受到非本人主要责任的交通事故或者城市轨道交通、客运轮渡、火车事故伤害的，应当认定为工伤。本案中，主要争议的焦点是潘某晶发生的交通事故是否符合上述《工伤保险条例》第14条第6项规定的情形。潘某晶系中山路店的员工，其申请工伤时提供了白天和她一起上班的同事马某某的证词及交警部门出具的道路交通事故认定书，事故发生地点在其下班回家的合理路线中。交警部门对该事故责任作出了认定，其负此事故的同等责任。作为工伤的申请方，潘某晶申请工伤认定的举证责任已到位。根据《工伤保险条例》第19条第2款的规定，职工或者其直系亲属认为是工伤，用人单位不认为是工伤的，由用人单位承担举证责任。王某燕主张潘某晶无夜市值班任务，当天发生交通事故不是其下班途中，马某某、李某某在潘某晶发生交通事故前已离开中山路店，并主张潘某晶对事故应负主要责任或全责，王某燕应对该主张负举证责任，但王某燕未能提供相应有效证据来加以证明，故其应承担举证不能的不利后果。另外，即使潘某晶平时无夜市值班任务，当天代别人上夜班，或加班到晚上9点，在下班途中发生非本人主要责任的交通事故，也符合工伤认定的情形。故王某燕主张潘某晶发生交通事故不属于其下班途中发生的，不能认定为工伤，依据不足，不予支持。综上所述，江阴人社局受理了潘某晶的申请后，经调查核实作出认定工伤的决定，认定潘某晶受到的事故伤害符合《工伤保险条例》第 14 条第 6 项应认定工伤的情形，并无不当。据此判决驳回原告王某燕要求撤销被告江阴市人力资源和社会保障局作出的澄人社工伤认〔2013〕第 698 号认定工伤决定书的诉讼请求。案件受理费 50 元，由原告王某燕负担。

根据《工伤保险条例》第 18 条的规定“提出工伤认定申请应当提交下列材料：（一）工伤认定申请表；（二）与用人单位存在劳动关系（包括事实劳动关系）的证明材料；（三）医疗诊断证明或者职业病诊断证明书（或者职业病诊断鉴定书）。工伤认定申请表应当包括事故发生的时间、地点、原因以及职工伤害程度等基本情况。工伤认定申请人提供材料不完整的，社会保险行政部门应当一次性书面告知工伤认定申请人需要补正的全部材料。申请人按照书面告知要求补正材料后，社会保险行政部门应当受理。”也就是说，由申请人负基本的举证责任。在本案中工伤申请人钱某（潘某晶的丈夫）在工伤认定程序中向该局提供了以下申请材料：（1）工伤认定申请表，证明申请人向他局提交《工伤认定申请表》，经审查，他局受理了其申请；（2）潘某晶的身份证复印件，证明潘某晶的自然情况；（3）王某燕经营的艾莱依服饰店个体工商户执照复印件，证明艾莱依服饰店的自然情况；（4）证人马某某的证词及其身份证复印件，证明潘某晶 2013 年 1 月 31 日在下班途中发生交通事故；（5）道路交通事故认定书，证明潘某晶在 2013 年 1 月 31 日交通事故中承担同等责任；（6）路线图，证明潘某晶在 2013 年 1 月 31 日发生的交通事故是在下班路线中；（7）结婚证和暂住证，证明钱某与潘某晶是夫妻关系以及两人在江阴的暂住情况（暂住江阴市夏港静堂里 1 号 3 号楼 205 室）；（8）潘某晶的出院记录，证明潘某晶的受伤治疗情况。可以看出，钱某已经完成了自己的基本的举证责任。此外，《工伤保险条例》第 19 条规定：“社会保险行政部门受理工伤认定申请后，根据审核需要可以对事故伤害进行调查核实，用人单位、职工、工会组织、医疗机构以及有关部门应当予以协助。职业病诊断和诊断争议的鉴定，依照职业病防治法的有关规定执行。对依法取得职业病诊断证明书或者职业病诊断鉴定书的，社会保险行政部门不再进行调查核实。”在本案中，江阴人社局还向法院提交了其在认定工伤过程中固定的证据：（1）艾莱依服饰店在工伤认定程序中向他局提交的工伤认定意见书及卢某某、周某某、吉某某三人的证词1份，证明艾莱依服饰店在规定时间内提出异议，并向他局提供了证词。（2）江阴人社局在工伤认定程序中向潘某晶、马某某、王某燕、卢某某作的调查笔录及调查情况说明，提出他局找卢某某作调查时，卢某某不配合，并撕毁了笔录，故卢某某的调查笔录无内容，江阴人社局作了调查情况说明，证明江阴人社局进行了调查，潘某晶在下班途中受到交通事故伤害。（3）江阴人社局依职权调取的举报投诉登记表及收据，证明李某某、马某某在艾莱依服饰店工作至2013年2月2日。（4）工伤认定受理通知书、举证通知书以及调查通知书，证明江阴人社局依法受理了工伤认定申请，要求艾莱依服饰店进行举证，并书面通知艾莱依服饰店到江阴人社局配合调查。（5）江阴人社局作出的认定工伤决定书及送达凭证，证明江阴人社局依法作出了认定工伤决定书，并送达了双方当事人。

此外，根据《工伤保险条例》第19条第2款的规定“职工或者其近亲属认为是工伤，用人单位不认为是工伤的，由用人单位承担举证责任”。本案中，王某燕提出潘某晶不是工伤但并未举出证据进行证明，故认定潘某晶构成工伤依据充分。

案例31

◎ 基本案情

重庆派丽师家居有限公司是重庆市铜梁区工商行政管理局核准登记的有限责任公司，法定代表人为王某德。曾某在重庆派丽师家居有限公司从事木工工作。2014年5月22日15时左右，曾某在重庆派丽师家居有限公司单位上班时，用力洗机推柜门边框时，左手被机器刀片割伤。后经重庆长城医院诊断为：（1）左手中指指端部分皮肤及软组织缺损；（2）左手中指末节指骨粗隆开放性骨折伴骨缺损。曾某于2014年8月25日向重庆市铜梁区人力资源和社会保障局递交了工伤认定申请，重庆市铜梁区人力资源和社会保障局于2014年9月1日受理了该工伤认定申请，依据《工伤保险条例》的规定，于同日向曾某送达了工伤认定申请受理通知书，于2014年9月3日向原告抄送了工伤认定申请受理通知书和送达了工伤认定举证通知书。重庆市铜梁区人力资源和社会保障局根据调查核实的事实，于2014年9月25日作出铜人社伤险认决字〔2014〕788号工伤认定决定，认定曾某的受伤性质属于工伤的具体行政行为，并分别向重庆派丽师家居有限公司及曾某送达了工伤认定决定书。重庆派丽师家居有限公司不服，向人民法院提起行政诉讼。

◎ 争议问题

用人单位认为员工“自残”不应认定工伤的举证责任如何分担？

◎ 相关法条

《工伤保险条例》

第十四条　职工有下列情形之一的，应当认定为工伤：

（一）在工作时间和工作场所内，因工作原因受到事故伤害的；

……

第十六条　职工符合本条例第十四条、第十五条的规定，但是有下列情形之一的，不得认定为工伤或者视同工伤：

（一）故意犯罪的；

（二）醉酒或者吸毒的；

（三）自残或者自杀的。

第十九条第二款　职工或者其近亲属认为是工伤，用人单位不认为是工伤的，由用人单位承担举证责任。

◎ 结论和评析

一审法院审理后认为，根据《工伤保险条例》的规定，重庆市铜梁区人力资源和社会保障局是县级人民政府社会保险行政部门，负责其辖区内的工伤保险工作，具有作出劳动、社会保障行政确认的法定职权。重庆市铜梁区人力资源和社会保障局依据曾某递交的工伤认定申请受理该工伤认定，依照法定程序向曾某送达了工伤认定申请受理通知书，向重庆派丽师家居有限公司送达了工伤认定申请受理通知书、工伤认定举证通知书，重庆市铜梁区人力资源和社会保障局在作出工伤认定决定后分别以邮寄送达和直接送达的方式向重庆派丽师家居有限公司和曾某送达了工伤认定决定书，其程序合法。此外，依据《工伤保险条例》第 14 条第 1 项规定："职工有下列情形之一的，应当认定为工伤：（一）在工作时间和工作场所内，因工作原因受到事故伤害的；……"本案中，重庆市铜梁区人力资源和社会保障局在行政程序中收集重庆长城医院诊断证明及出院记录、出院证明、住院病案、曾某和蔡某某调查笔录及蔡某某、侯某某的证实材料等证据能够相互印证，形成证据链证明曾某于 2014 年 5 月 22 日 15 时左右在重庆派丽师家居有限公司处工作时受伤的事实，曾某符合在工作时间和工作场所内因工作原因受到事故伤害的情形。关于重庆派丽师家居有限公司认为曾某为违规操作的自伤行为的问题。虽然《工伤保险条例》第 16 条规定了排除工伤认定的三种法定情形，即因故意犯罪、醉酒或者吸毒、自残或者自杀的，不得认定为工伤或者视同工伤，但是根据《工伤保险条例》第 19 条第 2 款之规定"职工或其近亲属认为是工伤，用人单位不认为是工伤的，由用人单位承担举证责任"。本案中，重庆派丽师家居有限公司认为，曾某受伤性质不是工伤而是自伤的理由，其应当提供相关证据加以证明，而重庆派丽师家居有限公司并未提供证据证明曾某受伤属于法定的排除工伤认定的自残行为。综上所述，故重庆市铜梁区人力资源和社会保障局作出的铜人社伤险认决字〔2014〕788 号工伤认定决定，认定曾某受伤性质属于工伤的具体行政行为并无不当。为此判决驳回原告重庆派丽师家居有限公司的诉讼请求。

在案件审理过程中，重庆市铜梁区人力资源和社会保障局向法院提供了以下作出被诉具体行政行为的证据、依据：（1）《工伤保险条例》第 5 条；（2）区人社局组织机构代码；（3）工伤认定申请表；（4）铜人社伤险认受字、认举字〔2014〕769 号工伤认定申请受理通知书、工伤认定举证通知书及送达回证；（5）铜人社伤险认决字〔2014〕788 号工伤认定决定书及送达回证；（6）用人单位基本信息；（7）曾某身份证复印件；（8）重庆长城医院住院病案、出院证明、出院记录及诊断证明书；（9）被告对曾某及工友蔡某某、曾某的调查笔录及蔡某某、侯某某的证实材料；（10）《工伤保险条例》第14条第1项、第19条第2款；（11）《工伤认定办法》第17条。重庆市铜梁区人力资源和社会保障局拟以证据1证明重庆市铜梁区人力资源和社会保障局是辖区内工伤保险工作的主管机关，具有作出劳动、社会保障行政确认的法定职权；拟以证据2证明重庆市铜梁区人力资源和社会保障局是合法的国家行政机关；拟以证据3～5证明重庆市铜梁区人力资源和社会保障局依据曾某递交的工伤认定申请启动工伤认定程序，作出工伤认定决定，依照法定程序向当事人送达相关文书，其程序合法；拟以证据6证明重庆派丽师家居有限公司具有用工主体资格；拟以证据7证明曾某具有合法的劳动者资格；拟以证据8证明曾某受伤的部位和受伤的事实；拟以证据9证明曾某与重庆派丽师家居有限公司存在劳动关系及曾某受伤的事实；拟以依据10～11证明重庆市铜梁区人力资源和社会保障局作出工伤认定的具体行政行为，适用行政法规、规章正确。其中第3、7、8项证据即是工伤认定申请人在申请工伤认定程序中向重庆市铜梁区人力资源和社会保障局提交的证明基本事实存在的证据。重庆派丽师家居有限公司认为曾某存在自伤行为，应当依据《工伤保险条例》第16条的规定“职工符合本条例第十四条、第十五条的规定，但是有下列情形之一的，不得认定为工伤或者视同工伤：（一）故意犯罪的；（二）醉酒或者吸毒的；（三）自残或者自杀的”不认定曾某为工伤。但依据《工伤保险条例》第19条第2款的规定“职工或其近亲属认为是工伤，用人单位不认为是工伤的，由用人单位承担举证责任”。重庆派丽师家居有限公司并未就其提出的曾某有自残行为举出证据进行证明，因此应当按照《工伤保险条例》第14条第1项的规定认定曾某为工伤。

讨论案例

◎ 基本案情

2012年8月25日，江苏建兴建工集团有限公司将其承建的中粮集团东台公司人才公寓工程中的变更图纸内墙体工程发包给不具备用工主体资格的自然人李某某，李某某招用常某某从事拆墙工作。同年9月1日9时许，常某某在江苏建兴建工集团有限公司承建的中粮集团东台公司人才公寓施工中，协助拆除墙体时，因违章操作，墙体突然倒塌，砸在其身上受伤。事发当日，常某某即被送至东台市人民医院住院治疗，诊断为骨盆骨折。2013 年 1 月 5 日，常某某以江苏建兴建工集团有限公司为用人单位向东台市人力资源和社会保障局提出工伤认定申请。东台市人力资源和社会保障局于同年 3 月 12 日依法受理，同年 3 月 15 日向江苏建兴建工集团有限公司发出东人社工证字〔2013〕第 183 号《工伤认定举证通知书》。江苏建兴建工集团有限公司在规定的时间内进行了举证。东台市人力资源和社会保障局根据双方提交的证据材料，经调查核实后，认为常某某于 2012 年 9 月 1 日所受伤害符合在工作时间和工作场所内，因工作原因受到事故伤害，属于工伤认定范围，遂根据《工伤保险条例》第 14 条第 1 项之规定，于同年 4 月 15 日作出《认定工伤决定书》，认定常某某受伤为工伤，并分别于同年 4 月 16 日、4 月 17 日向常某某及江苏建兴建工集团有限公司送达了该工伤决定书。江苏建兴建工集团有限公司以其与常某某之间不存在劳动关系为由不服该工伤认定决定，向法院提起行政诉讼。

◎ 争议问题

用人单位以与受伤人员不存在劳动关系为由起诉请求撤销工伤认定的举证责任应当如何分担？

第四章　劳动能力鉴定

一、劳动能力鉴定的概念

劳动能力鉴定是指劳动能力鉴定机构对劳动者在职业活动中因工负伤或患职业病后，根据国家工伤保险法律的相关规定，在评定伤残等级时通过医学检查对劳动功能障碍程度和生活自理障碍程度作出的判定结论。职工发生工伤，经治疗伤情相对稳定后存在残疾、影响劳动能力的，应当进行劳动能力鉴定。因此，能够申请劳动能力鉴定应具备以下条件：第一，鉴定应当经过治疗，且伤情处于相对稳定的状态。因为，只有相对稳定的状态才可能作出确定性的鉴定结论。第二，工伤职工存在残疾，主要表现为身体上的残疾，如身体器官或者四肢的残疾。第三，工伤职工的残疾对工作、生活产生了直接影响，在一定程度上影响了职工的劳动能力，使其无法从事之前的岗位，甚至丧失任何劳动能力等。

二、劳动能力鉴定的等级

劳动能力鉴定是指劳动功能障碍程度和生活自理障碍程度的等级鉴定。劳动功能障碍分为十个伤残等级，最重的为一级，最轻的为十级。生活自理障碍分为三个等级：生活完全不能自理、生活大部分不能自理和生活部分不能自理。劳动能力鉴定标准由国务院社会保险行政部门会同国务院卫生行政部门等部门制定。

三、劳动能力鉴定的机构

我国的劳动能力鉴定机构是在省、自治区、直辖市和设区的市设立的劳动能力鉴定委员会。省、自治区、直辖市劳动能力鉴定委员会和设区的市级劳动能力鉴定委员会分别由省、自治区、直辖市和设区的市级社会保险行政部门、卫生行政部门、工会组织、经办机构代表以及用人单位代表组成。

劳动能力鉴定委员会建立医疗卫生专家库。列入专家库的医疗卫生专业技术人员应当具备下列条件：（1）具有医疗卫生高级专业技术职务任职资格；（2）掌握劳动能力鉴定的相关知识；（3）具有良好的职业品德。

四、劳动能力鉴定的程序

劳动能力鉴定由用人单位、工伤职工或者其近亲属向设区的市级劳动能力鉴定委员会提出申请，并提供工伤认定决定和职工工伤医疗的有关资料。

设区的市级劳动能力鉴定委员会收到劳动能力鉴定申请后，应当从其建立的医疗卫生专家库中随机抽取 3 名或者 5 名相关专家组成专家组，由专家组提出鉴定意见。设区的市级劳动能力鉴定委员会根据专家组的鉴定意见作出工伤职工劳动能力鉴定结论；必要时，可以委托具备资格的医疗机构协助进行有关的诊断。

设区的市级劳动能力鉴定委员会应当自收到劳动能力鉴定申请之日起 60 日内作出劳动能力鉴定结论，必要时，作出劳动能力鉴定结论的期限可以延长 30 日。劳动能力鉴定结论应当及时送达申请鉴定的单位和个人。

申请鉴定的单位或者个人对设区的市级劳动能力鉴定委员会作出的鉴定结论不服的，可以在收到该鉴定结论之日起 15 日内向省、自治区、直辖市劳动能力鉴定委员会提出再次鉴定申请。省、自治区、直辖市劳动能力鉴定委员会作出的劳动能力鉴定结论为最终结论。

自劳动能力鉴定结论作出之日起 1 年后，工伤职工或者其近亲属、所在单位或者经办机构认为伤残情况发生变化的，可以申请劳动能力复查鉴定。

第五章　工伤保险待遇

一、工伤保险待遇的种类和标准

（一）工伤医疗待遇

职工因工作遭受事故伤害或者患职业病进行治疗，享受工伤医疗待遇。职工治疗工伤应当在签订服务协议的医疗机构就医，情况紧急时可以先到就近的医疗机构急救。治疗工伤所需费用符合工伤保险诊疗项目目录、工伤保险药品目录、工伤保险住院服务标准的，从工伤保险基金支付。工伤保险诊疗项目目录、工伤保险药品目录、工伤保险住院服务标准，由国务院社会保险行政部门会同国务院卫生行政部门、食品药品监督管理部门等部门规定。社会保险行政部门作出认定为工伤的决定后发生行政复议、行政诉讼的，行政复议和行政诉讼期间不停止支付工伤职工治疗工伤的医疗费用。

除工伤医疗费以外，工伤职工还可以享受以下工伤医疗待遇：

（1）伙食补助费。职工住院治疗工伤的伙食补助费，以及经医疗机构出具证明，报经办机构同意。

（2）到统筹地区以外就医的交通费、食宿费。工伤职工到统筹地区以外就医所需的交通、食宿费用从工伤保险基金支付，基金支付的具体标准由统筹地区人民政府规定。

（3）康复治疗费。工伤职工到签订服务协议的医疗机构进行工伤康复的费用，符合规定的，从工伤保险基金支付。

（4）安装、配置辅助器具的费用。工伤职工因日常生活或者就业需要，经劳动能力鉴定委员会确认，可以安装假肢、矫形器、假眼、假牙和配置轮椅等辅助器具，所需费用按照国家规定的标准从工伤保险基金支付。

（5）停工留薪待遇。职工因工作遭受事故伤害或者患职业病需要暂停工作接受工伤医疗的，在停工留薪期内，原工资福利待遇不变，由所在单位按月支付。

停工留薪期一般不超过12个月。伤情严重或者情况特殊，经设区的市级劳动能力鉴定委员会确认，可以适当延长，但延长不得超过12个月。工伤职工评定伤残等级后，停发原待遇，按照本章的有关规定享受伤残待遇。工伤职工在停工留薪期满后仍需治疗的，继续享受工伤医疗待遇。生活不能自理的工伤职工在停工留薪期需要护理的，由所在单位负责。

（二）因工伤残待遇

1. 生活护理费

工伤职工已经评定伤残等级并经劳动能力鉴定委员会确认需要生活护理的，从工伤保险基金按月支付生活护理费。生活护理费按照生活完全不能自理、生活大部分不能自理或者生活部分不能自理3个不同等级支付，其标准分别为统筹地区上年度职工月平均工资的50%、40%或者30%。

2. 一级至四级伤残待遇

职工因工致残被鉴定为一级至四级伤残的，保留劳动关系，退出工作岗位，享受以下待遇：（1）从工伤保险基金按伤残等级支付一次性伤残补助金，标准为：一级伤残为27个月的本人工资，二级伤残为25个月的本人工资，三级伤残为23个月的本人工资，四级伤残为21个月的本人工资。（2）从工伤保险基金按月支付伤残津贴，标准为：一级伤残为本人工资的90%，二级伤残为本人工资的85%，三级伤残为本人工资的80%，四级伤残为本人工资的75%。伤残津贴实际金额低于当地最低工资标准的，由工伤保险基金补足差额。（3）工伤职工达到退休年龄并办理退休手续后，停发伤残津贴，按照国家有关规定享受基本养老保险待遇。基本养老保险待遇低于伤残津贴的，由工伤保险基金补足差额。职工因工致残被鉴定为一级至四级伤残的，由用人单位和职工个人以伤残津贴为基数，缴纳基本医疗保险费。

3. 五级、六级伤残待遇

职工因工致残被鉴定为五级、六级伤残的，享受以下待遇：（1）从工伤保险基金按伤残等级支付一次性伤残补助金，标准为：五级伤残为18个月的本人工资，六级伤残为16个月的本人工资。（2）保留与用人单位的劳动关系，由用人单位安排适当工作。难以安排工作的，由用人单位按月发给伤残津贴，标准为：五级伤残为本人工资的70%，六级伤残为本人工资的60%，并由用人单位按照规定为其缴纳应缴纳的各项社会保险费。伤残津贴实际金额低于当地最低工资标准的，由用人单位补足差额。经工伤职工本人提出，该职工可以与用人单位解除或者终止劳动关系，由工伤保险基金支付一次性工伤医疗补助金，由用人单位支付一次性伤残就业补助金。一次性工伤医疗补助金和一次性伤残就业补助金的具体标准由省、自治区、直辖市人民政府规定。

4. 七级至十级伤残待遇

职工因工致残被鉴定为七级至十级伤残的，享受以下待遇：（1）从工伤保险基金按伤残等级支付一次性伤残补助金，标准为：七级伤残为13个月的本人工资，八级伤残为11个月的本人工资，九级伤残为9个月的本人工资，十级伤残为7个月的本人工资。（2）劳动、聘用合同期满终止，或者职工本人提出解除劳动、聘用合同的，由工伤保险基金支付一次性工伤医疗补助金，由用人单位支付一次性伤残就业补助金。一次性工伤医疗补助金和一次性伤残就业补助金的具体标准由省、自治区、直辖市人民政府规定。

（三）因工死亡待遇

（1）职工因工死亡，其近亲属按照下列规定从工伤保险基金领取丧葬补助金、供养亲属抚恤金和一次性工亡补助金：

①丧葬补助金为6个月的统筹地区上年度职工月平均工资；

②供养亲属抚恤金按照职工本人工资的一定比例发给由因工死亡职工生前提供主要生活来源、无劳动能力的亲属。标准为：配偶每月40%，其他亲属每人每月30%，孤寡老人或者孤儿每人每月在上述标准的基础上增加10%。核定的各供养亲属的抚恤金之和不应高于因工死亡职工生前的工资。供养亲属的具体范围由国务院社会保险行政部门规定；

③一次性工亡补助金标准为上一年度全国城镇居民人均可支配收入的20倍。

（2）伤残职工在停工留薪期内因工伤导致死亡的，其近亲属享受前述的丧葬补助金、供养亲属抚恤金和一次性工亡补助金的待遇。

（3）一级至四级伤残职工在停工留薪期满后死亡的，其近亲属可以享受丧葬补助金、供养亲属抚恤金的待遇。

伤残津贴、供养亲属抚恤金、生活护理费由统筹地区社会保险行政部门根据职工平均工资和生活费用变化等情况适时调整。调整办法由省、自治区、直辖市人民政府规定。

（四）职工因工外出期间发生事故或者在抢险救灾中下落不明的待遇

职工因工外出期间发生事故或者在抢险救灾中下落不明的，从事故发生当月起3个月内照发工资，从第4个月起停发工资，由工伤保险基金向其供养亲属按月支付供养亲属抚恤金。生活有困难的，可以预支一次性工亡补助金的50%。职工被人民法院宣告死亡的，按照职工因工死亡的规定处理。

（五）特殊情形下的工伤保险待遇

1. 用人单位未依法缴纳工伤保险费时的工伤赔偿

劳动者所在用人单位应当参加工伤保险而未参加工伤保险，或未依法缴纳工伤保险费，发生工伤保险事故时由用人单位按照《工伤保险条例》规定的工伤保险待遇项目和标准支付各项法定工伤保险待遇。用人单位不支付的，从工伤保险基金中先行支付。从工伤保险基金中先行支付的工伤保险待遇应当由用人单位偿还。用人单位不偿还的，社会保险经办机构可以依法进行追偿。2011年6月29日，人力资源和社会保障部颁布的《社会保险基金先行支付暂行办法》对先行支付以及追偿行使的程序作了具体的规定。

先行支付的程序：《社会保险基金先行支付暂行办法》中规定了四种在实践中认定“用人单位不支付”的情形：（1）用人单位被依法吊销营业执照或者撤销登记、备案的。（2）用人单位拒绝支付全部或者部分费用的。（3）依法经仲裁、诉讼后仍不能获得工伤保险待遇，法院出具中止执行文书的。（4）职工认为用人单位不支付的其他情形。职工被认定为工伤后，有前述情形之一的，职工或者其近亲属可以持工伤认定决定书和有关材料向社会保险经办机构书面申请先行支付工伤保险待遇。社会保险经办机构收到职工或者其近亲属提出的申请后，应当在3个工作日内向用人单位发出书面催告通知，要求其在5个工作日内予以核实并依法支付工伤保险待遇，告知其如在规定期限内不按时足额支付的，工伤保险基金在按照规定先行支付后，取得要求其偿还的权利。用人单位未按规定按时足额支付的，社会保险经办机构应当按照社会保险法和《工伤保险条例》的规定，先行支付工伤保险待遇项目中应当由工伤保险基金支付的项目。个人或者其近亲属提出先行支付医疗费用、工伤医疗费用或者工伤保险待遇申请，社会保险经办机构经审核不符合先行支付条件的，应当在收到申请后5个工作日内作出不予先行支付的决定，并书面通知申请人。个人申请先行支付医疗费用、工伤医疗费用或者工伤保险待遇的，应当提交所有医疗诊断、鉴定等费用的原始票据等证据。社会保险经办机构应当保留所有原始票据等证据，要求申请人在先行支付凭据上签字确认，凭原始票据等证据先行支付医疗费用、工伤医疗费用或者工伤保险待遇。

2. 非法用工单位伤亡人员的工伤赔偿

非法用工单位的职工遭受伤亡的，非法用工单位必须依法向伤残职工或者死亡职工的近亲属、伤残童工或者死亡童工的近亲属给予一次性赔偿。一次性赔偿包括受到事故伤害或者患职业病的职工或童工在治疗期间的费用和一次性赔偿金。具体内容包括：生活费、医疗费、护理费、住院期间的伙食补助费、所需的交通费、一次性伤残赔偿金以及一次性死亡赔偿金等费用。一次性赔偿金以单位所在工伤保险统筹地区上年度职工年平均工资为基数按照以下标准支付：一级伤残的为赔偿基数的16倍，二级伤残的为赔偿基数的14倍，三级伤残的为赔偿基数的12倍，四级伤残的为赔偿基数的10倍，五级伤残的为赔偿基数的8倍，六级伤残的为赔偿基数的6倍，七级伤残的为赔偿基数的4倍，八级伤残的为赔偿基数的3倍，九级伤残的为赔偿基数的2倍，十级伤残的为赔偿基数的1倍。受到事故伤害或者患职业病造成死亡的，按照上一年度全国城镇居民人均可支配收入的20倍支付一次性赔偿金，并按照上一年度全国城镇居民人均可支配收入的10倍一次性支付丧葬补助等其他赔偿金。

单位拒不支付一次性赔偿的，伤残职工或者死亡职工的近亲属、伤残童工或者死亡童工的近亲属可以向人力资源和社会保障行政部门举报。经查证属实的，人力资源和社会保障行政部门应当责令该单位限期改正。伤残职工或者死亡职工的近亲属、伤残童工或者死亡童工的近亲属就赔偿数额与单位发生争议的，按照劳动争议处理的有关规定处理。

3. 第三人侵权时的工伤赔偿

职工由于第三人的侵权行为造成伤病被认定为工伤的，应由第三人承担相应的赔偿责任。如果第三人不支付工伤医疗费用或者无法确定第三人的，职工或者近亲属可以持工伤认定书和有关材料向社会保险经办机构书面申请工伤保险基金先行支付，并告知第三人不支付或者无法确定第三人的情况。工伤保险基金先行支付后，有权向第三人追偿。

个人由于第三人的侵权行为造成伤病被认定为工伤，第三人不支付工伤医疗费用或者无法确定第三人的，个人或者其近亲属可以持工伤认定决定书和有关材料向社会保险经办机构书面申请工伤保险基金先行支付，并告知第三人不支付或者无法确定第三人的情况。社会保险经办机构接到个人提出的申请后，应当审查个人获得基本医疗保险基金先行支付和其所在单位缴纳工伤保险费等情况，并按照下列情形分别处理：（1）对于个人所在用人单位已经依法缴纳工伤保险费，且在认定工伤之前基本医疗保险基金有先行支付的，社会保险经办机构应当按照工伤保险有关规定，用工伤保险基金先行支付超出基本医疗保险基金先行支付部分的医疗费用，并向基本医疗保险基金退还先行支付的费用。（2）对于个人所在用人单位已经依法缴纳工伤保险费，在认定工伤之前基本医疗保险基金无先行支付的，社会保险经办机构应当用工伤保险基金先行支付工伤医疗费用。（3）对于个人所在用人单位未依法缴纳工伤保险费，且在认定工伤之前基本医疗保险基金有先行支付的，社会保险经办机构应当在3个工作日内向用人单位发出书面催告通知，要求用人单位在5个工作日内依法支付超出基本医疗保险基金先行支付部分的医疗费用，并向基本医疗保险基金偿还先行支付的医疗费用。用人单位在规定时间内不支付其余部分医疗费用的，社会保险经办机构应当用工伤保险基金先行支付。（4）对于个人所在用人单位未依法缴纳工伤保险费，在认定工伤之前基本医疗保险基金无先行支付的，社会保险经办机构应当在3个工作日内向用人单位发出书面催告通知，要求用人单位在5个工作日内依法支付全部工伤医疗费用；用人单位在规定时间内不支付的，社会保险经办机构应当用工伤保险基金先行支付。

二、停止享受工伤待遇的情形

工伤职工或者其供养亲属享受工伤保险待遇的条件发生变化，从而不具备或者丧失了享受待遇的前提时，工伤职工或者其供养亲属不应继续享受工伤保险待遇。具体情形包括以下3种。

（一）丧失享受待遇条件的

工伤职工一旦恢复劳动能力或者生活能够自理的，则停止享受工伤保险待遇。工伤职工的供养亲属如果具备前述停止享受抚恤金情况的，也不得继续享受供养亲属抚恤金。

（二）拒不接受劳动能力鉴定的

劳动能力鉴定结果是享受工伤保险待遇的依据，因此如果职工拒不接受劳动能力鉴定，则其所应享有的工伤保险待遇难以确定，事实上无法再享受相应的工伤保险待遇。

（三）拒绝治疗的

工伤职工拒绝治疗，可能导致劳动能力的进一步丧失甚至死亡，对此结果职工存在主观过错，这一主观过错使得最终的结果与工作原因之间的因果关系被切断，因此，不应当属于工伤保险的保障范围。

案例32

◎ 基本案情

曹某某、张某某系工亡职工曹某之父母。曹某生前为比亚迪汽车有限公司职工。2010年1月7日，曹某在上班途中发生交通事故，2010年4月2日，原西安市劳动和社会保障局认定曹某所受伤害为工伤。2012年11月，比亚迪汽车有限公司向西安市工伤生育保险基金管理中心提出申请，要求其支付曹某某、张某某供养亲属抚恤金。比亚迪汽车有限公司在向西安市工伤生育保险基金管理中心申请时，提交了曹某某、张某某的户口本、身份证及《西安市因工死亡职工遗属劳动能力鉴定表》等申请材料。依曹某某、张某某的《西安市因工死亡职工遗属劳动能力鉴定表》，曹某某伤残等级为九级，属部分丧失劳动能力。张某某伤残等级为六级，属大部分丧失劳动能力。西安市工伤生育保险基金管理中心经审定，认为曹某某、张某某不符合《因工死亡职工供养亲属范围规定》（劳动和社会保障部令第 18 号）第 3 条第 1 项"完全丧失劳动能力的"及第 3 项"工亡职工父母男年满 60 周岁，女年满 55 周岁的"供养条件，于 2013 年 2 月 3 日作出不予支付曹某某、张某某供养亲属抚恤金待遇的审核决定。曹某某、张某某不服，遂提起行政诉讼。

◎ 争议问题

1. 曹某某、张某某是否符合享受供养亲属抚恤金待遇的条件?
2. 曹某某、张某某的诉讼请求是否应予支持?

◎ 相关法条

《工伤保险条例》

第三十九条 职工因工死亡，其近亲属按照下列规定从工伤保险基金领取丧葬补助金、供养亲属抚恤金和一次性工亡补助金：

……

（二）供养亲属抚恤金按照职工本人工资的一定比例发给由因工死亡职工生前提供主要生活来源、无劳动能力的亲属。标准为：配偶每月 40%，其他亲属每人每月 30%，孤寡老人或者孤儿每人每月在上述标准的基础上增加 10%。核定的各供养亲属的抚恤金之和不应高于因工死亡职工生前的工资。供养亲属的具体范围由国务院社会保险行政部门规定；

……

一级至四级伤残职工在停工留薪期满后死亡的，其近亲属可以享受本条第一款第（一）项、第（二）项规定的待遇。

《因工死亡职工供养亲属范围规定》（劳动和社会保障部令第 18 号）

第三条　上条规定的人员，依靠因工死亡职工生前提供主要生活来源，并有下列情形之一的，可按规定申请供养亲属抚恤金：（一）完全丧失劳动能力的；……（三）工亡职工父母男年满60周岁，女年满55周岁的。

劳动和社会保障部《关于实施〈工伤保险条例〉若干问题的意见》（劳社部函〔2004〕256号）

第八条　职工因工死亡，其供养亲属享受抚恤金待遇的资格，按职工因工死亡时的条件核定。

◎ 结论和评析

一审法院经审理判决驳回原告要求西安市工伤生育保险基金管理中心支付供养亲属抚恤金188 604元的诉讼请求。曹某某、张某某不服一审判决提起上诉。二审法院最终判决驳回上诉，维持原判。

1. 曹某某、张某某是否符合享受供养亲属抚恤金待遇的条件

该案中曹某某、张某某系工亡职工曹某的直系亲属，依法有权向工伤保险经办机构申请供养亲属抚恤金，但享受供养亲属抚恤金待遇应当符合《因工死亡职工供养亲属范围规定》（劳动和社会保障部令第18号）第3条规定的条件。该案中，曹某某、张某某之子曹某因工死亡时，其父曹某某的年龄未满60周岁，其母张某某的年龄未满55周岁，均不符合享受该待遇之年龄条件。此外，依据曹某某、张某某提供的《西安市因工死亡职工遗属劳动能力鉴定表》，不能证明曹某某、张某某在其子曹某因工死亡时属完全丧失劳动能力的情形，即曹某某、张某某的身体状况亦不符合享受供养亲属抚恤金待遇的条件。综上所述，曹某某、张某某的年龄及身体状况均不符合享受供养亲属抚恤金待遇的条件，故西安市工伤生育保险基金管理中心作出的审核决定合法有效，原告要求被告支付供养亲属抚恤金之理由不能成立。

2. 曹某某、张某某的诉讼请求是否应予支持

该案中的一个核心问题是工伤职工供养亲属抚恤金制度，该制度的建立，是为了保障依靠因工死亡职工生前提供主要生活来源的、无劳动能力的亲属的基本生活。相关法律之所以限制供养亲属的范围及核定条件的时间，一方面，是由于工伤保险制度属政府有限介入，是社会统筹保险资金的赔付制度。

工伤保险基金主要资金来源于生产经营过程中可能发生安全风险的各个用人单位，而我国现阶段的经济社会发展程度决定了工伤保险基金的有限性；另一方面，供养亲属抚恤金是一种基于不可补偿性损失所产生的费用，并不以恢复至权利未受侵害前的状态为原则，这也决定了供养亲属抚恤金待遇不可能填平工伤事故造成的全部损失。因此，我国现行的供养亲属抚恤金制度是与社会发展程度相适应，与工伤保险制度的精神相一致的。该案中曹某某、张某某并未满足享受供养亲属抚恤金的条件，因此不向其支付待遇是有理由的。

案例33

◎ 基本案情

郝某某系陕西超洁物业有限责任公司职工。2012年11月21日7时13分，郝某某上班途中，行至世纪大道协和加油站前发生交通事故，致郝某某死亡。事故发生后，肇事方承担了民事赔偿责任。赔偿原告48万元。经咸阳市人力资源和社会保障局咸人社工伤认字〔2013〕387号工伤认定书，认定郝某某为工亡。因郝某某所在的用人单位陕西超洁物业有限责任公司依法参加了工伤保险，郝某某的父母郝某、王某以及其丈夫杜某申请渭城工伤保险中心支付工伤保险待遇，渭城工伤保险中心认为交通事故的责任方已承担了赔偿责任，且赔偿数额高于工伤保险赔偿数额，因此不再支付工伤保险待遇。原告郝某、王某、杜某认为渭城工伤保险中心不再支付工伤保险待遇行为违反法律规定，提起行政诉讼，要求判令被告渭城工伤保险中心给付工伤保险待遇，即支付丧葬费22 165元、一次性工亡补助金4 913 000元，被告承担诉讼费。

◎ 争议问题

肇事方承担了民事赔偿责任后是否还可以申请工伤保险赔偿？

◎ 相关法条

《社会保险基金先行支付暂行办法》

第四条　个人由于第三人的侵权行为造成伤病被认定为工伤，第三人不支付工伤医疗费用或者无法确定第三人的，个人或者其近亲属可以持工伤认定决定书和有关材料向社会保险经办机构书面申请工伤保险基金先行支付，并告知第三人不支付或者无法确定第三人的情况。

第五条　社会保险经办机构接到个人根据第四条规定提出的申请后，应当审查个人获得基本医疗保险基金先行支付和其所在单位缴纳工伤保险费等情况，并按照下列情形分别处理：

（一）对于个人所在用人单位已经依法缴纳工伤保险费，且在认定工伤之前基本医疗保险基金有先行支付的，社会保险经办机构应当按照工伤保险有关规定，用工伤保险基金先行支付超出基本医疗保险基金先行支付部分的医疗费用，并向基本医疗保险基金退还先行支付的费用；

（二）对于个人所在用人单位已经依法缴纳工伤保险费，在认定工伤之前基本医疗保险基金无先行支付的，社会保险经办机构应当用工伤保险基金先行支付工伤医疗费用；

（三）对于个人所在用人单位未依法缴纳工伤保险费，且在认定工伤之前基本医疗保险基金有先行支付的，社会保险经办机构应当在3个工作日内向用人单位发出书面催告通知，要求用人单位在5个工作日内依法支付超出基本医疗保险基金先行支付部分的医疗费用，并向基本医疗保险基金偿还先行支付的医疗费用。用人单位在规定时间内不支付其余部分医疗费用的，社会保险经办机构应当用工伤保险基金先行支付；

（四）对于个人所在用人单位未依法缴纳工伤保险费，在认定工伤之前基本医疗保险基金无先行支付的，社会保险经办机构应当在3个工作日向用人单位发出书面催告通知，要求用人单位在5个工作日内依法支付全部工伤医疗费用；用人单位在规定时间内不支付的，社会保险经办机构应当用工伤保险基金先行支付。

◎ 结论和评析

一审法院审理后判决：驳回原告郝某、王某、杜某的诉讼请求。二审法院经审理维持原判。

该案的焦点是已获侵权损害赔偿后能否再获得工伤保险赔偿。人力资源和社会保障部《工伤保险经办规程》第74条第2款规定，业务部门根据统筹地区社会保险行政部门制定的相关政策核定其他工伤待遇。咸阳市劳动局咸劳发〔2001〕152号文件及《咸阳市职工工伤保险基金支付暂行办法》第5条其他工伤待遇的支付第1项规定，同一工伤事故兼有民事赔偿责任的，先按民事赔偿处理，民事赔偿高于工伤保险待遇的，由工伤保险基金补足差额。咸阳市劳动局咸劳发〔2001〕152号文件及《咸阳市职工工伤保险基金支付暂行办法》第5条第（1）项规定与人力资源和社会保障部《工伤保险经办规程》第74条第2款规定并不抵触。郝某某死亡后，原告郝某、王某、杜某已从肇事方得到包括丧葬费、死亡赔偿金在内的48万元赔偿。被告渭城区工伤保险中心依据2012年人社部《工伤保险经办规程》、咸阳市劳动局咸劳发〔2001〕152号文件及《咸阳市职工工伤保险基金支付暂行办法》规定的补足差额的原则，按照《工伤保险条例》规定的工伤保险待遇标准及人力资源和社会保障部《工伤保险经办规程》第69条的计算办法，核定原告工伤保险待遇包括丧葬补助金19 521.5元（2011年度陕西省职工平均工资39 043×0.5）、一次性工亡补助金436 200元（2011年全国城镇居民人均可支配收入21 810×20），共计455 721.5元，与原告已获得民事赔偿48万元比较，民事赔偿高于工伤待遇，对原告不予补偿符合相关法规政策规定。人力资源和社会保障部《工伤保险经办规程》第69条规定，职工因工死亡或停工留薪期内因工导致死亡的，业务部门根据死亡时间上年度全国城镇居民人均可支配收入和统筹地区上年度职工月平均工资，核定一次性工亡补助金和丧葬补助金。原告请求被告渭城工伤保险中心依据2012年全国城镇居民人均可支配收入和2012年度陕西省全省在岗职工平均工资标准，核定并支付一次性工亡补助金和丧葬补助金无法律依据。故应当驳回原告郝某、王某、杜某的诉讼请求。

案例34

◎ 基本案情

王某某于2008年12月进入常州常安冶金设备检修工程有限公司（以下简称常安公司）从事安装辅助工作。常安公司未为王某某缴纳社保。2009年

4月17日，王某某在上班施工时不慎从高处坠落。2010年7月5日，常州市人力资源和社会保障局认定该次伤害为工伤。王某某向常州市新北区劳动争议仲裁委员会申请仲裁，该委于2011年11月28日作出常新劳仲案字〔2011〕第428号仲裁裁决书。常安公司不服，向法院起诉。常州市新北区人民法院于2012年6月20日作出〔2012〕新民初字第0567号判决，判决：(1) 确认双方劳动关系解除，时间为2011年6月16日；(2) 常安公司支付王某某伤残补助、医疗补助等各项费用合计177 213元。常安公司不服判决，提起上诉，后撤回上诉。〔2012〕新民初字第0567号判决现已生效，但常安公司至今未履行支付义务。王某某于2013年6月17日向市医保中心提出申请，要求先行支付工伤保险待遇。市医保中心于2013年6月20日作出答复，认为不符合先行支付条件。王某某收到答复后不服，向原审法院提起行政诉讼，请求判令市医保中心先行支付工伤保险待遇。

◎ 争议问题

是否应向王某某进行先行支付?

◎ 相关法条

《中华人民共和国社会保险法》

第四十一条 职工所在用人单位未依法缴纳工伤保险费，发生工伤事故的，由用人单位支付工伤保险待遇。用人单位不支付的，从工伤保险基金中先行支付。

从工伤保险基金中先行支付的工伤保险待遇应当由用人单位偿还。用人单位不偿还的，社会保险经办机构可以依照本法第六十三条的规定追偿。

《实施〈中华人民共和国社会保险法〉若干规定》

第二十九条 2011年7月1日后对用人单位未按时足额缴纳社会保险费的处理，按照社会保险法和本规定执行；对2011年7月1日前发生的用人单位未按时足额缴纳社会保险费的行为，按照国家和地方人民政府的有关规定执行。

◎ 结论和评析

一审法院经审理后驳回了原告的诉讼请求，王某某不服提起上诉，并称王某某的工伤赔偿数额和赔偿权利的确定时间在2012年11月26日二审民事案件撤诉之后，意味着上诉人在这之后才知道自己的赔偿数额和赔偿权利，上诉人的权利也应当在保险法实施之后明确。因此，一审法院认定事实与适用法律错误，请求二审法院予以改判，并要求被上诉人市医保中心支付工伤保险待遇177 213元。最终二审法院维持原判。

该案中王某某与市医保中心的争议焦点在于：王某某工伤待遇先行支付的申请是否可以适用社会保险法的规定。人民法院生效法律文书已经认定王某某于2008年进入常安公司工作，但常安公司未为其缴纳社会保险，王某某于2009年受工伤，因此根据上述法律规定，王某某的情况依法不符合适用2011年7月1日以后实施的社会保险法的情形，市医保中心作出的王某某不符合先行支付条件的书面答复，事实清楚，程序合法。王某某以明确赔偿数额的法律文书生效日期来确定法律适用时间的主张，无法律依据。因此，市医保中心的决定应当被支持。

讨论案例

◎ 基本案情

重庆建工四公司系经重庆市工商行政管理局登记成立的企业法人。2012年3月15日，重庆建工四公司以“大足县人民医院建设项目工程”为参保工程项目在被告处办理了工伤保险参保手续，并一次性缴纳了工伤保险费，保险期限为2012年3月16日起至2013年6月15日止。

2012年12月11日16时40分许，职工刘某在“大足县人民医院建设项目工程”的住院楼九层进行消防管道运输作业时突发疾病死亡。2013年1月28日，重庆市大足区人力资源和社会保障局作出了大足人社伤险认决字〔2013〕083号《认定工伤决定书》，认定刘某为工伤。

2012年12月12日，重庆建工四公司向大足工保中心提交了工伤保险职工花名册（包含刘某）。2013 年 7 月 4 日，重庆建工四公司向大足工保中心递交了“关于解决重庆建工第四建设有限责任公司大足医院项目部刘虎工伤死亡赔赏的请示”。大足工保中心收到该请示后，以重庆建工四公司在刘某死亡后向被告提交的包含刘某在内的工伤保险职工花名册不符合《重庆市工伤保险实施办法》所规定的从 2012 年 1 月 1 日起参加工伤保险实行实名制的要求，于 2013 年 10 月 8 日向重庆建工四公司作出了《关于不予支付刘某工伤保险待遇告知书》。重庆建工四公司对此不服，向法院提起行政诉讼，请求法院撤销大足工保中心于 2013 年 10 月 8 日作出的《关于不予支付刘某工伤保险待遇告知书》，并判令大足工保中心对重庆建工四公司工伤保险待遇申请重新作出处理。

◎ 争议问题

本案中不予支付刘某工伤保险待遇的决定是否正确？

第六章 监督管理

工伤保险的监督管理主要指的是工伤保险的经办和监督两个重要环节。工伤保险制度的高效运作有赖于富有成效的工伤保险管理机制的建立和运行。其中工伤保险的经办环节是将各项法定权利转化为权利主体所能实际享有的权利的重要桥梁，这需要工伤保险经办机构予以落实。而完善的监督机制是保障工伤保险这一复杂的社会制度能够在实践层面切实执行的必然设计。

第一节 工伤保险经办

一、工伤保险经办概述

工伤保险经办是工伤保险经办机构依法落实各项工伤保险制度、办理各种具体业务的一项制度。工伤保险经办属于工伤保险管理机制中的重要部分。工伤保险制度的良好运行有赖于富有成效的社会保险管理机制的建立运行。工伤保险管理机制一般是指国家设立的社会保险行政机关和经办机构对工伤保险事业进行宏观指导和微观管理的体制和具体措施，在整个工伤保险制度中占有重要地位。工伤保险经办则是将各项法定应然权利转化为权利主体所能实际享有的权利的重要桥梁。

不同国家依据其本国的工伤保险制度中设计的不同模式和特点设立相应的机构来承担不同的工伤保险管理体系。依据不同的标准可以对各类工伤保险管理机构进行分类：依据管理权限的不同可分为中央级管理机构、地方级管理机构和基层管理机构；依据职能性质的不同可以分类为工伤保险主管机

构、工伤保险经办机构、工伤保险基金运营机构及工伤保险监督机构 4 类。其中的工伤保险经办机构具体负责落实工伤保险管理工作中的各项具体制度和措施的贯彻执行，包括登记、审核及发放社会保险待遇等。

二、工伤保险经办机构概述

关于工伤保险经办机构的“法律”规定首次出现在《社会保险法》中，该法第 8 条规定：“社会保险经办机构提供社会保险服务，负责社会保险登记、个人权益记录、社会保险待遇支付等工作。”虽然该条仅对社会保险经办机构的主要职责范围进行了界定，并未直接对其概念进行规范性表述，但可以推导出工伤保险经办机构是为保障工伤保险制度运行而设立的，依据承担工伤保险各项具体业务的组织、管理、执行职责的法定服务机构，是工伤保险的经办主体。

值得注意的是，虽然《社会保险法》中第一次在“法律”的层面对社会保险经办机构进行了规范，但早在 1993 年《国务院批转国家体改委于一九九三年经济体制改革要点的通知》（国发〔1993〕16 号）第 10 条中既已规定“结合机构改革建立统一的社会保障管理体制。社会保险实行政事分开，社会保险管理部门从宏观上进行政策、制度、标准管理；社会保险经办机构具体承办社会保险业务并承担资金保值、增值责任”。这是我国首次在立法中提出社会保险经办机构的概念。之后国务院于 1995 年发布的《国务院关于深化企业职工养老保险制度改革的通知》（国发〔1995〕6 号）第 9 条中规定“要实行社会保险行政管理与基金管理分开，执行人与监督机构分设的管理体制……社会保险行政管理部门的主要任务是制定政策、规划，加强监督、指导。管理社会保险基金一律由社会保险经办机构负责”。1999 年《社会保险费征缴暂行条例》第 6 条规定“社会保险费实行三项社会保险费集中、统一征收。社会保险费的征收机构由省、自治区、直辖市人民政府规定，可以由税务机关征收，也可以由劳动保障行政部门按照国务院规定设立的社会保险经办机构征收”。2005 年《国务院关于完善企业职工基本养老保险制度的决定》（国发〔2005〕38 号）第 11 条规定“不断提高社会保险管理服务水平。要高度重视社会保险经办能力建设，加快社会保障信息服务网络建设步

伐，建立高效运转的经办管理服务体系，把社会保险的政策落实到实处。各级社会保险经办机构要完善管理制度，制定技术标准，规范业务流程，实现规范化、信息化和专业化管理。同时，要加强人员培训，提高政治和业务素质，不断提高工作效率和服务质量”。前述文件中的内容为经办机构履行职责提供了相应的依据。此外，1999 年财政部、劳动和社会保障部发布的《关于社会保险经办机构经费保障等问题的通知》（财社字〔1999〕173 号），及 2007 年劳动和社会保障部印发的《社会保险经办机构内部控制暂行办法》（劳社部发〔2007〕2 号）对经办机构的经费保障以及内部控制制度作了较为详细的规定。

就我国工伤保险经办机构的性质而言，无论是人力资源和社会保障部下属的社会保险事业管理中心，还是各地的社会保险事业管理局（中心或者处），都属于事业单位。按照《事业单位登记管理暂行条例》第 2 条的规定，所谓事业单位是指国家为了社会公益目的，由国家机关举办或者其他组织利用国家资产举办的，从事教育、科技、文化、卫生等活动的社会服务组织。因此，工伤保险经办机构是行使社会服务职能的独立的社会组织。

我国的工伤保险经办机构分为中央和地方两个层次。中央经办机构是最高经办机构，主要履行领导和管理职能。地方社会保险经办机构包括省、地（市）、县（市）三级，省、地两级负担指导和经办的双重职能，县一级机构主要负责经办工作，在一些乡镇和城市社区还设有社会保障事务所，作为业务的平台，从事社会工伤保险经办工作。按照政、事分开的原则，中央一级的社会保险经办机构是人力资源和社会保障部社会保险事业管理中心。该中心的性质属于人力资源和社会保障部直属的事业单位，依据法律法规授权和受人力资源和社会保障部委托，负责组织拟定全国社会保险管理服务工作总体规划和实施方案，指导全国社会保险经办机构开展社会保险基金的筹集、支付、管理运营事务，组织实施社会保险的基础性、技术性、事务性的服务性工作。中央一级的机构不承担社会保险的具体经办事务。省级社会保险经办机构目前主要是各级人力资源和社会保障厅（局）所属的社会保险事业管理局（中心或者处），负责本省内的社会保险的指导和管理工作。

三、我国工伤保险经办机构的职责

（一）建立健全各项工作制度

《社会保险法》第73条规定，社会保险经办机构负有建立健全业务、财务、安全和风险管理等基本制度的职责和义务。

1. 业务管理制度

业务管理制度是指从事经办业务管理工作所应遵循的基本规则和程序。业务管理制度的建立健全对于规范管理服务行为，提高工作效率和质量，推进经办业务的规范化、信息化、专业化无疑具有重要意义。为此人力资源和社会保障部颁布了《工伤保险经办规程》，对保险登记、工伤保险费征缴、工伤医疗、康复与辅助器具配置管理、工伤待遇审核、工伤待遇和专项费用支付、财务管理、信息管理、稽核监督、权益记录与服务等内容进行了规范。各级工伤保险经办机构应当严格按照程序处理参保登记、待遇发放、账户管理等经办工作。

2. 财务管理制度

财务管理制度是从事工伤保险基金财务管理工作所应遵循的基本规则。财务管理制度对保证工伤保险基金安全、高效、良好运行具有重要意义。工伤保险财务管理制度主要包括通用制度和专门制度两大类。其中的通用制度是适用于各个领域财务管理工作的制度，而专门制度则是针对工伤保险基金财务管理的工作特点专门制定的具体制度。这些制度通常由经办机构在其工作过程中进行运用和细化，比如基金会计核算制度、基金财会档案制度。

3. 安全和风险管理制度

安全和风险管理制度是保障基金安全，预防、应对和处理基金运转过程中所面临的各种风险的规则。基金的安全是保证保险制度顺利运行的重要基础，因此安全和风险管理制度也必然作为重要的制度内容被确认下来。

（二）办理各项工伤保险业务

工伤保险制度的良好运行最终会体现在工伤职工能够按时足额地领取到

其工伤保险待遇，因此，按时足额地向职工发放工伤保险待遇自然是工伤保险经办机构的一项重要工作内容。《社会保险法》第 73 条规定“社会保险经办机构应当按时足额支付社会保险待遇”。当然，职工能够按时足额领取到工伤保险待遇的前提是工伤保险经办机构在前期开展的登记、征收工伤保险费、调查统计工伤保险、管理工伤保险基金、核定工伤保险待遇等一系列工作。《工伤保险条例》第 46 条规定“经办机构具体承办工伤保险事务，履行下列职责：（一）根据省、自治区、直辖市人民政府规定，征收工伤保险费；（二）核查用人单位的工资总额和职工人数，办理工伤保险登记，并负责保存用人单位缴费和职工享受工伤保险待遇情况的记录；（三）进行工伤保险的调查、统计；（四）按照规定管理工伤保险基金的支出；（五）按照规定核定工伤保险待遇；（六）为工伤职工或者其近亲属免费提供咨询服务。”除此之外，工伤保险经办机构还需要完成下列工作：与医疗机构、辅助器具配置机构在平等协商的基础上签订服务协议，并公布签订服务协议的医疗机构、辅助器具配置机构的名单；按照协议和国家有关目录、标准对工伤职工医疗费用、康复费用、辅助器具费用的使用情况进行核查，并按时足额结算费用；定期公布工伤保险基金的收支情况，及时向社会保险行政部门提出调整费率的建议等。

第二节　工伤保险监督

一、工伤保险监督概述

监督制度作为法律制度体系的重要一环在工伤保险制度中也当然占有一席之地。工伤保险制度涉及多个主体、多个环节，可谓体系庞杂，为保障众多工伤职工能够按照法律规定及时足额地领取到工伤保险待遇在工伤保险制度中设计了监督制度。关于监督制度的法律渊源主要包括《社会保险法》第十章中关于社会保险监督制度的专门规定，其中的内容自然可以适用于工伤保险制度。此外，《工伤保险条例》第六章针对工伤保险的监督的问题进行

了专门性的规范，主要涉及以下内容。

（一）工伤保险监督的主体

工伤保险监督的主体指享有工伤保险监督权的各组织或者个人。工伤保险制度关涉着广大职工、用人单位及社会的利益，因此其监督主体亦呈现出多元化的特点。根据《社会保险法》《工伤保险条例》等的规定，享有工伤保险监督权的主体包括：各级人民代表大会常务委员会、各级人民政府社会保险行政部门、财政部门、审计部门、社会保险监督委员会及包括用人单位和参保职工在内的任何组织和个人均可以在各自职责和权利范围内依法对工伤保险制度的运行情况进行监督。

（二）工伤保险监督的客体

工伤保险监督的客体即指工伤保险监督的对象。在工伤保险制度中作为监督对象的客体亦呈现出了多元性特征。按照《社会保险法》《工伤保险条例》的规定，工伤保险监督的客体包括：工伤保险经办机构、工伤保险基金、用人单位和参保的个人。

（三）工伤保险监督的内容

工伤保险监督的内容是工伤保险监督主体对监督客体行使监督权时的具体事项。依照相关法律的规定，工伤保险监督的内容主要包括：用人单位是否按时足额缴纳；参保的职工是否存在应得未得、不应得而获得工伤保险待遇的情况；工伤保险经办机构是否依法履行职责；工伤保险基金的收支、管理和投资运营情况是否良好等情况。

二、各相关主体的监督权

（一）各级人民代表大会常务委员会

《社会保险法》第76条规定：“各级人民代表大会常务委员会听取和审议本级人民政府对社会保险基金的收支、管理、投资运营以及监督检查情况的专项工作报告，组织对本法实施情况的执法检查等，依法行使监督职权。”因此，各级人民代表大会常务委员会享有广泛的监督权，对于工伤保险经办机构、工伤保险基金、用人单位和个人等遵守和执行有关法律的情况都有权进行监督。各级人民代表大会常务委员会行使监督权的途径主要有以下两种：其一，听取政府专项工作报告；其二，进行执法检查。

听取政府专项工作报告的监督职权主要来源于《各级人民代表大会常务委员会监督法》的有关规定，按照规定的内容，各级人民政府有关社会保险基金收支、管理、投资运营以及监督检查的专项工作报告由本级人民政府负责人向本级人民代表大会常务委员会报告，也可以委托社会保险行政部门等有关部门的负责人承担报告责任。本级人民代表大会常务委员会对专项工作报告的审议意见交由本级人民政府研究处理，政府应当就研究处理情况向人民代表大会常务委员会提出书面报告，向本级人民代表大会通报并向社会公布。

在行使执法检查监督权的时候，依据《各级人民代表大会常务委员会监督法》的规定本级人民代表大会常务委员会选派人员组织执法检查组，在检查结束后提出执法检查报告并提请常委会审议。执法检查报告的内容包括：(1) 对法律实施的情况进行评价，提出执法中存在的问题和改进执法工作的建议；(2) 对法律提出修改完善的建议。检查报告和审议意见一并交由本级人民政府研究处理，政府应向同级人民代表大会常务委员会提交有关处理报告。所有相关报告应向本级人民代表大会通报并向社会公布，必要时人民代表大会常务委员会可以组织跟踪检查。

(二) 各级政府的相关行政部门

行使工伤保险监督权的政府相关行政部门主要包括社会保险行政部门、财政部门和审计机关。社会保险行政部门作为工伤保险制度的主要监督主体，依法对工伤保险费的征缴和工伤保险基金的支付等情况进行监督检查。财政部门和审计机关依法对工伤保险基金的收支、管理情况进行监督。

1. 社会保险行政部门的监督

(1) 对用人单位及参保职工的外部监督。

《社会保险法》第 77 条规定："县级以上人民政府社会保险行政部门应当加强对用人单位和个人遵守社会保险法律、法规情况的监督检查。社会保险行政部门在实施监督检查时，被检查的用人单位和个人应当如实提供与社

会保险有关的材料，不得以任何理由拒绝检查或者谎报、瞒报。”在法律这一规定的前提下逐渐形成了外部监督的主要制度框架，主要包括：

第一，参保登记稽核：①核查用人单位是否依法办理工伤保险参保登记；②查验用人单位社会保险登记证，审查用人单位工伤保险登记、变更是否符合规定。

第二，缴费稽核内容：①对用人单位的缴费检查，核实该单位的营业执照（副本）或登记证、职工工资发放明细表、劳动工资统计台账、财务相关账册（银行存款日记账、银行对账单、明细分类账）和相应的原始凭证、社会保险缴费申报（核定）表等有关资料；②对建筑施工企业，按照《工伤保险经办》第 31 条确定缴费标准的，还应检查其建筑工程合同，核实其项目工程总造价。对餐饮业、服务业、娱乐业等小型服务业以及有雇工的个体工商户，按照《工伤保险经办规程》第 31 条确定缴费标准的，还应核实其营业面积或营业额；对小型矿山企业，按照《工伤保险经办规程》第 31 条确定缴费标准的，还应核实总产量、吨矿工资含量。

第三，对于欠缴工伤保险费的用人单位，在缴费稽核中应进行缴费能力稽核，其内容包括：①查验用人单位的货币资金发生额和余额，重点查阅现金和银行存款情况；②查验用人单位的各类对外投资情况；③查验用人单位的各类债权情况；④查验用人单位的实物资产。

第四，待遇支付稽核的内容：①对工伤职工待遇享受资格，核查其居民身份证、户口簿、户籍所在地公安机关或街道、乡镇政府提供的生存证明；②对供养亲属待遇享受资格，按照《工伤保险经办规程》第 70 条规定核查；③对工伤保险协议机构执行协议情况进行核查：a. 核查工伤职工就医身份的真实性；b. 核查工伤保险协议机构提供各种资料的真实性，诊疗是否与伤情相符，费用是否符合工伤“三目录”规定；c. 核查工伤保险协议机构为工伤职工配置辅助器具的情况；④实行联网结算的统筹地区，可对工伤保险协议机构执行协议情况进行实时监控。

稽核的程序与处理主要有以下内容：稽核部门按照年度稽核工作计划，采取以下方式确定稽核对象：①从数据库中随机抽取或根据信息异常情况确定；②根据举报、有关部门转办、上级交办和异地协查信函等确定；③根据

民政、卫生、公安等部门提供的职工生存状况变动情况确定。

稽核部门对工伤保险登记缴费的稽核处理包括：①对未办理社会保险登记的用人单位，报请社会保险行政部门督促其参保登记；②对欠缴的用人单位，经缴费能力稽核后，初步认定无能力偿还的，按照《工伤保险经办规程》第100条第3款的规定处理，并通知征缴部门；③对稽核对象少报、漏报、瞒报缴费基数和缴费人数的，应责令其补足，并通知征缴部门；④稽核对象拒绝稽核或伪造、变造、故意毁灭有关账册、材料，拒不缴纳社会保险费的，应报请社会保险行政部门依法处罚。

稽核部门对工伤待遇支付的稽核处理包括：①对工伤职工或供养亲属丧失待遇享受资格后仍继续领取的，应通知财务部门停止支付，并会同财务部门追回冒领的工伤待遇；②对工伤职工或供养亲属骗取工伤待遇的，应通知财务部门停止支付，并会同财务部门追回骗取的工伤待遇，报请社会保险行政部门依法处罚；③对工伤保险协议机构违反服务协议，以欺诈、伪造证明资料、医疗文书或其他手段骗取基金的，应会同财务部门根据情节轻重作如下处理：a. 暂停直接责任人为参保人员服务的资格；b. 暂停或解除工伤保险协议机构服务协议；c. 报请社会保险行政部门处理。

对逾期仍未缴纳或补足工伤保险费的，稽核部门可采用如下程序处理：①向银行和其他金融机构查询其存款账户；②经社会保险行政部门批准，书面通知其开户行或其他金融机构划拨工伤保险费；③用人单位账户余额不足缴纳工伤保险费的，可要求该用人单位提供担保，签订延期缴费协议；④用人单位仍未足额缴纳工伤保险费且未提供担保的，可申请人民法院扣押、查封、拍卖其财产以抵缴工伤保险费；对先行支付工伤待遇的追偿可参照以上程序处理。对追偿或退还的工伤待遇，稽核部门填写《追偿（退还）工伤待遇审核表》，转财务部门处理。

（2）对经办、基金管理等的内部监督。

内部监督是指稽核部门对经办操作的合规性、准确性进行检查，防范经办风险。内部监督的主要内容包括：①参保登记监督包含用人单位类型、风险类别、浮动费率等信息登记的准确性；②缴费监督包含缴费基数调整、还欠经办操作合规性；③工伤待遇支付监督包含工伤登记及变动等资料的真实

性和完整性，工伤待遇审核支付管理的合规性；④财务监督包含检查工伤保险基金收入、支出凭证，会计账簿，核对账证是否相符；⑤省、自治区、直辖市经办机构规定需内部监督的其他内容。内部监督的主要方法包括检查核对法、抽查法、面询法、网上监督法。稽核部门对内部监督中发现的问题提出整改意见，并跟踪监督落实情况。

2. 财政部门和审计机关的监督

《社会保险法》第 78 条规定“财政部门、审计机关按照各自职责，对社会保险基金的收支、管理和投资运营情况实施监督”。《工伤保险条例》第 51 条第 2 款规定“财政部门和审计机关依法对工伤保险基金的收支、管理情况进行监督”。前述规定构成了财政部门和审计机关对工伤保险制度开展监督的直接依据。财政部门和审计机关作为我国专门的财务管理和监督部门，由其负责对社会基金进行财会层面的监管能更好地防范各类风险，尽可能地避免或减少基金运营过程中各种损失的发生。

（三）社会保险监督委员会

社会保险监督委员会是由用人单位代表、参保人员代表，以及工会代表、专家等组成的，对社会保险政策、法规执行情况和基金管理工作进行专门监管的社会化监督机构。按照《社会保险法》的规定，社会保险监督委员会的成立应当与社会保险基金的统筹层次相一致，主要就社会保险经办机构执行职务的情况以及社保基金的运行情况进行监督。具体说来，社会保险经办机构应当定期向社会保险监督委员会汇报社会保险基金的收支、管理和投资运营情况。社会保险监督委员会可以聘请会计师事务所对社会保险基金的收支、管理和投资运营情况进行年度审计和专项审计，审计结果应当向社会公开。社会保险监督委员会发现社会保险基金收支、管理和投资运营中存在问题的，有权提出改正建议；对社会保险经办机构及其工作人员的违法行为，有权向有关部门提出依法处理的建议。

（四）用人单位和参保的职工

用人单位和参保的职工是工伤保险制度的直接参与者，因此对于制度的合法有效运行具有最为真切的关心，也自然应当是制度的监督主体。作为监

督主体，用人单位和参保职工主要通过其自身的维权手段实现监督的目的。其主要依据是《社会保险法》第83条的规定，“用人单位或者个人认为社会保险费征收机构的行为侵害自己合法权益的，可以依法申请行政复议或者提起行政诉讼。用人单位或者个人对社会保险经办机构不依法办理社会保险登记、核定社会保险费、支付社会保险待遇、办理社会保险转移接续手续或者侵害其他社会保险权益的行为，可以依法申请行政复议或者提起行政诉讼”。此外，《工伤保险条例》第55条对于职工和用人单位的提起行政复议和行政诉讼的权利进行了进一步的细化，内容为：“有下列情形之一的，有关单位或者个人可以依法申请行政复议，也可以依法向人民法院提起行政诉讼：（一）申请工伤认定的职工或者其近亲属、该职工所在单位对工伤认定申请不予受理的决定不服的；（二）申请工伤认定的职工或者其近亲属、该职工所在单位对工伤认定结论不服的；（三）用人单位对经办机构确定的单位缴费费率不服的；（四）签订服务协议的医疗机构、辅助器具配置机构认为经办机构未履行有关协议或者规定的；（五）工伤职工或者其近亲属对经办机构核定的工伤保险待遇有异议的。”需要注意的另一点是，职工与用人单位发生工伤待遇方面的争议，按照处理劳动争议的有关规定处理。

（五）任何组织和个人

工伤保险制度涉及数以亿计的广大职工及企业等用人单位的利益，且该制度的良好运行对于全社会的经济、文化建设及政治稳定都起到一定的促进作用，因此不仅作为直接参与的用人单位和参保职工在维护其自身权益的过程中享有监督权，其他任何组织和个人对违反工伤保险法律、法规的行为都应当有权进行举报投诉。关于举报、投诉的程序，《社会保险法》和《工伤保险条例》中也分别有相应的规定。《社会保险法》第82条规定“任何组织或者个人有权对违反社会保险法律、法规的行为进行举报、投诉。社会保险行政部门、卫生行政部门、社会保险经办机构、社会保险费征收机构和财政部门、审计机关对属于本部门、本机构职责范围的举报、投诉，应当依法处理；对不属于本部门、本机构职责范围的，应当书面通知并移交有权处理的部门、机构处理。有权处理的部门、机构应当及时处理，不得推诿”。《工伤

保险条例》第52条规定“任何组织和个人对有关工伤保险的违法行为，有权举报。社会保险行政部门对举报应当及时调查，按照规定处理，并为举报人保密”。在众多组织中，工会组织的监督值得特别注意，因为工会组织的主旨是维护职工的合法权益，因此，在制度设计时，专门针对工会的监督权作出了规定。《工伤保险条例》第53条规定“工会组织依法维护工伤职工的合法权益，对用人单位的工伤保险工作实行监督”。

第七章　法律责任

法律责任是法律关系中的主体因违反法定或者约定的义务而承担的法律上的不利的后果。法律责任作为法律调整社会关系的机制体系中的一个重要环节，对于保障制度内容的良好运行，实现制度初衷具有重要作用。在工伤保险制度运行的过程中有用人单位、职工、社会保险行政部门、工伤保险经办机构、劳动能力鉴定机构及相关的辅助机构或个人的参与，这些主体在其行为违反相应法律规定的情况下均需要承担一定的法律责任。对这一系列主体的法律责任制度的设计和运行不仅在个案中使得相关主体承担其违法、违约行为的不利后果，另外更重要的是保障工伤保险制度的运行，使因工受伤的职工能够及时、足额地获得相应的工伤保险待遇。

一、用人单位的法律责任

用人单位是工伤保险制度中的重要的主体之一，可以说工伤保险制度的设立从某种程度上正是用人单位分散其经营风险的一种安排。但是，在实践中出于种种原因会出现用人单位违法并需要承担相应法律责任的情形。

（一）用人单位不办理工伤保险登记

用人单位不办理工伤保险登记的，由社会保险行政部门责令限期改正；逾期不改正的，对用人单位处应缴工伤保险费数额1倍以上3倍以下的罚款，对其直接负责的主管人员和其他直接责任人员处500元以上3000元以下的罚款。补缴应当缴纳的工伤保险费，并自欠缴之日起，按日加收万分之五的滞纳金；逾期仍不缴纳的，处欠缴数额1倍以上3倍以下的罚款。依照规定应当参加工伤保险而未参加工伤保险的用人单位职工发生工伤的，由该用人单位按照规定的工伤保险待遇项目和标准支付费用。

用人单位参加工伤保险并补缴应当缴纳的工伤保险费、滞纳金后，由工伤保险基金和用人单位依照规定支付新发生的费用。

（二）用人单位不足额缴纳工伤保险费

用人单位未按时足额缴纳工伤保险费的，由工伤保险费征收机构责令限期缴纳或者补足，并自欠缴之日起，按日加收万分之五的滞纳金；逾期仍不缴纳的，由有关行政部门处欠缴数额1倍以上3倍以下的罚款。

（三）骗取社会保险金

用人单位以欺诈、伪造证明材料或者其他手段骗取工伤保险待遇，医疗机构、辅助器具配置机构骗取工伤保险基金支出的，由社会保险行政部门责令退还，处骗取金额2倍以上5倍以下的罚款；情节严重，构成犯罪的，依法追究刑事责任。

（四）拒不协助社会保险行政部门对事故进行调查核实

用人单位违反规定，拒不协助社会保险行政部门对事故进行调查核实的，由社会保险行政部门责令改正，处2000元以上2万元以下的罚款。

（五）用人单位拒不出具终止或者解除劳动关系证明的

用人单位违反规定未向劳动者出具解除或者终止劳动合同的书面证明，由社会保险行政部门责令改正；给劳动者造成损害的，应当承担赔偿责任。

二、工伤职工和近亲属的法律责任

工伤职工或者其近亲属以欺诈、伪造证明材料或者其他手段骗取工伤保险待遇，处骗取金额2倍以上5倍以下的罚款；情节严重，构成犯罪的，依法追究刑事责任。

三、社会保险行政部门工作人员的法律责任

社会保险行政部门工作人员有下列情形之一的，依法给予处分；情节严重，构成犯罪的，依法追究刑事责任：（1）无正当理由不受理工伤认定申请，或者弄虚作假将不符合工伤条件的人员认定为工伤职工的；（2）未妥善

保管申请工伤认定的证据材料，致使有关证据灭失的；（3）收受当事人财物的。

社会保险行政部门和其他有关行政部门、社会保险经办机构、社会保险费征收机构及其工作人员泄露用人单位和个人信息的，对直接负责的主管人员和其他直接责任人员依法给予处分；给用人单位或者个人造成损失的，应当承担赔偿责任。

国家工作人员在社会保险管理、监督工作中滥用职权、玩忽职守、徇私舞弊的，依法给予处分。违反规定，构成犯罪的，依法追究刑事责任。

四、经办机构的法律责任

经办机构有下列行为之一的，由社会保险行政部门责令改正，对直接负责的主管人员和其他责任人员依法给予纪律处分；情节严重，构成犯罪的，依法追究刑事责任；造成当事人经济损失的，由经办机构依法承担赔偿责任：（1）未按规定保存用人单位缴费和职工享受工伤保险待遇情况记录的；（2）不按规定核定工伤保险待遇的；（3）收受当事人财物的。

经办机构不按时足额结算费用的，由社会保险行政部门责令改正；医疗机构、辅助器具配置机构可以解除服务协议。

社会保险经办机构以及医疗机构、药品经营单位等社会保险服务机构以欺诈、伪造证明材料或者其他手段骗取社会保险基金支出的，由社会保险行政部门责令退回骗取的社会保险金，处骗取金额2倍以上5倍以下的罚款；属于社会保险服务机构的，解除服务协议；直接负责的主管人员和其他直接责任人员有执业资格的，依法吊销其执业资格。

社会保险经办机构及其工作人员有下列行为之一的，由社会保险行政部门责令改正；给社会保险基金、用人单位或者个人造成损失的，依法承担赔偿责任；对直接负责的主管人员和其他直接责任人员依法给予处分：（1）未履行社会保险法定职责的；（2）未将社会保险基金存入财政专户的；（3）克扣或者拒不按时支付社会保险待遇的；（4）丢失或者篡改缴费记录、享受社会保险待遇记录等社会保险数据、个人权益记录的；（5）有违反社会保险法律、法规的其他行为的。

社会保险行政部门和其他有关行政部门、社会保险经办机构、社会保险费征收机构及其工作人员泄露用人单位和个人信息的，对直接负责的主管人员和其他直接责任人员依法给予处分；给用人单位或者个人造成损失的，应当承担赔偿责任。

国家工作人员在社会保险管理、监督工作中滥用职权、玩忽职守、徇私舞弊的，依法给予处分。违反规定，构成犯罪的，依法追究刑事责任。

五、劳动能力鉴定组织和个人的法律责任

从事劳动能力鉴定的组织或者个人有下列情形之一的，由社会保险行政部门责令改正，处2000元以上1万元以下的罚款；情节严重，构成犯罪的，依法追究刑事责任：（1）提供虚假鉴定意见的；（2）提供虚假诊断证明的；（3）收受当事人财物的。

六、医疗机构、辅助器具配置机构的法律责任

医疗机构、辅助器具配置机构不按服务协议提供服务的，经办机构可以解除服务协议。

医疗机构、药品经营单位等社会保险服务机构以欺诈、伪造证明材料或者其他手段骗取社会保险基金支出的，由社会保险行政部门责令退回骗取的社会保险金，处骗取金额2倍以上5倍以下的罚款；属于社会保险服务机构的，解除服务协议；直接负责的主管人员和其他直接责任人员有执业资格的，依法吊销其执业资格。情节严重，构成犯罪的，依法追究刑事责任。

七、其他

社会保险费征收机构擅自更改社会保险费缴费基数、费率，导致少收或者多收社会保险费的，由有关行政部门责令其追缴应当缴纳的社会保险费或者退还不应当缴纳的社会保险费；对直接负责的主管人员和其他直接责任人员依法给予处分。

违反本法规定，隐匿、转移、侵占、挪用社会保险基金或者违规投资运营的，由社会保险行政部门、财政部门、审计机关责令追回；有违法所

得的，没收违法所得；对直接负责的主管人员和其他直接责任人员依法给予处分。

单位或者个人违反规定挪用工伤保险基金，构成犯罪的，依法追究刑事责任；尚不构成犯罪的，依法给予处分或者纪律处分。被挪用的基金由社会保险行政部门追回，并入工伤保险基金；没收的违法所得依法上缴国库。

附　　录

一、法律

中华人民共和国社会保险法（摘录）

中华人民共和国第十一届全国人民代表大会常务委员会第十七次会议于2010年10月28日通过，自2011年7月1日起施行。

第四章　工伤保险

第三十三条　职工应当参加工伤保险，由用人单位缴纳工伤保险费，职工不缴纳工伤保险费。

第三十四条　国家根据不同行业的工伤风险程度确定行业的差别费率，并根据使用工伤保险基金、工伤发生率等情况在每个行业内确定费率档次。行业差别费率和行业内费率档次由国务院社会保险行政部门制定，报国务院批准后公布施行。

社会保险经办机构根据用人单位使用工伤保险基金、工伤发生率和所属行业费率档次等情况，确定用人单位缴费费率。

第三十五条　用人单位应当按照本单位职工工资总额，根据社会保险经办机构确定的费率缴纳工伤保险费。

第三十六条　职工因工作原因受到事故伤害或者患职业病，且经工伤认定的，享受工伤保险待遇；其中，经劳动能力鉴定丧失劳动能力的，享受伤残待遇。

工伤认定和劳动能力鉴定应当简捷、方便。

第三十七条 职工因下列情形之一导致本人在工作中伤亡的，不认定为工伤：

（一）故意犯罪；

（二）醉酒或者吸毒；

（三）自残或者自杀；

（四）法律、行政法规规定的其他情形。

第三十八条 因工伤发生的下列费用，按照国家规定从工伤保险基金中支付：

（一）治疗工伤的医疗费用和康复费用；

（二）住院伙食补助费；

（三）到统筹地区以外就医的交通食宿费；

（四）安装配置伤残辅助器具所需费用；

（五）生活不能自理的，经劳动能力鉴定委员会确认的生活护理费；

（六）一次性伤残补助金和一至四级伤残职工按月领取的伤残津贴；

（七）终止或者解除劳动合同时，应当享受的一次性医疗补助金；

（八）因工死亡的，其遗属领取的丧葬补助金、供养亲属抚恤金和因工死亡补助金；

（九）劳动能力鉴定费。

第三十九条 因工伤发生的下列费用，按照国家规定由用人单位支付：

（一）治疗工伤期间的工资福利；

（二）五级、六级伤残职工按月领取的伤残津贴；

（三）终止或者解除劳动合同时，应当享受的一次性伤残就业补助金。

第四十条 工伤职工符合领取基本养老金条件的，停发伤残津贴，享受基本养老保险待遇。基本养老保险待遇低于伤残津贴的，从工伤保险基金中补足差额。

第四十一条 职工所在用人单位未依法缴纳工伤保险费，发生工伤事故的，由用人单位支付工伤保险待遇。用人单位不支付的，从工伤保险基金中先行支付。

从工伤保险基金中先行支付的工伤保险待遇应当由用人单位偿还。用人单位不偿还的，社会保险经办机构可以依照本法第六十三条的规定追偿。

第四十二条 由于第三人的原因造成工伤，第三人不支付工伤医疗费用或者无法确定第三人的，由工伤保险基金先行支付。工伤保险基金先行支付后，有权向第三人追偿。

第四十三条 工伤职工有下列情形之一的，停止享受工伤保险待遇：

（一）丧失享受待遇条件的；

（二）拒不接受劳动能力鉴定的；

（三）拒绝治疗的。

二、行政法规、国务院法制办公室复函

工伤保险条例

（2003年4月27日中华人民共和国国务院令第375号公布　根据2010年12月20日《国务院关于修改〈工伤保险条例〉的决定》修订）

第一章　总　　则

第一条 为了保障因工作遭受事故伤害或者患职业病的职工获得医疗救治和经济补偿，促进工伤预防和职业康复，分散用人单位的工伤风险，制定本条例。

第二条 中华人民共和国境内的企业、事业单位、社会团体、民办非企业单位、基金会、律师事务所、会计师事务所等组织和有雇工的个体工商户（以下称用人单位）应当依照本条例规定参加工伤保险，为本单位全部职工或者雇工（以下称职工）缴纳工伤保险费。

中华人民共和国境内的企业、事业单位、社会团体、民办非企业单位、基金会、律师事务所、会计师事务所等组织的职工和个体工商户的雇工，均有依照本条例的规定享受工伤保险待遇的权利。

第三条 工伤保险费的征缴按照《社会保险费征缴暂行条例》关于基本养老保险费、基本医疗保险费、失业保险费的征缴规定执行。

第四条 用人单位应当将参加工伤保险的有关情况在本单位内公示。

用人单位和职工应当遵守有关安全生产和职业病防治的法律法规，执行安全卫生规程和标准，预防工伤事故发生，避免和减少职业病危害。

职工发生工伤时，用人单位应当采取措施使工伤职工得到及时救治。

第五条 国务院社会保险行政部门负责全国的工伤保险工作。

县级以上地方各级人民政府社会保险行政部门负责本行政区域内的工伤保险工作。

社会保险行政部门按照国务院有关规定设立的社会保险经办机构（以下称经办机构）具体承办工伤保险事务。

第六条 社会保险行政部门等部门制定工伤保险的政策、标准，应当征求工会组织、用人单位代表的意见。

第二章 工伤保险基金

第七条 工伤保险基金由用人单位缴纳的工伤保险费、工伤保险基金的利息和依法纳入工伤保险基金的其他资金构成。

第八条 工伤保险费根据以支定收、收支平衡的原则，确定费率。

国家根据不同行业的工伤风险程度确定行业的差别费率，并根据工伤保险费使用、工伤发生率等情况在每个行业内确定若干费率档次。行业差别费率及行业内费率档次由国务院社会保险行政部门制定，报国务院批准后公布施行。

统筹地区经办机构根据用人单位工伤保险费使用、工伤发生率等情况，适用所属行业内相应的费率档次确定单位缴费费率。

第九条 国务院社会保险行政部门应当定期了解全国各统筹地区工伤保险基金收支情况，及时提出调整行业差别费率及行业内费率档次的方案，报国务院批准后公布施行。

第十条 用人单位应当按时缴纳工伤保险费。职工个人不缴纳工伤保险费。

用人单位缴纳工伤保险费的数额为本单位职工工资总额乘以单位缴费费率之积。

对难以按照工资总额缴纳工伤保险费的行业，其缴纳工伤保险费的具体方式，由国务院社会保险行政部门规定。

第十一条 工伤保险基金逐步实行省级统筹。

跨地区、生产流动性较大的行业，可以采取相对集中的方式异地参加统筹地区的工伤保险。具体办法由国务院社会保险行政部门会同有关行业的主管部门制定。

第十二条 工伤保险基金存入社会保障基金财政专户，用于本条例规定的工伤保险待遇，劳动能力鉴定，工伤预防的宣传、培训等费用，以及法律、法规规定的用于工伤保险的其他费用的支付。

工伤预防费用的提取比例、使用和管理的具体办法，由国务院社会保险行政部门会同国务院财政、卫生行政、安全生产监督管理等部门规定。

任何单位或者个人不得将工伤保险基金用于投资运营、兴建或者改建办公场所、发放奖金，或者挪作其他用途。

第十三条 工伤保险基金应当留有一定比例的储备金，用于统筹地区重大事故的工伤保险待遇支付；储备金不足支付的，由统筹地区的人民政府垫付。储备金占基金总额的具体比例和储备金的使用办法，由省、自治区、直辖市人民政府规定。

第三章 工伤认定

第十四条 职工有下列情形之一的，应当认定为工伤：

（一）在工作时间和工作场所内，因工作原因受到事故伤害的；

（二）工作时间前后在工作场所内，从事与工作有关的预备性或者收尾性工作受到事故伤害的；

（三）在工作时间和工作场所内，因履行工作职责受到暴力等意外伤害的；

（四）患职业病的；

（五）因工外出期间，由于工作原因受到伤害或者发生事故下落不明的；

（六）在上下班途中，受到非本人主要责任的交通事故或者城市轨道交通、客运轮渡、火车事故伤害的；

（七）法律、行政法规规定应当认定为工伤的其他情形。

第十五条 职工有下列情形之一的，视同工伤：

（一）在工作时间和工作岗位，突发疾病死亡或者在48小时之内经抢救无效死亡的；

（二）在抢险救灾等维护国家利益、公共利益活动中受到伤害的；

（三）职工原在军队服役，因战、因公负伤致残，已取得革命伤残军人证，到用人单位后旧伤复发的。

职工有前款第（一）项、第（二）项情形的，按照本条例的有关规定享受工伤保险待遇；职工有前款第（三）项情形的，按照本条例的有关规定享受除一次性伤残补助金以外的工伤保险待遇。

第十六条 职工符合本条例第十四条、第十五条的规定，但是有下列情形之一的，不得认定为工伤或者视同工伤：

（一）故意犯罪的；

（二）醉酒或者吸毒的；

（三）自残或者自杀的。

第十七条 职工发生事故伤害或者按照职业病防治法规定被诊断、鉴定为职业病，所在单位应当自事故伤害发生之日或者被诊断、鉴定为职业病之日起30日内，向统筹地区社会保险行政部门提出工伤认定申请。遇有特殊情况，经报社会保险行政部门同意，申请时限可以适当延长。

用人单位未按前款规定提出工伤认定申请的，工伤职工或者其近亲属、工会组织在事故伤害发生之日或者被诊断、鉴定为职业病之日起1年内，可以直接向用人单位所在地统筹地区社会保险行政部门提出工伤认定申请。

按照本条第一款规定应当由省级社会保险行政部门进行工伤认定的事项，根据属地原则由用人单位所在地的设区的市级社会保险行政部门办理。

用人单位未在本条第一款规定的时限内提交工伤认定申请，在此期间发生符合本条例规定的工伤待遇等有关费用由该用人单位负担。

第十八条 提出工伤认定申请应当提交下列材料：

（一）工伤认定申请表；

（二）与用人单位存在劳动关系（包括事实劳动关系）的证明材料；

（三）医疗诊断证明或者职业病诊断证明书（或者职业病诊断鉴定书）。

工伤认定申请表应当包括事故发生的时间、地点、原因以及职工伤害程度等基本情况。

工伤认定申请人提供材料不完整的，社会保险行政部门应当一次性书面告知工伤认定申请人需要补正的全部材料。申请人按照书面告知要求补正材料后，社会保险行政部门应当受理。

第十九条 社会保险行政部门受理工伤认定申请后，根据审核需要可以对事故伤害进行调查核实，用人单位、职工、工会组织、医疗机构以及有关部门应当予以协助。职业病诊断和诊断争议的鉴定，依照职业病防治法的有关规定执行。对依法取得职业病诊断证明书或者职业病诊断鉴定书的，社会保险行政部门不再进行调查核实。

职工或者其近亲属认为是工伤，用人单位不认为是工伤的，由用人单位承担举证责任。

第二十条 社会保险行政部门应当自受理工伤认定申请之日起60 日内作出工伤认定的决定，并书面通知申请工伤认定的职工或者其近亲属和该职工所在单位。

社会保险行政部门对受理的事实清楚、权利义务明确的工伤认定申请，应当在 15 日内作出工伤认定的决定。

作出工伤认定决定需要以司法机关或者有关行政主管部门的结论为依据的，在司法机关或者有关行政主管部门尚未作出结论期间，作出工伤认定决定的时限中止。

社会保险行政部门工作人员与工伤认定申请人有利害关系的，应当回避。

第四章 劳动能力鉴定

第二十一条 职工发生工伤，经治疗伤情相对稳定后存在残疾、影响劳动能力的，应当进行劳动能力鉴定。

第二十二条 劳动能力鉴定是指劳动功能障碍程度和生活自理障碍程度的等级鉴定。

劳动功能障碍分为十个伤残等级，最重的为一级，最轻的为十级。

生活自理障碍分为三个等级：生活完全不能自理、生活大部分不能自理和生活部分不能自理。

劳动能力鉴定标准由国务院社会保险行政部门会同国务院卫生行政部门等部门制定。

第二十三条 劳动能力鉴定由用人单位、工伤职工或者其近亲属向设区的市级劳动能力鉴定委员会提出申请，并提供工伤认定决定和职工工伤医疗的有关资料。

第二十四条 省、自治区、直辖市劳动能力鉴定委员会和设区的市级劳动能力鉴定委员会分别由省、自治区、直辖市和设区的市级社会保险行政部门、卫生行政部门、工会组织、经办机构代表以及用人单位代表组成。

劳动能力鉴定委员会建立医疗卫生专家库。列入专家库的医疗卫生专业技术人员应当具备下列条件：

（一）具有医疗卫生高级专业技术职务任职资格；

（二）掌握劳动能力鉴定的相关知识；

（三）具有良好的职业品德。

第二十五条 设区的市级劳动能力鉴定委员会收到劳动能力鉴定申请后，应当从其建立的医疗卫生专家库中随机抽取 3 名或者 5 名相关专家组成专家组，由专家组提出鉴定意见。设区的市级劳动能力鉴定委员会根据专家组的鉴定意见作出工伤职工劳动能力鉴定结论；必要时，可以委托具备资格的医疗机构协助进行有关的诊断。

设区的市级劳动能力鉴定委员会应当自收到劳动能力鉴定申请之日起 60 日内作出劳动能力鉴定结论，必要时，作出劳动能力鉴定结论的期限可以延长 30 日。劳动能力鉴定结论应当及时送达申请鉴定的单位和个人。

第二十六条 申请鉴定的单位或者个人对设区的市级劳动能力鉴定委员会作出的鉴定结论不服的，可以在收到该鉴定结论之日起 15 日内向省、自治区、直辖市劳动能力鉴定委员会提出再次鉴定申请。省、自治区、直辖市劳动能力鉴定委员会作出的劳动能力鉴定结论为最终结论。

第二十七条 劳动能力鉴定工作应当客观、公正。劳动能力鉴定委员会组成人员或者参加鉴定的专家与当事人有利害关系的，应当回避。

第二十八条 自劳动能力鉴定结论作出之日起 1 年后，工伤职工或者其近亲属、所在单位或者经办机构认为伤残情况发生变化的，可以申请劳动能力复查鉴定。

第二十九条 劳动能力鉴定委员会依照本条例第二十六条和第二十八条的规定进行再次鉴定和复查鉴定的期限，依照本条例第二十五条第二款的规定执行。

第五章 工伤保险待遇

第三十条 职工因工作遭受事故伤害或者患职业病进行治疗，享受工伤医疗待遇。

职工治疗工伤应当在签订服务协议的医疗机构就医，情况紧急时可以先到就近的医疗机构急救。

治疗工伤所需费用符合工伤保险诊疗项目目录、工伤保险药品目录、工伤保险住院服务标准的，从工伤保险基金支付。工伤保险诊疗项目目录、工伤保险药品目录、工伤保险住院服务标准，由国务院社会保险行政部门会同国务院卫生行政部门、食品药品监督管理部门等部门规定。

职工住院治疗工伤的伙食补助费，以及经医疗机构出具证明，报经办机构同意，工伤职工到统筹地区以外就医所需的交通、食宿费用从工伤保险基金支付，基金支付的具体标准由统筹地区人民政府规定。

工伤职工治疗非工伤引发的疾病，不享受工伤医疗待遇，按照基本医疗保险办法处理。

工伤职工到签订服务协议的医疗机构进行工伤康复的费用，符合规定的，从工伤保险基金支付。

第三十一条 社会保险行政部门作出认定为工伤的决定后发生行政复议、行政诉讼的，行政复议和行政诉讼期间不停止支付工伤职工治疗工伤的医疗费用。

第三十二条 工伤职工因日常生活或者就业需要，经劳动能力鉴定委员会确认，可以安装假肢、矫形器、假眼、假牙和配置轮椅等辅助器具，所需费用按照国家规定的标准从工伤保险基金支付。

第三十三条 职工因工作遭受事故伤害或者患职业病需要暂停工作接受

工伤医疗的，在停工留薪期内，原工资福利待遇不变，由所在单位按月支付。

停工留薪期一般不超过12个月。伤情严重或者情况特殊，经设区的市级劳动能力鉴定委员会确认，可以适当延长，但延长不得超过12个月。工伤职工评定伤残等级后，停发原待遇，按照本章的有关规定享受伤残待遇。工伤职工在停工留薪期满后仍需治疗的，继续享受工伤医疗待遇。

生活不能自理的工伤职工在停工留薪期需要护理的，由所在单位负责。

第三十四条 工伤职工已经评定伤残等级并经劳动能力鉴定委员会确认需要生活护理的，从工伤保险基金按月支付生活护理费。

生活护理费按照生活完全不能自理、生活大部分不能自理或者生活部分不能自理3个不同等级支付，其标准分别为统筹地区上年度职工月平均工资的50%、40%或者30%。

第三十五条 职工因工致残被鉴定为一级至四级伤残的，保留劳动关系，退出工作岗位，享受以下待遇：

（一）从工伤保险基金按伤残等级支付一次性伤残补助金，标准为：一级伤残为27个月的本人工资，二级伤残为25个月的本人工资，三级伤残为23个月的本人工资，四级伤残为21个月的本人工资；

（二）从工伤保险基金按月支付伤残津贴，标准为：一级伤残为本人工资的90%，二级伤残为本人工资的85%，三级伤残为本人工资的80%，四级伤残为本人工资的75%。伤残津贴实际金额低于当地最低工资标准的，由工伤保险基金补足差额；

（三）工伤职工达到退休年龄并办理退休手续后，停发伤残津贴，按照国家有关规定享受基本养老保险待遇。基本养老保险待遇低于伤残津贴的，由工伤保险基金补足差额。

职工因工致残被鉴定为一级至四级伤残的，由用人单位和职工个人以伤残津贴为基数，缴纳基本医疗保险费。

第三十六条 职工因工致残被鉴定为五级、六级伤残的，享受以下待遇：

（一）从工伤保险基金按伤残等级支付一次性伤残补助金，标准为：五级伤残为18个月的本人工资，六级伤残为16个月的本人工资；

（二）保留与用人单位的劳动关系，由用人单位安排适当工作。难以安排工作的，由用人单位按月发给伤残津贴，标准为：五级伤残为本人工资的70%，六级伤残为本人工资的60%，并由用人单位按照规定为其缴纳应缴纳的各项社会保险费。伤残津贴实际金额低于当地最低工资标准的，由用人单位补足差额。

经工伤职工本人提出，该职工可以与用人单位解除或者终止劳动关系，由工伤保险基金支付一次性工伤医疗补助金，由用人单位支付一次性伤残就业补助金。一次性工伤医疗补助金和一次性伤残就业补助金的具体标准由省、自治区、直辖市人民政府规定。

第三十七条 职工因工致残被鉴定为七级至十级伤残的，享受以下待遇：

（一）从工伤保险基金按伤残等级支付一次性伤残补助金，标准为：七级伤残为13个月的本人工资，八级伤残为11个月的本人工资，九级伤残为9个月的本人工资，十级伤残为7个月的本人工资；

（二）劳动、聘用合同期满终止，或者职工本人提出解除劳动、聘用合同的，由工伤保险基金支付一次性工伤医疗补助金，由用人单位支付一次性伤残就业补助金。一次性工伤医疗补助金和一次性伤残就业补助金的具体标准由省、自治区、直辖市人民政府规定。

第三十八条 工伤职工工伤复发，确认需要治疗的，享受本条例第三十条、第三十二条和第三十三条规定的工伤待遇。

第三十九条 职工因工死亡，其近亲属按照下列规定从工伤保险基金领取丧葬补助金、供养亲属抚恤金和一次性工亡补助金：

（一）丧葬补助金为6个月的统筹地区上年度职工月平均工资；

（二）供养亲属抚恤金按照职工本人工资的一定比例发给由因工死亡职工生前提供主要生活来源、无劳动能力的亲属。标准为：配偶每月40%，其他亲属每人每月30%，孤寡老人或者孤儿每人每月在上述标准的基础上增加10%。核定的各供养亲属的抚恤金之和不应高于因工死亡职工生前的工资。供养亲属的具体范围由国务院社会保险行政部门规定；

（三）一次性工亡补助金标准为上一年度全国城镇居民人均可支配收入的20倍。

伤残职工在停工留薪期内因工伤导致死亡的，其近亲属享受本条第一款规定的待遇。

一级至四级伤残职工在停工留薪期满后死亡的，其近亲属可以享受本条第一款第（一）项、第（二）项规定的待遇。

第四十条 伤残津贴、供养亲属抚恤金、生活护理费由统筹地区社会保险行政部门根据职工平均工资和生活费用变化等情况适时调整。调整办法由省、自治区、直辖市人民政府规定。

第四十一条 职工因工外出期间发生事故或者在抢险救灾中下落不明的，从事故发生当月起 3 个月内照发工资，从第 4 个月起停发工资，由工伤保险基金向其供养亲属按月支付供养亲属抚恤金。生活有困难的，可以预支一次性工亡补助金的 50%。职工被人民法院宣告死亡的，按照本条例第三十九条职工因工死亡的规定处理。

第四十二条 工伤职工有下列情形之一的，停止享受工伤保险待遇：

（一）丧失享受待遇条件的；

（二）拒不接受劳动能力鉴定的；

（三）拒绝治疗的。

第四十三条 用人单位分立、合并、转让的，承继单位应当承担原用人单位的工伤保险责任；原用人单位已经参加工伤保险的，承继单位应当到当地经办机构办理工伤保险变更登记。

用人单位实行承包经营的，工伤保险责任由职工劳动关系所在单位承担。

职工被借调期间受到工伤事故伤害的，由原用人单位承担工伤保险责任，但原用人单位与借调单位可以约定补偿办法。

企业破产的，在破产清算时依法拨付应当由单位支付的工伤保险待遇费用。

第四十四条 职工被派遣出境工作，依据前往国家或者地区的法律应当参加当地工伤保险的，参加当地工伤保险，其国内工伤保险关系中止；不能参加当地工伤保险的，其国内工伤保险关系不中止。

第四十五条 职工再次发生工伤，根据规定应当享受伤残津贴的，按照新认定的伤残等级享受伤残津贴待遇。

第六章 监督管理

第四十六条 经办机构具体承办工伤保险事务，履行下列职责：

（一）根据省、自治区、直辖市人民政府规定，征收工伤保险费；

（二）核查用人单位的工资总额和职工人数，办理工伤保险登记，并负责保存用人单位缴费和职工享受工伤保险待遇情况的记录；

（三）进行工伤保险的调查、统计；

（四）按照规定管理工伤保险基金的支出；

（五）按照规定核定工伤保险待遇；

（六）为工伤职工或者其近亲属免费提供咨询服务。

第四十七条 经办机构与医疗机构、辅助器具配置机构在平等协商的基础上签订服务协议，并公布签订服务协议的医疗机构、辅助器具配置机构的名单。具体办法由国务院社会保险行政部门分别会同国务院卫生行政部门、民政部门等部门制定。

第四十八条 经办机构按照协议和国家有关目录、标准对工伤职工医疗费用、康复费用、辅助器具费用的使用情况进行核查，并按时足额结算费用。

第四十九条 经办机构应当定期公布工伤保险基金的收支情况，及时向社会保险行政部门提出调整费率的建议。

第五十条 社会保险行政部门、经办机构应当定期听取工伤职工、医疗机构、辅助器具配置机构以及社会各界对改进工伤保险工作的意见。

第五十一条 社会保险行政部门依法对工伤保险费的征缴和工伤保险基金的支付情况进行监督检查。

财政部门和审计机关依法对工伤保险基金的收支、管理情况进行监督。

第五十二条 任何组织和个人对有关工伤保险的违法行为，有权举报。社会保险行政部门对举报应当及时调查，按照规定处理，并为举报人保密。

第五十三条 工会组织依法维护工伤职工的合法权益，对用人单位的工伤保险工作实行监督。

第五十四条 职工与用人单位发生工伤待遇方面的争议，按照处理劳动争议的有关规定处理。

第五十五条 有下列情形之一的，有关单位或者个人可以依法申请行政复议，也可以依法向人民法院提起行政诉讼：

（一）申请工伤认定的职工或者其近亲属、该职工所在单位对工伤认定申请不予受理的决定不服的；

（二）申请工伤认定的职工或者其近亲属、该职工所在单位对工伤认定结论不服的；

（三）用人单位对经办机构确定的单位缴费费率不服的；

（四）签订服务协议的医疗机构、辅助器具配置机构认为经办机构未履行有关协议或者规定的；

（五）工伤职工或者其近亲属对经办机构核定的工伤保险待遇有异议的。

第七章 法律责任

第五十六条 单位或者个人违反本条例第十二条规定挪用工伤保险基金，构成犯罪的，依法追究刑事责任；尚不构成犯罪的，依法给予处分或者纪律处分。被挪用的基金由社会保险行政部门追回，并入工伤保险基金；没收的违法所得依法上缴国库。

第五十七条 社会保险行政部门工作人员有下列情形之一的，依法给予处分；情节严重，构成犯罪的，依法追究刑事责任：

（一）无正当理由不受理工伤认定申请，或者弄虚作假将不符合工伤条件的人员认定为工伤职工的；

（二）未妥善保管申请工伤认定的证据材料，致使有关证据灭失的；

（三）收受当事人财物的。

第五十八条 经办机构有下列行为之一的，由社会保险行政部门责令改正，对直接负责的主管人员和其他责任人员依法给予纪律处分；情节严重，构成犯罪的，依法追究刑事责任；造成当事人经济损失的，由经办机构依法承担赔偿责任：

（一）未按规定保存用人单位缴费和职工享受工伤保险待遇情况记录的；

（二）不按规定核定工伤保险待遇的；

（三）收受当事人财物的。

第五十九条　医疗机构、辅助器具配置机构不按服务协议提供服务的，经办机构可以解除服务协议。

经办机构不按时足额结算费用的，由社会保险行政部门责令改正；医疗机构、辅助器具配置机构可以解除服务协议。

第六十条　用人单位、工伤职工或者其近亲属骗取工伤保险待遇，医疗机构、辅助器具配置机构骗取工伤保险基金支出的，由社会保险行政部门责令退还，处骗取金额2倍以上5倍以下的罚款；情节严重，构成犯罪的，依法追究刑事责任。

第六十一条　从事劳动能力鉴定的组织或者个人有下列情形之一的，由社会保险行政部门责令改正，处2000元以上1万元以下的罚款；情节严重，构成犯罪的，依法追究刑事责任：

（一）提供虚假鉴定意见的；

（二）提供虚假诊断证明的；

（三）收受当事人财物的。

第六十二条　用人单位依照本条例规定应当参加工伤保险而未参加的，由社会保险行政部门责令限期参加，补缴应当缴纳的工伤保险费，并自欠缴之日起，按日加收万分之五的滞纳金；逾期仍不缴纳的，处欠缴数额1倍以上3倍以下的罚款。

依照本条例规定应当参加工伤保险而未参加工伤保险的用人单位职工发生工伤的，由该用人单位按照本条例规定的工伤保险待遇项目和标准支付费用。

用人单位参加工伤保险并补缴应当缴纳的工伤保险费、滞纳金后，由工伤保险基金和用人单位依照本条例的规定支付新发生的费用。

第六十三条　用人单位违反本条例第十九条的规定，拒不协助社会保险行政部门对事故进行调查核实的，由社会保险行政部门责令改正，处2000元以上2万元以下的罚款。

第八章　附　　则

第六十四条　本条例所称工资总额，是指用人单位直接支付给本单位全部职工的劳动报酬总额。

本条例所称本人工资，是指工伤职工因工作遭受事故伤害或者患职业病前12个月平均月缴费工资。本人工资高于统筹地区职工平均工资300%的，按照统筹地区职工平均工资的300%计算；本人工资低于统筹地区职工平均工资60%的，按照统筹地区职工平均工资的60%计算。

第六十五条 公务员和参照公务员法管理的事业单位、社会团体的工作人员因工作遭受事故伤害或者患职业病的，由所在单位支付费用。具体办法由国务院社会保险行政部门会同国务院财政部门规定。

第六十六条 无营业执照或者未经依法登记、备案的单位以及被依法吊销营业执照或者撤销登记、备案的单位的职工受到事故伤害或者患职业病的，由该单位向伤残职工或者死亡职工的近亲属给予一次性赔偿，赔偿标准不得低于本条例规定的工伤保险待遇；用人单位不得使用童工，用人单位使用童工造成童工伤残、死亡的，由该单位向童工或者童工的近亲属给予一次性赔偿，赔偿标准不得低于本条例规定的工伤保险待遇。具体办法由国务院社会保险行政部门规定。

前款规定的伤残职工或者死亡职工的近亲属就赔偿数额与单位发生争议的，以及前款规定的童工或者童工的近亲属就赔偿数额与单位发生争议的，按照处理劳动争议的有关规定处理。

第六十七条 本条例自2004年1月1日起施行。本条例施行前已受到事故伤害或者患职业病的职工尚未完成工伤认定的，按照本条例的规定执行。

国务院法制办公室对《关于请解决有关劳动保障监察行政处罚问题的函》的复函

（2005年10月17日　国法秘函〔2005〕377号）

劳动保障部办公厅：

你厅《关于请解决有关劳动保障监察行政处罚问题的函》（劳社厅函〔2005〕333号）收悉。经研究，函复如下：

对《劳动保障监察条例》第三十条第一款第（二）项的规定，我们认为应当理解为，只有用人单位同时具有不按照劳动保障监察行政部门的要求报送书面材料，隐瞒事实真相，出具伪证或者隐匿、毁灭证据三种情形的，劳动保障行政部门才可以处以罚款。对于用人单位有上述三种情形之一的，劳动保障行政部门才可以处以罚款。对于用人单位有上述三种情形之一的，劳动保障行政部门可以依法责令其改正；对拒不改正的，劳动保障行政部门可以依照第三十条第一款第（三）项的规定，处以罚款。

国务院法制办公室对《关于职工违反企业内部规定在下班途中受到机动车伤害能否认定为工伤的请示》的复函

（2005 年 8 月 17 日　国法秘函〔2005〕315 号）

辽宁省人民政府法制办公室：

你办《关于职工违反企业内部规定在下班途中受到机动车伤害能否认定为工伤的请示》（辽政法〔2005〕12 号）收悉。经研究，并征得劳动保障部同意，答复如下：

职工所受伤害只要符合《工伤保险条例》第十四条第（六）项规定的“上下班途中，受到机动车事故伤害的”规定，就应当认定为工伤。

附：

辽宁省人民政府法制办公室关于职工违反企业内部规定在下班途中受到机动车伤害能否认定为工伤的请示

（2005 年 6 月 1 日　辽政法〔2005〕12 号）

国务院法制办公室：

矫清华、车金荣系我省普兰店棉麻捻线厂职工。普兰店棉麻捻线厂在其制定的《上岗规定》中规定：“为了保证工人的人身安全，上夜班的工人下班后，必须在工厂的职工宿舍住宿，待早上 7 点天亮后方可回家。如不听者，出现一切后果自负。”2003 年 12 月 24 日零时许，矫清华、车金荣在下夜班回家的路上被大货车撞死。普兰店市劳动和社会保障局认为，矫清华、车金荣违反企业规定，下夜班后未在职工宿舍住宿，在回家途中遭遇车祸死亡，不能按《工伤保险条例》规定的“上下班途中受到机动车事故伤害”定性处理，作出不予认定工伤的决定。职工家属不服，申请行政复议。由于《工伤保险条例》第十四条、第十五条、第十六条对类似情况没有明确规定，对此类情况是否应认定为工伤我们把握不准。

特此请示。

三、人力资源和社会保障部规定

人力资源社会保障部关于执行《工伤保险条例》若干问题的意见（二）

（2016 年 3 月 28 日　人社部发〔2016〕29 号）

各省、自治区、直辖市及新疆生产建设兵团人力资源社会保障厅（局）：

为更好地贯彻执行新修订的《工伤保险条例》，提高依法行政能力和水平，妥善解决实际工作中的问题，保障职工和用人单位合法权益，现提出如下意见：

一、一级至四级工伤职工死亡，其近亲属同时符合领取工伤保险丧葬补助金、供养亲属抚恤金待遇和职工基本养老保险丧葬补助金、抚恤金待遇条件的，由其近亲属选择领取工伤保险或职工基本养老保险其中一种。

二、达到或超过法定退休年龄，但未办理退休手续或者未依法享受城镇职工基本养老保险待遇，继续在原用人单位工作期间受到事故伤害或患职业病的，用人单位依法承担工伤保险责任。

用人单位招用已经达到、超过法定退休年龄或已经领取城镇职工基本养老保险待遇的人员，在用工期间因工作原因受到事故伤害或患职业病的，如招用单位已按项目参保等方式为其缴纳工伤保险费的，应适用《工伤保险条例》。

三、《工伤保险条例》第六十二条规定的“新发生的费用”，是指用人单位参加工伤保险前发生工伤的职工，在参加工伤保险后新发生的费用。其中由工伤保险基金支付的费用，按不同情况予以处理：

（一）因工受伤的，支付参保后新发生的工伤医疗费、工伤康复费、住院伙食补助费、统筹地区以外就医交通食宿费、辅助器具配置费、生活护理费、一级至四级伤残职工伤残津贴，以及参保后解除劳动合同时的一次性工伤医疗补助金；

（二）因工死亡的，支付参保后新发生的符合条件的供养亲属抚恤金。

四、职工在参加用人单位组织或者受用人单位指派参加其他单位组织的活动中受到事故伤害的，应当视为工作原因，但参加与工作无关的活动除外。

五、职工因工作原因驻外，有固定的住所、有明确的作息时间，工伤认定时按照在驻在地当地正常工作的情形处理。

六、职工以上下班为目的、在合理时间内往返于工作单位和居住地之间的合理路线，视为上下班途中。

七、用人单位注册地与生产经营地不在同一统筹地区的，原则上应在注册地为职工参加工伤保险；未在注册地参加工伤保险的职工，可由用人单位在生产经营地为其参加工伤保险。

劳务派遣单位跨地区派遣劳动者，应根据《劳务派遣暂行规定》参加工伤保险。建筑施工企业按项目参保的，应在施工项目所在地参加工伤保险。

职工受到事故伤害或者患职业病后，在参保地进行工伤认定、劳动能力鉴定，并按照参保地的规定依法享受工伤保险待遇；未参加工伤保险的职工，应当在生产经营地进行工伤认定、劳动能力鉴定，并按照生产经营地的规定依法由用人单位支付工伤保险待遇。

八、有下列情形之一的，被延误的时间不计算在工伤认定申请时限内。

（一）受不可抗力影响的；

（二）职工由于被国家机关依法采取强制措施等人身自由受到限制不能申请工伤认定的；

（三）申请人正式提交了工伤认定申请，但因社会保险机构未登记或者材料遗失等原因造成申请超时限的；

（四）当事人就确认劳动关系申请劳动仲裁或提起民事诉讼的；

（五）其他符合法律法规规定的情形。

九、《工伤保险条例》第六十七条规定的“尚未完成工伤认定的”，是指在《工伤保险条例》施行前遭受事故伤害或被诊断鉴定为职业病，且在工伤认定申请法定时限内（从《工伤保险条例》施行之日起算）提出工伤认定申请，尚未做出工伤认定的情形。

十、因工伤认定申请人或者用人单位隐瞒有关情况或者提供虚假材料，导致工伤认定决定错误的，社会保险行政部门发现后，应当及时予以更正。

本意见自发文之日起执行，此前有关规定与本意见不一致的，按本意见执行。执行中有重大问题，请及时报告我部。

人力资源和社会保障部关于执行《工伤保险条例》若干问题的意见

（2013 年 4 月 25 日　人社部发〔2013〕34 号）

各省、自治区、直辖市及新疆生产建设兵团人力资源社会保障厅（局）：

《国务院关于修改〈工伤保险条例〉的决定》（国务院令第 586 号）已经于 2011 年 1 月 1 日实施。为贯彻执行新修订的《工伤保险条例》，妥善解决实际工作中的问题，更好地保障职工和用人单位的合法权益，现提出如下意见。

一、《工伤保险条例》（以下简称《条例》）第十四条第（五）项规定的“因工外出期间”的认定，应当考虑职工外出是否属于用人单位指派的因工作外出，遭受的事故伤害是否因工作原因所致。

二、《条例》第十四条第（六）项规定的“非本人主要责任”的认定，应当以有关机关出具的法律文书或者人民法院的生效裁决为依据。

三、《条例》第十六条第（一）项“故意犯罪”的认定，应当以司法机关的生效法律文书或者结论性意见为依据。

四、《条例》第十六条第（二）项“醉酒或者吸毒”的认定，应当以有关机关出具的法律文书或者人民法院的生效裁决为依据。无法获得上述证据的，可以结合相关证据认定。

五、社会保险行政部门受理工伤认定申请后，发现劳动关系存在争议且无法确认的，应告知当事人可以向劳动人事争议仲裁委员会申请仲裁。在此期间，作出工伤认定决定的时限中止，并书面通知申请工伤认定的当事人。劳动关系依法确认后，当事人应将有关法律文书送交受理工伤认定申请的社会保险行政部门，该部门自收到生效法律文书之日起恢复工伤认定程序。

六、符合《条例》第十五条第（一）项情形的，职工所在用人单位原则上应自职工死亡之日起 5 个工作日内向用人单位所在统筹地区社会保险行政部门报告。

七、具备用工主体资格的承包单位违反法律、法规规定，将承包业务转包、分包给不具备用工主体资格的组织或者自然人，该组织或者自然人招用的劳动者从事承包业务时因工伤亡的，由该具备用工主体资格的承包单位承担用人单位依法应承担的工伤保险责任。

八、曾经从事接触职业病危害作业、当时没有发现罹患职业病、离开工作岗位后被诊断或鉴定为职业病的符合下列条件的人员，可以自诊断、鉴定为职业病之日起一年内申请工伤认定，社会保险行政部门应当受理：

（一）办理退休手续后，未再从事接触职业病危害作业的退休人员；

（二）劳动或聘用合同期满后或者本人提出而解除劳动或聘用合同后，未再从事接触职业病危害作业的人员。

经工伤认定和劳动能力鉴定，前款第（一）项人员符合领取一次性伤残补助金条件的，按就高原则以本人退休前 12 个月平均月缴费工资或者确诊职业病前 12 个月的月平均养老金为基数计发。前款第（二）项人员被鉴定为一级至十级伤残、按《条例》规定应以本人工资作为基数享受相关待遇的，按本人终止或者解除劳动、聘用合同前 12 个月平均月缴费工资计发。

九、按照本意见第八条规定被认定为工伤的职业病人员，职业病诊断证明书（或职业病诊断鉴定书）中明确的用人单位，在该职工从业期间依法为其缴纳工伤保险费的，按《条例》的规定，分别由工伤保险基金和用人单位支付工伤保险待遇；未依法为该职工缴纳工伤保险费的，由用人单位按照《条例》规定的相关项目和标准支付待遇。

十、职工在同一用人单位连续工作期间多次发生工伤的，符合《条例》

第三十六条、第三十七条规定领取相关待遇时，按照其在同一用人单位发生工伤的最高伤残级别，计发一次性伤残就业补助金和一次性工伤医疗补助金。

十一、依据《条例》第四十二条的规定停止支付工伤保险待遇的，在停止支付待遇的情形消失后，自下月起恢复工伤保险待遇，停止支付的工伤保险待遇不予补发。

十二、《条例》第六十二条第三款规定的“新发生的费用”，是指用人单位职工参加工伤保险前发生工伤的，在参加工伤保险后新发生的费用。

十三、由工伤保险基金支付的各项待遇应按《条例》相关规定支付，不得采取将长期待遇改为一次性支付的办法。

十四、核定工伤职工工伤保险待遇时，若上一年度相关数据尚未公布，可暂按前一年度的全国城镇居民人均可支配收入、统筹地区职工月平均工资核定和计发，待相关数据公布后再重新核定，社会保险经办机构或者用人单位予以补发差额部分。

本意见自发文之日起执行，此前有关规定与本意见不一致的，按本意见执行。执行中有重大问题，请及时报告我部。

实施《中华人民共和国社会保险法》若干规定（摘录）

(2011 年 6 月 20 日中华人民共和国人力资源和社会保障部令第 13 号公布，自 2011 年 7 月 1 日起施行)

第三章　关于工伤保险

第九条　职工（包括非全日制从业人员）在两个或者两个以上用人单位同时就业的，各用人单位应当分别为职工缴纳工伤保险费。职工发生工伤，由职工受到伤害时工作的单位依法承担工伤保险责任。

第十条　社会保险法第三十七条第二项中的醉酒标准，按照《车辆驾驶人员血液、呼气酒精含量阈值与检验》（GB19522－2004）执行。公安机关交通管理部门、医疗机构等有关单位依法出具的检测结论、诊断证明等材料，可以作为认定醉酒的依据。

第十一条 社会保险法第三十八条第八项中的因工死亡补助金是指《工伤保险条例》第三十九条的一次性工亡补助金，标准为工伤发生时上一年度全国城镇居民人均可支配收入的20倍。

上一年度全国城镇居民人均可支配收入以国家统计局公布的数据为准。

第十二条 社会保险法第三十九条第一项治疗工伤期间的工资福利，按照《工伤保险条例》第三十三条有关职工在停工留薪期内应当享受的工资福利和护理等待遇的规定执行。

人力资源和社会保障部办公厅《关于工伤保险有关规定处理意见的函》

（2011年6月23日 人社厅函〔2011〕339号）

各省、自治区、直辖市人力资源社会保障厅（局），福建省公务员局，新疆生产建设兵团人事局、劳动保障局：

关于新《工伤保险条例》第十四条第六项的规定如何理解和适用问题，经征得国务院法制办和最高人民法院同意，并商公安部、交通运输部、铁道部，提出如下处理意见，请遵照执行：

一、该条规定的“上下班途中”是指合理的上下班时间和合理的上下班路途。

二、该条规定的“非本人主要责任”事故包括非本人主要责任的交通事故和非本人主要责任的城市轨道交通、客运轮渡和火车事故。其中，“交通事故”是指《道路交通安全法》第一百一十九条规定的车辆在道路上因过错或者意外造成的人身伤亡或者财产损失事件。“车辆”是指机动车和非机动车；“道路”是指公路、城市道路和虽在单位管辖范围但允许社会机动车通行的地方，包括广场、公共停车场等用于公众通行的场所。

三、“非本人主要责任”事故认定应以公安机关交通管理、交通运输、铁道等部门或司法机关，以及法律、行政法规授权组织出具的相关法律文书为依据。

工伤认定办法

（2010 年 12 月 31 日人力资源和社会保障部令第 8 号）

第一条 为规范工伤认定程序，依法进行工伤认定，维护当事人的合法权益，根据《工伤保险条例》的有关规定，制定本办法。

第二条 社会保险行政部门进行工伤认定按照本办法执行。

第三条 工伤认定应当客观公正、简捷方便，认定程序应当向社会公开。

第四条 职工发生事故伤害或者按照职业病防治法规定被诊断、鉴定为职业病，所在单位应当自事故伤害发生之日或者被诊断、鉴定为职业病之日起 30 日内，向统筹地区社会保险行政部门提出工伤认定申请。遇有特殊情况，经报社会保险行政部门同意，申请时限可以适当延长。

按照前款规定应当向省级社会保险行政部门提出工伤认定申请的，根据属地原则应当向用人单位所在地设区的市级社会保险行政部门提出。

第五条 用人单位未在规定的时限内提出工伤认定申请的，受伤害职工或者其近亲属、工会组织在事故伤害发生之日或者被诊断、鉴定为职业病之日起 1 年内，可以直接按照本办法第四条规定提出工伤认定申请。

第六条 提出工伤认定申请应当填写《工伤认定申请表》，并提交下列材料：

（一）劳动、聘用合同文本复印件或者与用人单位存在劳动关系（包括事实劳动关系）、人事关系的其他证明材料；

（二）医疗机构出具的受伤后诊断证明书或者职业病诊断证明书（或者职业病诊断鉴定书）。

第七条 工伤认定申请人提交的申请材料符合要求，属于社会保险行政部门管辖范围且在受理时限内的，社会保险行政部门应当受理。

第八条 社会保险行政部门收到工伤认定申请后，应当在 15 日内对申请人提交的材料进行审核，材料完整的，作出受理或者不予受理的决定；材料不完整的，应当以书面形式一次性告知申请人需要补正的全部材料。社会保险行政部门收到申请人提交的全部补正材料后，应当在 15 日内作出受理或者不予受理的决定。

社会保险行政部门决定受理的，应当出具《工伤认定申请受理决定书》；决定不予受理的，应当出具《工伤认定申请不予受理决定书》。

第九条 社会保险行政部门受理工伤认定申请后，可以根据需要对申请人提供的证据进行调查核实。

第十条 社会保险行政部门进行调查核实，应当由两名以上工作人员共同进行，并出示执行公务的证件。

第十一条 社会保险行政部门工作人员在工伤认定中，可以进行以下调查核实工作：

（一）根据工作需要，进入有关单位和事故现场；

（二）依法查阅与工伤认定有关的资料，询问有关人员并作出调查笔录；

（三）记录、录音、录像和复制与工伤认定有关的资料。调查核实工作的证据收集参照行政诉讼证据收集的有关规定执行。

第十二条 社会保险行政部门工作人员进行调查核实时，有关单位和个人应当予以协助。用人单位、工会组织、医疗机构以及有关部门应当负责安排相关人员配合工作，据实提供情况和证明材料。

第十三条 社会保险行政部门在进行工伤认定时，对申请人提供的符合国家有关规定的职业病诊断证明书或者职业病诊断鉴定书，不再进行调查核实。职业病诊断证明书或者职业病诊断鉴定书不符合国家规定的要求和格式的，社会保险行政部门可以要求出具证据部门重新提供。

第十四条 社会保险行政部门受理工伤认定申请后，可以根据工作需要，委托其他统筹地区的社会保险行政部门或者相关部门进行调查核实。

第十五条 社会保险行政部门工作人员进行调查核实时，应当履行下列义务：

（一）保守有关单位商业秘密以及个人隐私；

（二）为提供情况的有关人员保密。

第十六条 社会保险行政部门工作人员与工伤认定申请人有利害关系的，应当回避。

第十七条 职工或者其近亲属认为是工伤，用人单位不认为是工伤的，由该用人单位承担举证责任。用人单位拒不举证的，社会保险行政部门可以根据受伤害职工提供的证据或者调查取得的证据，依法作出工伤认定决定。

第十八条 社会保险行政部门应当自受理工伤认定申请之日起60日内作出工伤认定决定，出具《认定工伤决定书》或者《不予认定工伤决定书》。

第十九条 《认定工伤决定书》应当载明下列事项：

（一）用人单位全称；

（二）职工的姓名、性别、年龄、职业、身份证号码；

（三）受伤害部位、事故时间和诊断时间或职业病名称、受伤害经过和核实情况、医疗救治的基本情况和诊断结论；

（四）认定工伤或者视同工伤的依据；

（五）不服认定决定申请行政复议或者提起行政诉讼的部门和时限；

（六）作出认定工伤或者视同工伤决定的时间。

《不予认定工伤决定书》应当载明下列事项：

（一）用人单位全称；

（二）职工的姓名、性别、年龄、职业、身份证号码；

（三）不予认定工伤或者不视同工伤的依据；

（四）不服认定决定申请行政复议或者提起行政诉讼的部门和时限；

（五）作出不予认定工伤或者不视同工伤决定的时间。

《认定工伤决定书》和《不予认定工伤决定书》应当加盖社会保险行政部门工伤认定专用印章。

第二十条 社会保险行政部门受理工伤认定申请后，作出工伤认定决定需要以司法机关或者有关行政主管部门的结论为依据的，在司法机关或者有关行政主管部门尚未作出结论期间，作出工伤认定决定的时限中止，并书面通知申请人。

第二十一条 社会保险行政部门对于事实清楚、权利义务明确的工伤认定申请，应当自受理工伤认定申请之日起15日内作出工伤认定决定。

第二十二条 社会保险行政部门应当自工伤认定决定作出之日起20日内，将《认定工伤决定书》或者《不予认定工伤决定书》送达受伤害职工（或者其近亲属）和用人单位，并抄送社会保险经办机构。

《认定工伤决定书》和《不予认定工伤决定书》的送达参照民事法律有关送达的规定执行。

第二十三条 职工或者其近亲属、用人单位对不予受理决定不服或者对工伤认定决定不服的，可以依法申请行政复议或者提起行政诉讼。

第二十四条 工伤认定结束后，社会保险行政部门应当将工伤认定的有关资料保存50年。

第二十五条 用人单位拒不协助社会保险行政部门对事故伤害进行调查核实的，由社会保险行政部门责令改正，处2000元以上2万元以下的罚款。

第二十六条 本办法中的《工伤认定申请表》、《工伤认定申请受理决定书》、《工伤认定申请不予受理决定书》、《认定工伤决定书》、《不予认定工伤决定书》的样式由国务院社会保险行政部门统一制定。

第二十七条 本办法自2011年1月1日起施行。劳动和社会保障部2003年9月23日颁布的《工伤认定办法》同时废止。

工伤认定申请受理决定书

____________：

你（单位）于______年______月______日提交________的工伤认定申请收悉。经审查，符合工伤认定受理的条件，现予受理。

（盖章）

年 月 日

注：本决定书一式三份，社会保险行政部门、职工或者其近亲属、用人单位各留存一份。

编号：

工伤认定申请不予受理决定书

____________：

你（单位）于________年______月______日提交________的工伤认定申

请收悉。

经审查：＿＿＿＿＿＿＿＿＿＿＿＿＿＿＿＿＿＿＿＿＿＿不符合《工伤保险条例》第＿＿＿＿条＿＿＿＿＿＿＿＿＿＿＿＿＿＿＿＿＿＿规定的受理条件，现决定不予受理。

如对本决定不服，可在接到决定书之日起60日内申请行政复议，或者向人民法院提起行政诉讼。

（盖章）

年　月　日

注：本决定书一式三份，社会保险行政部门、职工或者其近亲属、用人单位各留存一份。

编号：

认定工伤决定书

申请人：

职工姓名：　性别：　年龄：

身份证号码：

用人单位：

职业/工种/工作岗位：

事故时间：　年　月　日

事故地点：

诊断时间：　年　月　日

受伤害部位/职业病名称：

受伤害经过、医疗救治的基本情况和诊断结论：

＿＿＿＿年＿＿月＿＿日受理＿＿＿＿的工伤认定申请后，根据提交的材料调查核实情况如下：

同志受到的事故伤害（或患职业病），符合《工伤保险条例》第＿＿条第＿＿款第＿＿项之规定，属于工伤认定范围，现予以认定（或视同）为工伤。

如对本工伤认定决定不服的，可自接到本决定书之日起60日内向______申请行政复议，或者向人民法院提起行政诉讼。

（工伤认定专用章）

年　月　日

注：本通知一式四份，社会保险行政部门、职工或者其近亲属、用人单位、社会保险经办机构各留存一份。

编号：

不予认定工伤决定书

申请人：

职工姓名：　性别：　年龄：

身份证号码：

用人单位：

职业/工种/工作岗位：

______年____月____日受理________的工伤认定申请后，根据提交的材料调查核实情况如下：

______同志受到的伤害，不符合《工伤保险条例》第十四条、第十五条认定工伤或者视同工伤的情形；或者根据《工伤保险条例》第十六条第____项之规定，属于不得认定或者视同工伤的情形。现决定不予认定或者视同工伤。

如对本工伤认定结论不服的，可自接到本决定书之日起60日内向______申请行政复议，或者向人民法院提起行政诉讼。

（工伤认定专用章）

年　月　日

注：本通知一式三份，社会保险行政部门、职工或者其近亲属、用人单位各留存一份。

非法用工单位伤亡人员一次性赔偿办法

（2010 年 12 月 31 日人力资源和社会保障部令第 9 号修订公布，自 2011 年 1 月 1 日起施行）

第一条 根据《工伤保险条例》第六十六条第一款的授权，制定本办法。

第二条 本办法所称非法用工单位伤亡人员，是指无营业执照或者未经依法登记、备案的单位以及被依法吊销营业执照或者撤销登记、备案的单位受到事故伤害或者患职业病的职工，或者用人单位使用童工造成的伤残、死亡童工。

前款所列单位必须按照本办法的规定向伤残职工或者死亡职工的近亲属、伤残童工或者死亡童工的近亲属给予一次性赔偿。

第三条 一次性赔偿包括受到事故伤害或者患职业病的职工或童工在治疗期间的费用和一次性赔偿金。一次性赔偿金数额应当在受到事故伤害或者患职业病的职工或童工死亡或者经劳动能力鉴定后确定。

劳动能力鉴定按照属地原则由单位所在地设区的市级劳动能力鉴定委员会办理。劳动能力鉴定费用由伤亡职工或童工所在单位支付。

第四条 职工或童工受到事故伤害或者患职业病，在劳动能力鉴定之前进行治疗期间的生活费按照统筹地区上年度职工月平均工资标准确定，医疗费、护理费、住院期间的伙食补助费以及所需的交通费等费用按照《工伤保险条例》规定的标准和范围确定，并全部由伤残职工或童工所在单位支付。

第五条 一次性赔偿金按照以下标准支付：

一级伤残的为赔偿基数的 16 倍，二级伤残的为赔偿基数的 14 倍，三级伤残的为赔偿基数的 12 倍，四级伤残的为赔偿基数的 10 倍，五级伤残的为赔偿基数的 8 倍，六级伤残的为赔偿基数的 6 倍，七级伤残的为赔偿基数的 4 倍，八级伤残的为赔偿基数的 3 倍，九级伤残的为赔偿基数的 2 倍，十级伤残的为赔偿基数的 1 倍。

前款所称赔偿基数，是指单位所在工伤保险统筹地区上年度职工年平均工资。

第六条　受到事故伤害或者患职业病造成死亡的，按照上一年度全国城镇居民人均可支配收入的20倍支付一次性赔偿金，并按照上一年度全国城镇居民人均可支配收入的10倍一次性支付丧葬补助等其他赔偿金。

第七条　单位拒不支付一次性赔偿的，伤残职工或者死亡职工的近亲属、伤残童工或者死亡童工的近亲属可以向人力资源和社会保障行政部门举报。经查证属实的，人力资源和社会保障行政部门应当责令该单位限期改正。

第八条　伤残职工或者死亡职工的近亲属、伤残童工或者死亡童工的近亲属就赔偿数额与单位发生争议的，按照劳动争议处理的有关规定处理。

第九条　本办法自2011年1月1日起施行。劳动和社会保障部2003年9月23日颁布的《非法用工单位伤亡人员一次性赔偿办法》同时废止。

劳动和社会保障部关于实施《工伤保险条例》若干问题的意见

（2004年11月1日中华人民共和国劳动和社会保障部发布，劳社部函〔2004〕256号）

各省、自治区、直辖市劳动和社会保障厅（局）：

《工伤保险条例》（以下简称条例）已于二〇〇四年一月一日起施行。现就条例实施中的有关问题提出如下意见：

一、职工在两个或两个以上用人单位同时就业的，各用人单位应当分别为职工缴纳工伤保险费。职工发生工伤，由职工受到伤害时其工作的单位依法承担工伤保险责任。

二、条例第十四条规定“上下班途中，受到机动车事故伤害的，应当认定为工伤”。这里“上下班途中”既包括职工正常工作的上下班途中，也包括职工加班加点的上下班途中。“受到机动车事故伤害的”既可以是职工驾驶或乘坐的机动车发生事故造成的，也可以是职工因其他机动车事故造成的。

三、条例第十五条规定“职工在工作时间和工作岗位，突发疾病死亡或者在48小时之内经抢救无效死亡的，视同工伤”。这里“突发疾病”包括各类疾病。“48小时”的起算时间，以医疗机构的初次诊断时间作为突发疾病的起算时间。

四、条例第十七条第二款规定的有权申请工伤认定的“工会组织”包括职工所在用人单位的工会组织以及符合《中华人民共和国工会法》规定的各级工会组织。

五、用人单位未按规定为职工提出工伤认定申请，受到事故伤害或者患职业病的职工或者其直系亲属、工会组织提出工伤认定申请，职工所在单位是否同意（签字、盖章），不是必经程序。

六、条例第十七条第四款规定“用人单位未在本条第一款规定的时限内提交工伤认定申请的，在此期间发生符合本条例规定的工伤待遇等有关费用由该用人单位负担”。这里用人单位承担工伤待遇等有关费用的期间是指从事故伤害发生之日或职业病确诊之日起到劳动保障行政部门受理工伤认定申请之日止。

七、条例第三十六条规定的工伤职工旧伤复发，是否需要治疗应由治疗工伤职工的协议医疗机构提出意见，有争议的由劳动能力鉴定委员会确认。

八、职工因工死亡，其供养亲属享受抚恤金待遇的资格，按职工因工死亡时的条件核定。

因工死亡职工供养亲属范围规定

（2003 年 9 月 23 日劳动和社会保障部令第 18 号发布，自 2004 年 1 月 1 日起施行）

第一条　为明确因工死亡职工供养亲属范围，根据《工伤保险条例》第三十七条第一款第二项的授权，制定本规定。

第二条　本规定所称因工死亡职工供养亲属，是指该职工的配偶、子女、父母、祖父母、外祖父母、孙子女、外孙子女、兄弟姐妹。

本规定所称子女，包括婚生子女、非婚生子女、养子女和有抚养关系的继子女，其中，婚生子女、非婚生子女包括遗腹子女；

本规定所称父母，包括生父母、养父母和有抚养关系的继父母；

本规定所称兄弟姐妹，包括同父母的兄弟姐妹、同父异母或者同母异父的兄弟姐妹、养兄弟姐妹、有抚养关系的继兄弟姐妹。

第三条 上条规定的人员，依靠因工死亡职工生前提供主要生活来源，并有下列情形之一的，可按规定申请供养亲属抚恤金：

（一）完全丧失劳动能力的；

（二）工亡职工配偶男年满 60 周岁、女年满 55 周岁的；

（三）工亡职工父母男年满 60 周岁、女年满 55 周岁的；

（四）工亡职工子女未满 18 周岁的；

（五）工亡职工父母均已死亡，其祖父、外祖父年满 60 周岁，祖母、外祖母年满 55 周岁的；

（六）工亡职工子女已经死亡或完全丧失劳动能力，其孙子女、外孙子女未满 18 周岁的；

（七）工亡职工父母均已死亡或完全丧失劳动能力，其兄弟姐妹未满 18 周岁的。

第四条 领取抚恤金人员有下列情形之一的，停止享受抚恤金待遇：

（一）年满 18 周岁且未完全丧失劳动能力的；

（二）就业或参军的；

（三）工亡职工配偶再婚的；

（四）被他人或组织收养的；

（五）死亡的。

第五条 领取抚恤金的人员，在被判刑收监执行期间，停止享受抚恤金待遇。刑满释放仍符合领取抚恤金资格的，按规定的标准享受抚恤金。

第六条 因工死亡职工供养亲属享受抚恤金待遇的资格，由统筹地区社会保险经办机构核定。

因工死亡职工供养亲属的劳动能力鉴定，由因工死亡职工生前单位所在地设区的市级劳动能力鉴定委员会负责。

第七条 本办法自 2004 年 1 月 1 日起施行。

社会保险基金先行支付暂行办法

（中华人民共和国人力资源和社会保障部令第15号，自2011年7月1日起施行）

第一条 为了维护公民的社会保险合法权益，规范社会保险基金先行支付管理，根据《中华人民共和国社会保险法》（以下简称社会保险法）和《工伤保险条例》，制定本办法。

第二条 参加基本医疗保险的职工或者居民（以下简称个人）由于第三人的侵权行为造成伤病的，其医疗费用应当由第三人按照确定的责任大小依法承担。超过第三人责任部分的医疗费用，由基本医疗保险基金按照国家规定支付。

前款规定中应当由第三人支付的医疗费用，第三人不支付或者无法确定第三人的，在医疗费用结算时，个人可以向参保地社会保险经办机构书面申请基本医疗保险基金先行支付，并告知造成其伤病的原因和第三人不支付医疗费用或者无法确定第三人的情况。

第三条 社会保险经办机构接到个人根据第二条规定提出的申请后，经审核确定其参加基本医疗保险的，应当按照统筹地区基本医疗保险基金支付的规定先行支付相应部分的医疗费用。

第四条 个人由于第三人的侵权行为造成伤病被认定为工伤，第三人不支付工伤医疗费用或者无法确定第三人的，个人或者其近亲属可以持工伤认定决定书和有关材料向社会保险经办机构书面申请工伤保险基金先行支付，并告知第三人不支付或者无法确定第三人的情况。

第五条 社会保险经办机构接到个人根据第四条规定提出的申请后，应当审查个人获得基本医疗保险基金先行支付和其所在单位缴纳工伤保险费等情况，并按照下列情形分别处理：

（一）对于个人所在用人单位已经依法缴纳工伤保险费，且在认定工伤之前基本医疗保险基金有先行支付的，社会保险经办机构应当按照工伤保险有关规定，用工伤保险基金先行支付超出基本医疗保险基金先行支付部分的医疗费用，并向基本医疗保险基金退还先行支付的费用；

（二）对于个人所在用人单位已经依法缴纳工伤保险费，在认定工伤之前基本医疗保险基金无先行支付的，社会保险经办机构应当用工伤保险基金先行支付工伤医疗费用；

（三）对于个人所在用人单位未依法缴纳工伤保险费，且在认定工伤之前基本医疗保险基金有先行支付的，社会保险经办机构应当在 3 个工作日内向用人单位发出书面催告通知，要求用人单位在 5 个工作日内依法支付超出基本医疗保险基金先行支付部分的医疗费用，并向基本医疗保险基金偿还先行支付的医疗费用。用人单位在规定时间内不支付其余部分医疗费用的，社会保险经办机构应当用工伤保险基金先行支付；

（四）对于个人所在用人单位未依法缴纳工伤保险费，在认定工伤之前基本医疗保险基金无先行支付的，社会保险经办机构应当在 3 个工作日向用人单位发出书面催告通知，要求用人单位在 5 个工作日内依法支付全部工伤医疗费用；用人单位在规定时间内不支付的，社会保险经办机构应当用工伤保险基金先行支付。

第六条　职工所在用人单位未依法缴纳工伤保险费，发生工伤事故的，用人单位应当采取措施及时救治，并按照规定的工伤保险待遇项目和标准支付费用。

职工被认定为工伤后，有下列情形之一的，职工或者其近亲属可以持工伤认定决定书和有关材料向社会保险经办机构书面申请先行支付工伤保险待遇：

（一）用人单位被依法吊销营业执照或者撤销登记、备案的；

（二）用人单位拒绝支付全部或者部分费用的；

（三）依法经仲裁、诉讼后仍不能获得工伤保险待遇，法院出具中止执行文书的；

（四）职工认为用人单位不支付的其他情形。

第七条　社会保险经办机构收到职工或者其近亲属根据第六条规定提出的申请后，应当在 3 个工作日内向用人单位发出书面催告通知，要求其在 5 个工作日内予以核实并依法支付工伤保险待遇，告知其如在规定期限内不按时足额支付的，工伤保险基金在按照规定先行支付后，取得要求其偿还的权利。

第八条 用人单位未按照第七条规定按时足额支付的，社会保险经办机构应当按照社会保险法和《工伤保险条例》的规定，先行支付工伤保险待遇项目中应当由工伤保险基金支付的项目。

第九条 个人或者其近亲属提出先行支付医疗费用、工伤医疗费用或者工伤保险待遇申请，社会保险经办机构经审核不符合先行支付条件的，应当在收到申请后5个工作日内作出不予先行支付的决定，并书面通知申请人。

第十条 个人申请先行支付医疗费用、工伤医疗费用或者工伤保险待遇的，应当提交所有医疗诊断、鉴定等费用的原始票据等证据。社会保险经办机构应当保留所有原始票据等证据，要求申请人在先行支付凭据上签字确认，凭原始票据等证据先行支付医疗费用、工伤医疗费用或者工伤保险待遇。

个人因向第三人或者用人单位请求赔偿需要医疗费用、工伤医疗费用或者工伤保险待遇的原始票据等证据的，可以向社会保险经办机构索取复印件，并将第三人或者用人单位赔偿情况及时告知社会保险经办机构。

第十一条 个人已经从第三人或者用人单位处获得医疗费用、工伤医疗费用或者工伤保险待遇的，应当主动将先行支付金额中应当由第三人承担的部分或者工伤保险基金先行支付的工伤保险待遇退还给基本医疗保险基金或者工伤保险基金，社会保险经办机构不再向第三人或者用人单位追偿。

个人拒不退还的，社会保险经办机构可以从以后支付的相关待遇中扣减其应当退还的数额，或者向人民法院提起诉讼。

第十二条 社会保险经办机构按照本办法第三条规定先行支付医疗费用或者按照第五条第一项、第二项规定先行支付工伤医疗费用后，有关部门确定了第三人责任的，应当要求第三人按照确定的责任大小依法偿还先行支付数额中的相应部分。第三人逾期不偿还的，社会保险经办机构应当依法向人民法院提起诉讼。

第十三条 社会保险经办机构按照本办法第五条第三项、第四项和第六条、第七条、第八条的规定先行支付工伤保险待遇后，应当责令用人单位在10日内偿还。

用人单位逾期不偿还的，社会保险经办机构可以按照社会保险法第六十三条的规定，向银行和其他金融机构查询其存款账户，申请县级以上社会保

险行政部门作出划拨应偿还款项的决定，并书面通知用人单位开户银行或者其他金融机构划拨其应当偿还的数额。

用人单位账户余额少于应当偿还数额的，社会保险经办机构可以要求其提供担保，签订延期还款协议。

用人单位未按时足额偿还且未提供担保的，社会保险经办机构可以申请人民法院扣押、查封、拍卖其价值相当于应当偿还数额的财产，以拍卖所得偿还所欠数额。

第十四条 社会保险经办机构向用人单位追偿工伤保险待遇发生的合理费用以及用人单位逾期偿还部分的利息损失等，应当由用人单位承担。

第十五条 用人单位不支付依法应当由其支付的工伤保险待遇项目的，职工可以依法申请仲裁、提起诉讼。

第十六条 个人隐瞒已经从第三人或者用人单位处获得医疗费用、工伤医疗费用或者工伤保险待遇，向社会保险经办机构申请并获得社会保险基金先行支付的，按照社会保险法第八十八条的规定处理。

第十七条 用人单位对社会保险经办机构作出先行支付的追偿决定不服或者对社会保险行政部门作出的划拨决定不服的，可以依法申请行政复议或者提起行政诉讼。

个人或者其近亲属对社会保险经办机构作出不予先行支付的决定不服或者对先行支付的数额不服的，可以依法申请行政复议或者提起行政诉讼。

第十八条 本办法自2011年7月1日起施行。

四、最高人民法院司法解释及答复

最高人民法院关于审理工伤保险行政案件若干问题的规定

（2014年4月21日最高人民法院审判委员会第1613次会议通过法释〔2014〕9号，自2014年9月1日起施行）

为正确审理工伤保险行政案件，根据《中华人民共和国社会保险法》、《中华人民共和国劳动法》、《中华人民共和国行政诉讼法》、《工伤保险条

例》及其他有关法律、行政法规规定，结合行政审判实际，制定本规定。

第一条 人民法院审理工伤认定行政案件，在认定是否存在《工伤保险条例》第十四条第（六）项“本人主要责任”、第十六条第（二）项“醉酒或者吸毒”和第十六条第（三）项“自残或者自杀”等情形时，应当以有权机构出具的事故责任认定书、结论性意见和人民法院生效裁判等法律文书为依据，但有相反证据足以推翻事故责任认定书和结论性意见的除外。

前述法律文书不存在或者内容不明确，社会保险行政部门就前款事实作出认定的，人民法院应当结合其提供的相关证据依法进行审查。

《工伤保险条例》第十六条第（一）项“故意犯罪”的认定，应当以刑事侦查机关、检察机关和审判机关的生效法律文书或者结论性意见为依据。

第二条 人民法院受理工伤认定行政案件后，发现原告或者第三人在提起行政诉讼前已经就是否存在劳动关系申请劳动仲裁或者提起民事诉讼的，应当中止行政案件的审理。

第三条 社会保险行政部门认定下列单位为承担工伤保险责任单位的，人民法院应予支持：

（一）职工与两个或两个以上单位建立劳动关系，工伤事故发生时，职工为之工作的单位为承担工伤保险责任的单位；

（二）劳务派遣单位派遣的职工在用工单位工作期间因工伤亡的，派遣单位为承担工伤保险责任的单位；

（三）单位指派到其他单位工作的职工因工伤亡的，指派单位为承担工伤保险责任的单位；

（四）用工单位违反法律、法规规定将承包业务转包给不具备用工主体资格的组织或者自然人，该组织或者自然人聘用的职工从事承包业务时因工伤亡的，用工单位为承担工伤保险责任的单位；

（五）个人挂靠其他单位对外经营，其聘用的人员因工伤亡的，被挂靠单位为承担工伤保险责任的单位。

前款第（四）、（五）项明确的承担工伤保险责任的单位承担赔偿责任或者社会保险经办机构从工伤保险基金支付工伤保险待遇后，有权向相关组织、单位和个人追偿。

第四条 社会保险行政部门认定下列情形为工伤的，人民法院应予支持：

（一）职工在工作时间和工作场所内受到伤害，用人单位或者社会保险行政部门没有证据证明是非工作原因导致的；

（二）职工参加用人单位组织或者受用人单位指派参加其他单位组织的活动受到伤害的；

（三）在工作时间内，职工来往于多个与其工作职责相关的工作场所之间的合理区域因工受到伤害的；

（四）其他与履行工作职责相关，在工作时间及合理区域内受到伤害的。

第五条 社会保险行政部门认定下列情形为“因工外出期间”的，人民法院应予支持：

（一）职工受用人单位指派或者因工作需要在工作场所以外从事与工作职责有关的活动期间；

（二）职工受用人单位指派外出学习或者开会期间；

（三）职工因工作需要的其他外出活动期间。

职工因工外出期间从事与工作或者受用人单位指派外出学习、开会无关的个人活动受到伤害，社会保险行政部门不认定为工伤的，人民法院应予支持。

第六条 对社会保险行政部门认定下列情形为“上下班途中”的，人民法院应予支持：

（一）在合理时间内往返于工作地与住所地、经常居住地、单位宿舍的合理路线的上下班途中；

（二）在合理时间内往返于工作地与配偶、父母、子女居住地的合理路线的上下班途中；

（三）从事属于日常工作生活所需要的活动，且在合理时间和合理路线的上下班途中；

（四）在合理时间内其他合理路线的上下班途中。

第七条 由于不属于职工或者其近亲属自身原因超过工伤认定申请期限的，被耽误的时间不计算在工伤认定申请期限内。

有下列情形之一耽误申请时间的，应当认定为不属于职工或者其近亲属

自身原因：

（一）不可抗力；

（二）人身自由受到限制；

（三）属于用人单位的原因；

（四）社会保险行政部门登记制度不完善；

（五）当事人对是否存在劳动关系申请仲裁、提起民事诉讼。

第八条 职工因第三人的原因受到伤害，社会保险行政部门以职工或者其近亲属已经对第三人提起民事诉讼或者获得民事赔偿为由，作出不予受理工伤认定申请或者不予认定工伤决定的，人民法院不予支持。

职工因第三人的原因受到伤害，社会保险行政部门已经作出工伤认定，职工或者其近亲属未对第三人提起民事诉讼或者尚未获得民事赔偿，起诉要求社会保险经办机构支付工伤保险待遇的，人民法院应予支持。

职工因第三人的原因导致工伤，社会保险经办机构以职工或者其近亲属已经对第三人提起民事诉讼为由，拒绝支付工伤保险待遇的，人民法院不予支持，但第三人已经支付的医疗费用除外。

第九条 因工伤认定申请人或者用人单位隐瞒有关情况或者提供虚假材料，导致工伤认定错误的，社会保险行政部门可以在诉讼中依法予以更正。

工伤认定依法更正后，原告不申请撤诉，社会保险行政部门在作出原工伤认定时有过错的，人民法院应当判决确认违法；社会保险行政部门无过错的，人民法院可以驳回原告诉讼请求。

第十条 最高人民法院以前颁布的司法解释与本规定不一致的，以本规定为准。

最高人民法院关于超过法定退休年龄的进城务工农民在工作时间内因公伤亡的，能否认定工伤的答复

（2012 年 11 月 25 日 〔2012〕行他字第 13 号）

江苏省高级人民法院：

你院〔2012〕苏行他字第 0002《关于杨通诉南京市人力资源和社会保障

局终止工伤行政确认一案的请示》收悉。经研究，答复如下：

同意你院倾向性意见。相同问题我庭2010年3月17日在给山东省高级人民法院的《关于超过法定退休年龄的进城务工农民因公伤亡的，应否适用〈工伤保险条例〉请示的答复》（〔2010〕行他字第10号）中已经明确。即，用人单位聘用的超过法定退休年龄的务工农民，在工作时间内、因工作原因伤亡的，应当适用《工伤保险条例》的有关规定进行工伤认定。

此复。

最高人民法院行政审判庭关于职工因公外出期间死因不明应否认定工伤的答复

（2011年7月6日 〔2010〕行他字第236号）

山东省高级人民法院：

你院《关于于保柱诉临清市劳动和社会保障局劳动保障行政确认一案如何适用〈工伤保险条例〉第十四条第（五）项的请示》收悉。经研究，答复如下：

原则同意你院的第一种意见。即职工因公外出期间死因不明，用人单位或者社会保障部门提供的证据不能排除非工作原因导致死亡的，应当依据《工伤保险条例》第十四条第（五）项和第十九条第二款的规定，认定为工伤。

此复。

最高人民法院行政审判庭关于职工无照驾驶无证车辆在上班途中受到机动车伤害死亡能否认定工伤请示的答复

（2011年5月19日 〔2011〕行他字第50号）

新疆维吾尔自治区高级人民法院生产建设兵团分院：

你院《关于职工无照驾驶无证车辆在上班途中受到机动车伤害死亡能否认定工伤的请示》收悉。经研究，答复如下：

在《工伤保险条例（修订）》施行前（2011 年 1 月 1 日前），工伤保险部门对职工无照或者无证驾驶车辆在上班途中受到机动车伤害死亡，不认定为工伤的，不宜认为适用法律、法规错误。

此复。

最高人民法院行政审判庭关于职工在上下班途中因无证驾驶机动车导致伤亡的，应否认定为工伤问题的答复

（2010 年 12 月 14 日　〔2010〕行他字第 182 号）

安徽省高级人民法院：

你院〔2010〕皖行再他字第 0001 号《关于陈宝英、尚祥诉安徽省桐城市劳动和社会保障局工伤行政确认一案的请示报告》收悉。经研究，答复如下：

原则同意你院第二种意见。即职工在上下班途中因无证驾驶机动车、驾驶无牌机动车或者饮酒后驾驶机动车发生事故导致伤亡的，不应认定为工伤。

此复。

最高人民法院行政审判庭关于超过法定退休年龄的进城务工农民因工伤亡的，应否适用《工伤保险条例》请示的答复

（2010 年 3 月 17 日　〔2010〕行他字第 10 号）

山东省高级人民法院：

你院报送的《关于超过法定退休年龄的进城务工农民工作时间内受伤是否适用〈工伤保险条例〉的请示》收悉。经研究，原则同意你院的倾向性意见。即：用人单位聘用的超过法定退休年龄的务工农民，在工作时间内、因工作原因伤亡的，应当适用《工伤保险条例》的有关规定进行工伤认定。

此复。

最高人民法院行政审判庭关于劳动行政部门在工伤认定程序中是否具有劳动关系确认权请示的答复

（2009 年 7 月 20 日 〔2009〕行他字第 12 号）

湖北省高级人民法院：

你院《关于劳动行政部门在工伤认定程序中是否具有劳动关系确认权的请示》收悉。经研究，答复如下：

根据《劳动法》第九条和《工伤保险条例》第五条、第十八条的规定，劳动行政部门在工伤认定程序中，具有认定受到伤害的职工与企业之间是否存在劳动关系的职权。

此复。

最高人民法院行政审判庭关于《工伤保险条例》第六十四条理解适用问题请示的答复

（2009 年 6 月 10 日 〔2009〕行他字第 5 号）

江西省高级人民法院：

你院《关于国务院〈工伤保险条例〉第六十四条的理解和适用问题的请示》收悉。经研究，答复如下：

原则同意你院第一种意见。即企业职工因工伤发生在《企业职工工伤保险试行办法》施行之前，当时有关单位已按照有关政策作出处理的，不属于《工伤保险条例》第六十四条规定的“尚未完成工伤认定的情形”。

此复。

最高人民法院行政审判庭关于国家机关聘用人员工作期间死亡如何适用法律请示的答复

（2009 年 5 月 19 日 〔2009〕行他字第 2 号）

黑龙江省高级人民法院：

你院《关于国家机关聘用人员工作期间死亡如何适用法律的请示》收悉。经研究，答复如下：

根据《劳动法》第二条、第七十三条和《工伤保险条例》第六十二条的规定，鹤岗市公安局东山分局东方红派出所临时聘用、未参加工伤保险、不是正式干警的司机王奎在单位突发疾病死亡，应由鹤岗市劳动和社会保障局参照《工伤保险条例》认定是否属于工伤、确定工伤待遇的标准。有关工伤待遇费用由聘用机关支付。

此复。

最高人民法院关于非固定居所到工作场所之间的路线是否属于“上下班途中”的答复

（2008 年 8 月 22 日 〔2008〕行他字第 2 号）

山东省高级人民法院：

你院《关于翟恒芝、邹依兰诉肥城市劳动和社会保障局工伤行政确认一案的请示》收悉。经研究认为：如邹平确系下班直接回其在济南的住所途中受到机动车事故伤害，应当适用《工伤保险条例》第十四条第六项的规定。

此复。

最高人民法院行政审判庭关于车挂靠其他单位经营车辆实际所有人聘用的司机工作中伤亡能否认定为工伤问题的答复

（2007 年 12 月 3 日 〔2006〕行他字第 17 号）

安徽省高级人民法院：

你院（2006）皖行他字第 0004 号《关于车辆挂靠其他单位经营车辆实际所有人聘用的司机工作中伤亡能否认定为工伤问题的请示》收悉。经研究，答复如下：

个人购买的车辆挂靠其他单位且以挂靠单位的名义对外经营的，其聘用的司机与挂靠单位之间形成的事实劳动关系，在车辆运营中伤亡的，应当适用《劳动法》和《工伤保险条例》的有关规定认定是否构成工伤。

此复。

最高人民法院关于职工外出学习休息期间受到他人伤害应否认定为工伤问题的答复

（2007 年 9 月 7 日 〔2007〕行他字第 9 号）

辽宁省高级人民法院：

你院〔2007〕辽行他字第 1 号《关于职工外出学习休息期间受到他人伤害应否认定为工伤的请示》收悉。经研究，答复如下：

原则同意你院审判委员会倾向性意见，即职工受单位指派外出学习期间，在学习单位安排的休息场所休息时受到他人伤害的，应当认定为工伤。

此复。

最高人民法院行政审判庭关于离退休人员与现工作单位之间是否构成劳动关系以及工作时间内受伤是否适用《工伤保险条例》问题的答复

（2007年7月5日 〔2007〕行他字第6号）

重庆市高级人民法院：

你院（2006）渝高法行示字第14号《关于离退休人员与现在工作单位之间是否构成劳动关系以及工作时间内受伤是否适用〈工伤保险条例〉一案的请示》收悉。经研究，原则同意你院第二种意见，即：根据《工伤保险条例》第二条、第六十一条等有关规定，离退休人员受聘于现工作单位，现工作单位已经为其缴纳了工伤保险费，其在受聘期间因工作受到事故伤害的，应当适用《工伤保险条例》的有关规定处理。

此复。

最高人民法院关于因第三人造成工伤的职工或其亲属在获得民事赔偿后是否还可以获得工伤保险补偿问题的答复

（2006年12月28日 〔2006〕行他字第12号）

新疆维吾尔自治区高级人民法院生产建设兵团分院：

你院《关于因第三人造成工伤死亡的亲属在获得高于工伤保险待遇的民事赔偿后是否还可以获得工伤保险补偿问题的请示报告》收悉。经研究，答复如下：

原则同意你院审判委员会的倾向性意见。即根据《中华人民共和国安全生产法》第四十八条以及最高人民法院《关于审理人身损害赔偿案件适用法律若干问题的解释》第十二条的规定，因第三人造成工伤的职工或其近亲属，从第三人处获得民事赔偿后，可以依照《工伤保险条例》第三十七条的规定，向工伤保险机构申请工伤保险待遇补偿。

此复。

最高人民法院行政审判庭
关于工伤保险条例时间效力问题的答复

（2005 年 7 月 5 日 〔2005〕行他字第 9 号）

山西省高级人民法院：

你院《关于审理工伤认定行政案件有关问题的请示》收悉，经研究，答复如下：

工伤保险条例第六十四条明确规定“本条例施行前已受到事故伤害或者患职业病尚未完成工伤认定的，按照本条例的规定执行”。据此，对工伤保险条例实施前发生事故伤害或者患职业病的，用人单位或从业人员在工伤保险条例实施后提出工伤认定申请的，应适用工伤保险条例的规定。根据工伤保险条例第十七条的规定，职工受到事故伤害或者患有职业病的，用人单位应自发生伤害之日起 30 日内、从业人员应当自发生伤害之日起 1 年内提出工伤认定申请。提出工伤认定申请的期限应从该条例施行之日起计算。

此复。

最高人民法院行政审判庭关于如何适用《工伤保险条例》第十四条第（六）项及第十六条第（一）项如何理解的请示的答复

（2006 年 12 月 28 日 〔2006〕行他字第 12 号）

北京市高级人民法院：

你院京高法〔2004〕336 号《关于对〈工伤保险条例〉第十四条第（六）项及第十六条第（一）项如何理解的请示》收悉。经研究，答复如下：

根据《工伤保险条例》第十四条第（六）项的规定，职工在上下班途中因违章受到机动车事故伤害的，只要其违章行为没有违反治安管理，应当认定为工伤。

此复。